PUHUA BOOKS

我们一起解决问题

房地产开发企业会计全盘账

——从土地获取、开发建设到销售转让账务处理全流程指南

陈吉尔　编著

人民邮电出版社
北　京

图书在版编目（CIP）数据

房地产开发企业会计全盘账 ：从土地获取、开发建设到销售转让账务处理全流程指南 / 陈吉尔编著. -- 北京 ：人民邮电出版社，2021.10
ISBN 978-7-115-57227-1

Ⅰ. ①房… Ⅱ. ①陈… Ⅲ. ①房地产企业—会计 Ⅳ. ①F293.33

中国版本图书馆CIP数据核字(2021)第174444号

内容提要

本书从一线会计工作者的角度出发，根据现行《企业会计准则》及税收政策法规，全面、系统地介绍了房地产开发企业从获取土地、开发建设到销售转让不同阶段经济业务的会计核算方法。鉴于房地产业务的特殊性，本书内容尤其侧重于房地产具体经济业务的核算与税务处理，比如对获取土地阶段所需要缴纳的各种税费的处理、开发建设阶段各项开发成本的归集与分配、销售与转让阶段各种预售款项的处理和销售收入实现时的增值税与土地增值税的处理等。另外，本书还提供了一套完整的会计实账操作案例，可以帮助读者融会贯通，深入掌握房地产开发企业会计全盘账务处理流程。

本书适合房地产行业会计从业者，特别是初入此行业的会计人员，以及高等院校相关专业的师生阅读和使用。

◆编　　著　陈吉尔
责任编辑　程珍珍
责任印制　胡　南
◆人民邮电出版社出版发行　　北京市丰台区成寿寺路 11 号
邮编 100164　　电子邮件 315@ptpress.com.cn
网址 https://www.ptpress.com.cn
三河市中晟雅豪印务有限公司印刷
◆开本：787×1092　1/16
印张：17.5　　2021 年 10 月第 1 版
字数：350 千字　　2021 年 10 月河北第 1 次印刷

定　价：79.00 元

读者服务热线：（010）81055656　印装质量热线：（010）81055316
反盗版热线：（010）81055315
广告经营许可证：京东市监广登字20170147号

前言

目前，我国现行的《企业会计准则》已逐步与国际趋同，实施范围也在不断扩大。会计准则仅为会计人员提供了一个账务处理的依据，而不同的行业有不同的经济业务，尤其是房地产开发企业，由于项目的开发周期相对较长，一个开发项目从最初获取土地使用权到最终确认企业收入，这个过程短则一两年，长则四五年。因此，房地产开发企业的会计核算也难于其他行业的会计核算，在开发成本、收入、应缴税款等方面的核算都存在一定的特殊性。

为了帮助广大会计人员领会《企业会计准则》的精髓，正确执行《企业会计准则》的相关规定，我们针对房地产开发企业的经济业务特点，组织编写了《房地产开发企业会计全盘账——从土地获取、开发建设到销售转让账务处理全流程指南》一书。

本书立足于现行《企业会计准则》和财税法规，并充分考虑到房地产开发企业各项具体经济业务的特点，从获取土地、开发建设到销售转让不同阶段全面解读了房地产开发企业的会计核算要点，对房地产开发企业一些常见的经济业务核算进行了详细的讲解。此外，鉴于房地产业务的特殊性，本书内容尤其侧重于房地产具体经济业务的会计核算与税务处理，比如对获取土地阶段所需要缴纳的各种税费的处理、开发建设阶段各项开发成本的归集与分配、销售与转让阶段各种预售款项的处理和销售收入实现时的增值税与土地增值税的处理等。

为了帮助读者更好地掌握房地产会计与纳税的全盘账务，本书还提供了一套完整的会计实账操作案例，模拟一家房地产开发企业连续 4 个月的经济业务，从填制凭证、登记明细账与总账、编制会计报表等方面全方位展示了房地产开发企业的会计处理流程。

该套实账涵盖了房地产开发企业获取土地、开发建设、转让及销售各阶段所涉及的常见经济业务，对于重要难懂的经济业务处理（如各项成本的计算、税费的处理、土地增值税的清算等）还给予了详细讲解，让读者一看就懂、一学就会。

全书内容简洁实用，案例丰富翔实，具有易学、易操作的特点，可以帮助会计人员快速掌握会计准则下房地产开发企业的全盘账务处理流程。

由于会计法规、制度更新变化较快，书中难免有错漏之处，恳请读者批评指正。

目 录

第一章　房地产开发企业的经营特点

房地产开发可将土地和房屋合在一起开发，也可将土地和房屋分开开发。房地产开发企业就是从事房地产开发和经营的企业，它既是房地产产品的生产者，又是房地产商品的经营者。

第一节　主营业务项目与运作流程

房地产开发企业的经营业务包括土地的开发，建造、销售住宅和商业用房及其他建筑物、附着物、配套设施等开发产品。

一、经营活动的主要业务

具体来说，房地产开发企业经营活动的主要业务如表 1-1 所示。

表 1-1　房地产开发企业经营活动的主要业务

主要业务	具体内容
1. 土地的开发与经营	房地产开发企业将有偿获得的土地开发完成后，既可以有偿转让给其他单位使用，也可以自行组织建造房屋和其他设施，作为商品作价出售，还可以开展土地出租业务
2. 房屋的开发与经营	房屋的开发指房屋的建造，房屋的经营指房屋的销售与出租。房地产开发企业可以在开发完成的土地上继续开发房屋，开发完成后，可作为商品作价出售或出租。企业开发的房屋，按用途可以分为商品房、出租房、安置房和代建房等
3. 城市基础设施和公共配套设施的开发	房地产开发企业可以开发能有偿转让的大配套设施，也可以开发建设不能有偿转让的、为开发产品服务的公共配套设施
4. 代建工程的开发	代建工程的开发是指房地产开发企业接受政府和其他单位委托，代为开发的工程

二、房地产项目的运作流程

一个完整的房地产项目运作流程，通常涉及前期准备、建设施工、销售或自持三个阶段，主要包括立项、规划、土地出让或转让、建设、销售或自营等一系列的经济行为。

1. 前期准备阶段

房地产项目前期准备阶段的工作主要包括立项规划审批、设计施工、市场规划、土地出让或转让等。在这个阶段，房地产开发企业要根据具体情况对投资来源、建设方式、经营模式等方面进行详细的规划和战略决策。可以说，房地产项目的前期准备阶段是项目运作的首要环节，也是决定项目成败的关键因素。

2. 建设施工阶段

在建设施工阶段，房地产开发企业要根据已经确定的规划和设计方案，通过自建、委托代建、发包等方式完成开发产品的建设过程，并使其达到验收合格标准。该阶段是房地产项目运作的中心环节。

3. 销售或自持阶段

对于开发完成的产品，房地产开发企业可以选择销售或自持物业。销售物业，即房地产开发企业通过自行销售或委托销售等方式出售开发的房屋等产品，回笼资金、实现利润；而自持物业，即房地产开发企业通过招商、招租、开办企业等方式，取得租金或经营收入。

第二节　房地产开发企业的会计核算特点

与工业企业的生产经营行为不同，房地产项目的开发周期相对较长，一个开发项目从最初获取土地使用权到最终确认企业收入，这个过程短则需要一两年的时间，长则需要四五年的时间。因此，房地产开发企业的会计核算与其他行业的会计核算相比，具有一定的难度，其在成本核算、收入核算、税费核算等方面存在一定的特殊性。

一、成本核算的特点

房地产开发企业在成本核算方面的特殊性主要表现为核算对象的复杂性、时间跨度长和成本核算的差异性较大等方面。

1. 核算对象的复杂性

房地产开发企业主要从事房地产开发建设活动，其生产成本主要指开发产品的成本，如土地使用权的出让金、土地征用费、拆迁安置的补偿费、工程项目设计、规划及可行性研究的费用、"三通一平" 等土地开发的费用、工程项目建设总成本费用、基础设施费、配套公共设施费、项目开发过程中的税费，以及各种不可预见性的费用等。这些成本具有不同的特性，涉及不同的专业领域，从而导致核算难度较大。

此外，由于房地产开发企业属于资金密集型的行业，其在开发项目时需要投入大量的资金，除了自身投入的相当一部分自有资金外，一般情况下还要通过银行贷款等方式筹措资金。因此，借款费用在房地产开发成本中占据很大一部分，借款费用的核算对于房地产开发企业来说非常重要。

2. 时间跨度长

由于房地产项目开发的周期较长，所以导致房地产成本费用核算的时间跨度很长。

房地产开发企业高风险性的投资特点决定了其每一个项目工程投资决策都必须具备一定的科学性和可行性，因而在项目的投资规划阶段，相关会计人员需要对项目的成本进行初步的核算及估计；而在项目真正投入实施的过程中，相关会计人员则需要随着项目工程的推进对开发成本进行及时的核算。在投资项目完成之后，会计人员需要按照房地产开发企业特殊的会计核算流程进行成本核算，对项目开发整个过程中所发生的所有直接开发费用和间接开发费用进行全面归集，并记入相对应的账户中；将已经完成的开发项目的实际成本进行详细、全面的计算和结转；依照已经开发完成的项目的实际功能及去向，将开发项目实际的成本结转到相对应的账户中，完成开发成本的核算工作。

3. 成本核算的差异性较大

不同的房地产项目受地域、项目定位、产品功能、用途、规模等各方面因素的影响很大，导致不同项目之间的差异性较大。

房地产项目的开发模式有很多，不同的开发模式涉及的会计核算方法存在很大的差异。例如，对于一个房地产项目，是成立分公司还是成立子公司进行管理，其会计核算方法存在根本的不同。

不同的生产建设模式，成本核算的方法不同。房地产开发企业在进行项目开发时，可以选择自营建设，也可以采取发包方式。若采取发包方式，对于规模较大、施工要求复杂的房地产施工工程，需要不同的专业施工单位分工合作，但为了便于管理，一般先由具有资金和技术实力的施工单位总承包，再由总承包单位将工程分包给其他施工单位。而在房地产开发企业与施工企业间的承包关系中，存在着诸多的会计核算问题，针对承包单位的会计核算将对房地产开发企业的开发成本产生直接的影响。

二、收入核算的特点

房地产开发企业的收入包括土地转让收入、房屋销售收入、配套设施的销售收入、出租商品的租金收入等。

在收入成本结转方面，房地产开发企业的会计核算与其他行业存在较大差异。由于房地产开发产品的建设周期长，并且普遍采取预售方式，建设过程中的预售收入作为预收账款处理，在项目竣工后结转为销售收入，开发建设中的支出计入开发成本，在项目竣工后结转为销售成本。因此，从会计核算的角度看，项目开发节点对房地产开发企业会计核算结果将产生直接的影响。

此外，房地产开发企业对于开发的产品可以选择：一是对外进行销售，二是留作自用或自营。针对这两种不同的方式，企业会计核算的方法也存在较大的差异。即使是对外销售，不同的房地产开发项目也会采取不同的方式，或自售或委托代理销售；在委托代理销售时，其方式又有收取手续费、视同买断、保底分成等，各个不同的销售模式对于销售收入的结转都是不一样的。

三、税费核算的特点

税费核算烦琐复杂是令房地产开发企业的会计人员非常头痛的问题之一。一个房地产项目，从获取土地开始到最后销售完成，期间涉及的税费种类繁多，包括契税、印花税、土地增值税、增值税、所得税等。

房地产开发企业不但税种繁多，而且核算方式比较复杂。我国房地产开发企业的销售行为采用预售的方式进行，预售合同的签订与预收房款行为同时发生。而依照我国税法的规定，纳税人在转让或者销售不动产时，凡采用预收款方式进行的，纳税人收到预付款的同时其纳税义务随即产生，所以房地产开发企业应当依照预收款的数额进行税金的计算与缴纳，但是不依照这部分预收款进行税金的计提，只是在应交的账户借方中对已缴纳的税款进行反映。

一般情况下，房地产开发企业在年末的时候才会把那部分满足收入确认条件的预收房款转为企业的收入，并按照相应的配比原则进行应缴税金的计提，然后做会计分录，如此一来，房地产开发企业在当年所缴纳的税金通常不等于按照利润表中的收入进行计提的税金数额。这使得房地产开发企业的税费核算存在一定的特殊性。

第二章　获取土地使用权的核算

获取土地使用权是指开发商通过出让、转让或其他合法方式，有偿、有期限取得国有土地使用权的行为。对于房地产开发企业而言，获取土地使用权是一个非常重要的阶段。没有土地使用权，就无法进行房地产开发。

第一节　获取土地使用权的会计核算

房地产开发企业取得土地使用权的方式一般有接受土地使用权出让、转让，投资者投入的土地使用权以及其他方式。

一、土地使用权的入账价值

根据企业会计准则的规定，企业取得的土地使用权通常应确认为无形资产，但改变土地使用权用途，用于赚取租金或资本增值的，应当将其转为投资性房地产。自行开发建造厂房等建筑物，相关的土地使用权与建筑物应当分别进行处理。外购土地及建筑物支付的价款应当在建筑物与土地使用权之间进行分配；难以合理分配的，应当全部作为固定资产处理。

企业（房地产开发）取得土地用于建造对外出售的房屋建筑物，相关的土地使用权账面价值应当计入所建造的房屋建筑物成本。简单来说，获取土地使用权时的账务处理分为以下几种情况。

（1）当企业取得土地使用权用于增值后转让或出租时，应将其作为投资性房地产进行核算。

（2）当企业取得土地使用权用于建造对外出售的商品房时，应将其作为房地产开发商的存货进行核算。

（3）企业取得土地使用权，用于自行建造房屋建筑物的，当土地使用权和房屋建筑物不能合理区分的时候，应将土地使用权计入房屋建筑物成本，记入“在建工程”科目，最后转入“固定资产”科目。

（4）除了上述三种特殊情况，企业土地使用权全部作为无形资产核算。

二、取得开发用地使用权的账务处理

房地产开发企业对于取得的用于开发的土地使用权，可设置“开发成本——土地征用及拆迁补偿费”科目，并归集取得土地使用权发生的全部支出，计算其总成本和单位成本，项目开发完成时，将土地成本结转到“开发产品”科目。

根据企业会计准则的规定，房地产开发企业取得的土地使用权用于建造对外出售的房屋建筑物，相关的土地使用权应当计入所建造的房屋建筑成本，即借记“开发成本——土地征用及拆迁补偿费”等科目，贷记“银行存款”“应付账款”等科目。

房地产开发企业获取土地使用权的方式不同，其入账价值也有所不同。

1. 通过出让方式取得土地使用权

土地使用权出让是指国家将国有土地使用权在一定年限内出让给土地使用者，由土地使用者向政府支付土地使用权出让金的行为。通俗的说法是房地产开发企业通过招拍挂从政府手中买的土地，也叫一级市场获取土地。

（1）取得土地使用权用于商品房开发

通过出让方式取得土地使用权的入账价值通常是土地出让金加上相关税费，相关税费是指涉及的契税、印花税等，属于征用耕地的还涉及耕地占用税。印花税在缴纳时计入税金及附加。

【例 2-1】2021 年 1 月，某房地产公司取得甲地块 100 亩的土地使用权用于商品房开发，价款 5 亿元，契税征收率为 4%，当地政府规定的耕地占用税税额为 30 元 / 平方米。该公司通过银行转账支付土地出让金及相关税费，相关账务处理如下。

（1）支付土地出让金时：

借：开发成本——土地征用及拆迁补偿费——土地出让金　　500 000 000

　贷：银行存款　　500 000 000

（2）缴纳契税时：

应缴纳的契税 = 50 000 × 4% = 2 000（万元）

借：开发成本——土地征用及拆迁补偿费——契税　　20 000 000

　贷：银行存款　　20 000 000

（3）缴纳耕地占用税时：

应缴纳的耕地占用税 = 100 × 666.67 × 30 = 200（万元）

借：开发成本——土地征用及拆迁补偿费　　2 000 000

　贷：银行存款　　2 000 000

（4）缴纳印花税时：

签订土地使用权出让合同应缴纳的印花税 = 50 000 × 0.5‰ = 25（万元）

借：税金及附加——印花税　　250 000

　贷：银行存款　　250 000

（2）缴纳竞拍保证金

实务中，房地产开发企业通过招拍挂方式获得土地使用权的过程通常是这样的：先缴纳竞拍保证金，等竞拍成功了再转作土地出让金，最后根据土地出让合同规定的付款时间支付剩余的土地款。缴纳竞拍保证金时，应记入“其他应收款”科目。

【例 2-2】 2021 年 1 月，某房地产公司取得乙地块的土地使用权用于商品房开发。

（1）1 月 9 日，缴纳土地竞拍保证金 5 000 万元：

借：其他应收款——竞拍保证金　　50 000 000

　贷：银行存款　　50 000 000

（2）1 月 10 日，竞拍成功，该房地产公司取得乙地块的土地使用权，总价款 5 亿元。在将竞拍保证金转作土地出让金时：

借：开发成本——土地征用及拆迁补偿费——土地出让金　　50 000 000

　贷：其他应收款——竞拍保证金　　50 000 000

（3）1 月 11 日，以银行存款支付拍卖佣金 20 万元：

借：开发成本——土地征用及拆迁补偿费——土地征用费　　200 000

　贷：银行存款　　200 000

（4）1 月 15 日，支付剩余的土地出让金：

借：开发成本——土地征用及拆迁补偿费——土地出让金　　450 000 000

　贷：银行存款　　450 000 000

（5）2 月 10 日，以银行存款缴纳契税 1 500 万元，印花税 250 000 元：

借：开发成本——土地征用及拆迁补偿费——契税　　15 000 000

　贷：银行存款　　15 000 000

借：税金及附加——印花税　　250 000

　贷：银行存款　　250 000

（3）房屋拆迁、安置环节发生的拆迁安置补偿费的处理

土地成本除了买价或出让金，以及缴纳的相关税费外，还包括拆迁补偿支出、安置及动迁支出、回迁房建造支出等。目前绝大多数房地产开发企业取得的开发用地多为净地，不存在单独支付土地补偿安置费等问题，但是一些老项目及少数特殊项目存在这个业务环节。具体业务程序是房地产企业在取得房产管理部门城市房屋拆迁行政许可后，即进入拆迁、安置程序。

拆迁方式一般有两种：① 房地产开发企业取得土地使用权后自行拆迁；② 房地产开发企业委托拆迁公司进行拆迁。

使用安置补偿方式一般有四种：① 货币补偿；② 实物补偿；③ 货币加实物补偿；④ 回原地返还面积等。

根据《房地产开发经营业务企业所得税处理办法》（国税发〔2009〕31 号文件发布）第二十七条第（一）项的规定，拆迁补偿支出、安置及动迁支出、回迁房建造支出等属于"开发产品计税成本支出"，计入开发成本。

在实务中，房屋拆迁、安置环节发生的拆迁安置补偿费等，在财务核算上应记入"开发成本——土地征用及拆迁补偿费"科目。

【例 2-3】某房地产公司竞拍取得一块土地（毛地）用于房地产开发。土地出让金为 2 亿元。出让合同规定拆迁补偿费 5 000 万元由竞拍企业负担。

借：开发成本——土地征用及拆迁补偿费——土地出让金　　200 000 000

　　　　　　　　　　　　　　　　　——土地补偿款　　50 000 000

　贷：银行存款　　250 000 000

（4）土地出让金返还

若土地出让合同标明的土地状况为净地，但实际是现状（毛地）出让，合同规定拆迁补偿工作由房地产开发企业负责，土地拆迁补偿费由财政部门从土地出让金中予以返还，土地出让金扣除农业用地开发基金和手续费后其余全部返还。目前，对于上述业务主要有两种处理方法。

第一种方法是在收到土地出让金返还款项时，记入"营业外收入"科目，支付补偿

金等费用时，记入“营业外支出”科目。该方法的理由是目前招拍挂制度要求土地以净地出让，房地产开发企业的拆迁补偿工作实质是代政府进行拆迁，视为向政府提供的一种代理业务。

① 收到土地出让金返还时，依据收款凭证和财政或拨付单位的文件做会计处理：

借：银行存款

　贷：营业外收入

② 支付拆迁补偿费时，依据拆迁补偿协议、收款凭证等进行会计处理：

借：营业外支出

　贷：银行存款

第二种方法是在收到土地出让金返还款项时，记入“其他应付款”科目，支付补偿金等费用时，冲减“其他应付款”科目。该方法的理由是目前招拍挂制度要求土地以净地出让，房地产开发企业收到的土地出让金返还款实质是应付被拆迁户的款项，房地产开发企业只是暂收代付。

① 收到土地出让金返还时，依据收款凭证和财政或拨付单位的文件做会计处理：

借：银行存款

　贷：其他应付款——拆迁补偿费

② 支付拆迁补偿费时，依据拆迁补偿协议、收款凭证等进行会计处理：

借：其他应付款——拆迁补偿费

　　开发成本——土地征用及拆迁补偿费——拆迁补偿款

　贷：银行存款

【例 2-4】2020 年 6 月，某房地产开发公司通过竞拍取得土地用于房地产开发，签订的土地出让合同标明土地为净地，但实际是毛地，合同规定拆迁补偿工作由房地产开发公司负责，拆迁补偿费由财政部门从土地出让金中予以返还。7 月收到土地出让金返还款 5 000 万元。10 月拆迁完毕，发生拆迁费用 4 000 万元。相关账务处理有如下两种方式。

第一种方式

（1）收到土地出让金返还：

借：银行存款　　50 000 000

　贷：营业外收入　　50 000 000

（2）支付拆迁补偿费：

借：营业外支出　　40 000 000

　贷：银行存款　　40 000 000

第二种方式

（1）收到土地出让金返还：

借：银行存款　　50 000 000

　贷：其他应付款——拆迁补偿费　　50 000 000

（2）支付拆迁补偿费：

借：其他应付款——拆迁补偿费　　40 000 000

　贷：银行存款　　40 000 000

（5）取得土地使用权用于自建用房等地上建筑物

如果房地产开发企业取得的土地使用权用于自建用房等地上建筑物时，土地使用权的取得成本直接记入“无形资产”科目，且土地使用权的账面价值不与地上建筑物合并计算成本，而仍作为无形资产进行核算，土地使用权与地上建筑物分别进行摊销和提取折旧。为建造办公楼等自用而取得的土地使用权所缴纳的契税，记入“无形资产”科目。

【例 2-5】2020 年 1 月，某房地产公司通过出让方式取得土地一宗作为公司办公楼用地，以银行存款支付 5 000 万元。根据规定，应缴纳的契税税率为 3%。

（1）支付土地出让金时：

借：无形资产——土地使用权　　50 000 000

　贷：银行存款　　50 000 000

（2）缴纳契税时：

应缴纳的契税 = 5 000 × 3% = 150（万元）

借：无形资产——土地使用权　　1 500 000

　贷：银行存款　　1 500 000

（3）缴纳印花税时：

签订土地使用权出让合同应缴纳的印花税 = 5 000 × 0.5‰ = 2.5（万元）

借：税金及附加——印花税　　25 000

　贷：银行存款　　25 000

2. 接受投资取得土地使用权

房地产开发企业接受投资者投资取得土地使用权，按投资合同或协议约定的价值，借记“开发成本——土地征用及拆迁补偿费”科目，贷记“实收资本”“资本公积”等科目。

（1）接受投资时，依据土地评估报告和投资协议进行会计处理：

借：开发成本——土地征用及拆迁补偿费——土地转让费

　贷：实收资本

　　资本公积

（2）依据房屋拆迁补偿协议和付款凭证进行会计处理：

借：开发成本——土地征用及拆迁补偿费——拆迁补偿费

　贷：银行存款

（3）土地性质变更后，依据补交的土地出让金专用收据和付款凭证进行会计处理：

借：开发成本——土地征用及拆迁补偿费——土地性质变更费

　贷：银行存款

（4）依据契税完税凭证和付款凭证进行会计处理：

借：开发成本——土地征用及拆迁补偿费——契税

　贷：银行存款

第二节　获取土地使用权的税务处理

房地产开发企业在获取土地使用权阶段涉及的税种主要有土地使用税、耕地占用税、契税、印花税等。

一、土地使用税

土地使用税是指在城市、县城、建制镇、工矿区范围内使用土地的单位和个人，以其实际占用的土地面积为计税依据，依照规定向土地所在地的税务机关缴纳税款的一种税赋。由于土地使用税只在县城以上城市征收，因此也称城镇土地使用税。

城镇土地使用税根据实际使用土地的面积，按税法规定的单位税额缴纳。其计算公式如下。

应纳城镇土地使用税额 = 应税土地的实际占用面积 × 适用单位税额

（1）房地产开发企业按规定计算应交的土地使用税时：

借：税金及附加

　贷：应交税费——应交土地使用税

（2）缴纳土地使用税时：

借：应交税费——应交土地使用税

　贷：银行存款

【例 2-6】某房地产公司拥有一宗 10 万平方米的土地使用权，该地城镇土地使用税税额为 5 元 / 平方米，按季缴纳。

（1）计提土地使用税时：

借：税金及附加——土地使用税　　500 000

　贷：应交税费——应交土地使用税　　500 000

（2）缴纳土地使用税时：

借：应交税费——应交土地使用税　　500 000

　贷：银行存款　　500 000

二、耕地占用税

如果房地产开发企业购置的是耕地，则需要缴纳耕地占用税。耕地占用税是国家对占用耕地建房或者从事其他非农业建设的单位和个人，依据实际占用耕地面积、按照规定税额一次性征收的一种税。

【例 2-7】某房地产公司购置一宗 5 万平方米的土地使用权，该土地属于耕地，应缴纳耕地占用税，税额为 30 元 / 平方米。

借：开发成本——土地征用及拆迁补偿费——耕地占用税　　1 500 000

　贷：银行存款　　1 500 000

三、契税

契税是指以所有权发生转移变动的不动产为征税对象，向产权承受人征收的一种财产税。契税一般不通过“应交税费”科目核算，视取得土地使用权的用途记入不同的会计科目。

房地产开发企业为进行房地产开发而取得的土地使用权所缴纳的契税，在实际缴纳时依据契税完税凭证直接记入“开发成本”科目。为建造办公楼等自用而取得的土地使用权所缴纳的契税，在实际缴纳时依据契税完税凭证直接记入“无形资产”科目。

【例 2-8】2021 年 2 月，某房地产公司取得一块土地使用权进行房地产开发，支付土地出让金 1 亿元，缴纳契税 3 000 000 元（假设契税税率为 3%）。支付契税时，该房地产公司应依据契税完税凭证做以下会计处理。

借：开发成本——土地征用及拆迁补偿费——契税　　3 000 000

　贷：银行存款　　3 000 000

四、印花税

印花税是对经济活动和经济交往中设立、领受具有法律效力的凭证的行为所征收的一种税。根据现行规定，国家对土地使用权出让合同、土地使用权转让合同按产权转移书据征收印花税，税率为万分之五。

【例 2-9】2021 年 2 月，某房地产公司取得一块土地使用权进行房地产开发，支付土地出让金 1 亿元。在缴纳印花税时，该房地产公司应依据印花税完税凭证做以下会计处理。

借：税金及附加——印花税　　50 000

　贷：银行存款　　50 000

第三章　开发建设阶段的会计核算

房地产投资项目具有资金投入大、建设周期长、成本核算环节多、投资风险高等特点，因此在会计核算上尤其需要注意开发成本的核算。房地产开发成本核算是一项复杂的会计核算工作，如何提高开发项目的成本核算质量，已经成为众多房地产开发企业的当务之急。

第一节　房地产开发成本的核算

房地产开发成本是指房地产开发企业在开发产品过程中所发生的各项费用支出。为正确核算房地产开发成本，房地产开发企业要按照成本核算的基本程序，确定产品成本核算的内容，科学组织本企业的成本核算工作。

一、开发成本的构成

要正确核算房地产开发成本，必须先明确房地产开发产品成本的种类和内容。按用途划分，房地产开发成本可以分为土地开发成本、房屋开发成本、配套设施开发成本、代建工程开发成本四大类。按成本项目划分，房地产开发成本包括土地征用及拆迁补偿费、前期工程费、基础设施费、建筑安装工程费、配套设施费及开发间接费等。具体的成本构成如表 3-1 所示。

表 3-1　房地产开发成本构成

<table>
<tr><th colspan="2">成本构成</th><th>相关内容</th></tr>
<tr><td rowspan="4">按用途划分</td><td>土地开发成本</td><td>房地产开发企业开发土地（即建设场地）所发生的各项费用支出</td></tr>
<tr><td>房屋开发成本</td><td>房地产开发企业开发各种房屋（包括商品房、出租房、周转房、代建房等）所发生的各项费用支出</td></tr>
<tr><td>配套设施开发成本</td><td>房地产开发企业开发能有偿转让的大配套设施及不能有偿转让、不能直接计入开发产品成本的公共配套设施所发生的各项费用支出</td></tr>
<tr><td>代建工程开发成本</td><td>房地产开发企业接受委托单位的委托，代为开发除土地、房屋以外的其他工程（如市政工程等）所发生的各项费用支出</td></tr>
<tr><td rowspan="2">按成本项目划分</td><td>土地征用及拆迁补偿费</td><td>土地征用及拆迁补偿费是指为取得土地开发使用权而发生的各项费用，主要包括以下内容
（1）土地征用费：支付的土地出让金、土地转让费、土地效益金、土地开发费，缴纳的契税、耕地占用税，土地变更用途和超面积补交的地价、补偿合作方地价、合作项目建房转入分给合作方的房屋成本和相应税金等
（2）拆迁补偿费：有关地上、地下建筑物或附着物的拆迁补偿支出，安置及动迁支出，农作物补偿费，危房补偿费等；拆迁旧建筑物回收的残值应估价入账，分别冲减有关成本
（3）市政配套费：向政府部门缴纳的大市政配套费，征用土地向当地市政公司缴纳的红线外道路、水、电、气、热、通信等的建造费及管线铺设费等
（4）其他：如土地开发权批复费、土地面积丈量测绘费等</td></tr>
<tr><td>前期工程费</td><td>前期工程费是指在取得土地开发权之后、项目开发前期的筹建、规划、设计、可行性研究、水文地质勘察、测绘、“三通一平”等费用。主要包括以下内容
（1）项目整体性报批报建费：项目报建时按规定向政府有关部门缴纳的报批费，如人防工程建设费、规划管理费、新材料基金（或墙改专项基金）、拆迁管理费、招投标管理费等
（2）规划设计费：项目立项后的总体规划设计、单体设计费，管线设计费，改造设计费，可行性研究费（含支付社会中介服务机构的市场调研费），制图、晒图费，规划设计模型制作费，方案评审费
（3）勘测丈量费：水文、地质、文物和地基勘察费，沉降观测费，日照测试费，拨地钉桩验线费，复线费，定线费，放线费，建筑面积丈量费等
（4）“三通一平”费：接通红线外施工用临时给排水（含地下排水管、沟开挖铺设费用）、供电、道路（含按规定应交的占道费、道路挖掘费）等设施的设计、建造、装饰和进行场地平整发生的费用（包括开工前垃圾清运费）等
（5）临时设施费：工地甲方临时办公室费用、临时场地占用费、临时借用空地租费，以及沿红线周围设置的临时围墙、围栏等设施的设计、建造、装饰等费用。临时设施内的资产，如空调、电视机、家具等不属于临时设施费
（6）预算编审费：支付给社会中介服务机构受聘为项目编制或审查预算而发生的费用
（7）其他：包括挡光费、危房补偿鉴定费、危房补偿鉴定技术咨询费等</td></tr>
</table>

（续表）

成本构成	相关内容	
按成本项目划分	基础设施费	基础设施费是指项目开发过程中发生的小区内、建筑安装工程施工图预算项目之外的道路、供电、供水、供气、供热、排污、排洪、通信、照明、绿化等基础设施工程费用，红线外两米与大市政接口的费用，以及向水、电、气、热、通信等大市政公司缴纳的费用。主要包括以下内容 （1）道路工程费：小区内道路铺设费 （2）供电工程费：变（配）电设备的购置费，设备安装及电缆铺设费，供（配）电贴费、电源建设费，电增容费等 （3）给排水工程费：自来水、雨（污）水排放、防洪等给排水设施的建造、管线铺设费用，以及向自来水公司缴纳的水增容费等 （4）煤气工程费：煤气管道的铺设费、增容费、集资费，煤气配套费，煤气发展基金，煤气挂表费等 （5）供暖工程费：暖气管道的铺设费、集资费 （6）通信工程费：电话线路的铺设费、电话配套费、电话电缆集资费、电话增容费等 （7）电视工程费：小区内有线电视（闭路电视）的线路铺设和按规定应缴纳的有关费用 （8）照明工程费：小区内路灯照明设施支出 （9）绿化工程费：小区内人工草坪、栽花、种树等绿化支出，绿地建设费 （10）环卫工程费：指小区内的环境卫生设施支出，如垃圾站（箱）、公厕等支出 （11）其他：小区周围设置的永久性围墙、围栏支出，园区大门、园区监控工程费，自然下沉整改费等
	建筑安装工程费	建筑安装工程费指项目开发过程中发生的列入建筑安装工程施工图预算项目内的各项费用（含设备费、出包工程向承包方支付的临时设施费和劳动保险费），有甲供材料、设备的，还应包括相应的甲供材料、设备费。发包工程应依据承包方提供的经甲方审定的“工程价款结算单”来确定。建筑安装工程费主要包括以下内容 （1）土建工程费：包括基础工程费、主体工程费。有甲供材料的，还应包括相应的甲供材料费 （2）安装工程费：包括电气（强电）安装工程费、电讯（弱电）安装工程费、给排水安装工程费、电梯安装工程费、空调安装工程费、消防安装工程费、煤气安装工程费、采暖安装工程费。上述各项如有甲供材料、设备的，还应分别包括相应的甲供材料、设备费 （3）装修工程费：内外墙、地板（毯）、门窗、厨洁具、电梯间、天（顶）篷、雨篷等的装修费，有甲供材料的，还应包括相应的甲供材料费 （4）项目或工程监理费：指支付给聘请的项目或工程监理单位的费用 （5）其他：工程收尾所发生的零星工程费和乙方保修期后应由开发商承担的维修费（零星工程费和乙方保修期后应由开发商承担的维修费能够归类的，应按从属主体原则归类计入上述相应费用中）、现场垃圾清运费、工程保险费等

（续表）

成本构成	相关内容	
按成本项目划分	配套设施费	配套设施费是指在房屋开发过程中，根据有关法规，产权及其收益权不属于开发商，开发商不能有偿转让也不能转作自留固定资产的公共配套设施支出。该成本项目下按各项配套设施（非营利性公共配套设施）设立明细科目，具体核算内容可参考以下情况 （1）在开发小区内发生的不会产生经营收入的不可经营性公共配套设施支出，如建造消防、水泵房、水塔、锅炉房（建筑成本）、变电所（建筑成本）、居委会、派出所、岗亭、儿童乐园、自行车棚、景观（建筑小品）、环廊、街心公园、凉亭等设施的支出 （2）在开发小区内发生的，根据法规或经营惯例，其经营收入归经营者或业委会的可经营性公共配套设施的支出，如建造幼儿园、邮局、图书馆、阅览室、健身房、游泳池、球场等设施的支出 （3）开发小区内城市规划中规定的大配套设施项目不能有偿转让和取得经营收益权时，发生的没有投资来源的费用 （4）对于产权、收入归属情况较为复杂的地下室、车位等设施，应根据当地政府法规、开发商的销售承诺等具体情况确定是否摊入成本项目。如开发商通过补交地价或人防工程费等措施，得到政府部门认可，取得了该配套设施的产权，则应作为经营性项目独立核算
	开发间接费	开发间接费是指房地产开发企业内部独立核算单位为组织和管理开发产品的开发建设而发生的各项费用。开发间接费主要包括以下内容 （1）现场管理费用：内部独立核算的、开发项目现场管理的人员工资及福利费、工会经费、职工教育经费，修理费，办公费，办公用水电费，差旅费，市内交通费，运输费，通信费，业务交际费，劳动保护费，低值易耗品摊销，周转房摊销等 （2）利息及借款费用：直接用于项目开发所借入资金的利息支出、汇兑损失，减去利息收入和汇兑收益的净额 （3）物业管理基金、公建维修基金或其他专项基金：按规定应拨付给业主管理委员会的，由物业管理公司代管的物业管理基金、公建维修基金或其他专项基金 （4）质检费：按规定支付给质检部门的质量检验费，项目发生的材料、设备质量检验费，工程质量自检费，工程竣工验收费等质量鉴定性费用 （5）其他：项目交付使用后发生的，按规定或协议应由开发商承担，补贴给物业管理公司的水、电、煤气、暖气等价差，以及其他应计入开发间接费的费用

二、开发成本的核算程序

房地产开发成本的核算是指企业将开发一定数量的商品房所支出的全部费用按成本项目进行归集和分配，最终计算出开发项目总成本和单位建筑面积成本的过程。

房地产开发产品成本的核算程序是指房地产开发企业核算开发产品成本时应遵循的步骤和顺序，具体如图 3-1 所示。

1.确定成本核算对象	根据成本核算对象的确定原则和项目特点，确定成本核算对象
2.归集开发成本	设置有关成本核算会计科目，建立成本合同台账，核算和归集开发成本
3.确定成本分摊方法	按受益原则和配比原则，确定应分摊成本费用在各成本核算对象之间的分配方法和标准
4.在成本核算对象之间分摊成本	将归集的开发成本费用按确定的方法和标准在各成本核算对象之间进行分配
5.计算各成本核算对象的开发总成本	编制项目开发成本计算表，计算各成本核算对象的开发总成本
6.正确划分完工和在建开发产品之间的开发成本	分别结转完工开发产品成本，按建筑面积计算完工产品单位成本
7.正确划分可售面积、不可售面积（由主管部门划分提供）	根据有关规定分别计算可售面积、不可售面积应负担的成本，按与结算销售收入配比的原则正确结转完工开发产品的销售成本
8.编制成本报表	根据成本管理和核算要求，总括反映各成本核算对象的成本情况

图 3-1　房地产开发产品成本的核算程序

三、开发成本核算对象的确定

关于房地产开发企业的成本核算，成本对象和成本项目的划分与确定是正确核算开发成本的基础。为满足核算企业经营成果需要，房地产开发企业必须按照一定的原则和方法确定成本核算对象，以归集不同开发产品的成本支出，正确配比不同开发产品的收入和成本，准确核算项目开发经营成果。

成本核算对象也称成本计算对象，或称成本对象，是指为了计算房地产开发产品的成本而确定的，归集和分配开发建设过程中各项成本费用的承担主体。简单来说，确定了成本核算对象，也就界定了成本核算的空间范围。

合理确定成本核算对象是正确进行成本费用核算的重要条件。成本核算对象不同于最终开发产品，成本核算对象是具有不同使用功能的开发成本归集单元，可以理解为归集最终开发产品成本的手段和中间步骤。归集不同最终开发产品成本才是成本核算的目的，以实现和不同开发产品产生的收入进行配比。

1. 确定成本核算对象的原则

成本核算对象是核算成本的主体，也就是说算谁的成本，谁就是成本核算对象。例如，某房地产开发公司开发一宗 100 亩的土地甲地块，我们想了解这宗土地开发的成本，那么甲地块就是成本核算对象。

如果甲地块分三期开发，我们想了解每期的成本情况，那么一、二、三期中的每一期就是我们要确定的成本核算对象。

如果在甲地块一期中开发的产品类型有高层、多层、商业，我们想了解高层、多层、商业各种业态的成本，那么高层、多层、商业就是我们要确定的成本核算对象。

如果在甲地块一期开发的高层中有带一层地下室、有带两层地下室等结构不同的情况，我们需要了解不同的结构类型的成本情况，按不同的结构类型确定成本核算对象。

实务中，在确定房地产产品成本核算对象时，应把握以下原则。

（1）可否销售原则：开发产品能够对外经营销售的，应作为独立的成本核算对象进行成本核算；不能对外经营销售的，先作为一般成本核算对象进行成本归集，然后再将其成本摊入能够对外经营销售的成本核算对象。

（2）分类归集原则：对不同开发地点、竣工时间跨年度或产品结构类型存在明显差异的群体开发的项目，应分别作为成本核算对象进行核算。

（3）功能区分原则：开发项目某组成部分相对独立，且具有不同使用功能时，可以作为独立的成本核算对象进行核算。

（4）定价差异原则：开发产品因其产品类型或功能不同而导致其预期售价存在较大差异的，可以分别作为成本核算对象进行核算。

（5）成本差异原则：开发产品因建筑上存在明显差异可能导致其建造成本出现较大差异的，可以分别作为成本核算对象进行核算。

（6）权益区分原则：开发项目属于受托代建的或多方合作开发的，应结合上述原则分别划分成本核算对象进行核算。

2. 确定成本核算对象方法

根据上述确定成本核算对象的原则，房地产开发企业应结合项目开发地点、规模、周期、开发产品处理方式、功能设计、结构类型、装修档次、施工队伍等因素和管理需要等实际情况，确定具体成本核算对象。具体确定方法如下。

（1）单体开发项目，一般以每一独立编制设计概算或施工图预算的单项开发工程为成本核算对象。

（2）在同一开发地点、结构类型相同、开竣工时间相近、由同一施工单位施工或总包的群体开发项目，可以合并为一个成本核算对象。

（3）对于开发规模较大、工期较长的开发项目，可以结合项目特点和成本管理的需要，按开发项目的一定区域或部位或周期划分成本核算对象。

（4）成片分期开发的项目，可以以各期为成本核算对象。

（5）同一项目有裙房、公寓、写字楼等不同功能的，在按期划分成本核算对象的基础上，还应按功能划分成本核算对象。

（6）同一分期有高层、多层、复式等不同结构类型的，应按结构类型划分成本核算对象。

根据核算和管理需要，对独立编制设计概算或施工图预算的配套设施，不论其支出是否摊入房屋等开发产品成本，均应单独作为成本核算对象。对于只为一个单体开发项目服务的、应摊入开发项目成本且造价较低的配套设施，可以不单独作为成本核算对象，发生的开发费用直接计入单体开发项目的成本。

四、开发成本的归集与分配方法

房地产开发成本的核算过程，实际上就是在确定成本对象的基础上，合理地进行成本归集与分配的过程。因此，开发成本的归集与分配是房地产开发成本核算的重要内容。

1. 成本费用的归集分配

（1）对当期实际发生的各项支出，按其性质、经济用途及发生的地点、时间进行整理归类，并将其区分为“应计入成本对象的成本”和“应在当期税前扣除的期间费用”。

（2）将应计入成本对象中的各项实际支出以及预提费用、待摊费用等合理地划分为直接成本、间接成本、共同成本，并按规定将其合理地归集、分配至已完工成本对象、在建成本对象和未建成本对象。

（3）对前期已完工成本对象应负担的成本费用按已销开发产品、未销开发产品和固定资产进行分配。

（4）将本期已完工成本对象分类为开发产品和固定资产，并对其计税成本进行结算，其中属于开发产品的，应先按可售面积计算其单位工程成本，据此再计算已销开发产品计税成本和未销开发产品计税成本。对本期已销开发产品的计税成本，准予在当期扣除；对未销开发产品计税成本，待其实际销售时再予扣除。

（5）对本期未完工和尚未建造的成本对象应当负担的成本费用，应分别建立明细台账，待开发产品完工后再予结算。

2. 成本费用的分配方法

房地产开发企业开发建设的开发产品应按制造成本法进行计量与核算。其中，应计入开发产品成本中的费用属于直接成本和能够分清成本对象的间接成本，直接计入成本对象；共同成本和不能分清负担对象的间接成本，按收益原则和配比原则分配至各个成本对象，具体可选择按以下方法进行分配。

（1）占地面积法

占地面积法是指按已动工开发成本对象占地面积占开发用地面积的比例进行成本分配的方法。

- 一次性开发的，按某一成本对象占地面积占全部成本对象占地总面积的比例进行分配。
- 分期开发的，先按照本期全部成本对象占地面积占开发用地总面积的比例进行分配，再按照某一成本对象占地面积占期内全部成本对象占地总面积的比例进行分配。期内全部成本对象应负担的占地面积为期内开发用地占地面积减除应由各期成本对象共同负担的占地面积。

（2）建筑面积法

建筑面积法是指按已动工开发成本对象建筑面积占开发总建筑面积的比例进行成本分配的方法。

- 一次性开发的，按某一成本对象建筑面积占全部成本对象建筑面积的比例进行分配。
- 分期开发的，先按照期内成本对象建筑面积占开发用地计划建筑面积比例进行分配，再按照某一成本对象建筑面积占期内成本对象总建筑面积的比例进行分配。

（3）直接成本法

直接成本法是指按期内某一成本对象直接开发成本占期内全部成本对象直接开发成

本的比例进行成本分配的方法。

（4）预算造价法

预算造价法是指按期内某一成本对象预算造价占期内全部成本对象预算造价的比例进行分配的方法。

注意

- 土地成本，一般按占地面积法进行分配。如果确需结合其他方法进行分配，应经税务机关同意。
- 土地开发同时连结房地产开发的，属于一次性取得土地分期开发房地产的情况，其土地开发成本经税务机关同意后可先按土地整体预算成本进行分配，待土地整体开发完毕再行调整。
- 单独作为过渡性成本对象核算的公共配套设施开发成本，应按建筑面积法进行分配。
- 借款费用属于不同成本对象共同负担的，按直接成本法或按预算造价法进行分配。
- 其他成本项目的分配法由企业自行确定。

五、开发成本核算的科目设置

根据《企业会计准则——应用指南》（附录——会计科目和主要账务处理）的规定，没有开发成本和开发间接费一级科目，但依据企业会计准则中确认和计量的规定，企业在不违反会计准则中确认、计量和报告规定的前提下，可以根据本单位的实际情况自行增设、分拆、合并会计科目，并可结合实际情况自行确定会计科目编号。实务中，房地产开发企业多根据《企业会计准则——应用指南》的统一规定，并结合房地产开发企业会计核算的特点设置会计科目，可将“生产成本”科目改为“开发成本”科目进行核算，多元化经营企业也可保留“生产成本”科目，增设“开发成本”“开发间接费用”一级科目。

1.“开发成本”科目

“开发成本”科目核算房地产开发企业在土地、房屋、配套设施和代建工程的开发过程中所发生的各项费用，如土地征用及拆迁补偿费、前期工程费、基础设施费、建筑安装工程费、配套设施费和开发间接费用等。

“开发成本”科目的借方登记企业在土地、房屋、配套设施和代建工程的开发过程中所发生的各项费用，贷方登记开发完成已竣工验收的开发产品的实际成本。期末借方余额，反映未完工开发项目的实际成本。

“开发成本”科目应按开发成本的种类等设置二级明细科目，并在二级明细科目下，按成本核算对象进行明细核算。

2.“开发间接费用”科目

“开发间接费用”科目用于核算房地产开发企业内部独立核算单位在开发现场组织管理开发产品而发生的各项费用。这些费用虽属于直接为房地产开发而发生的费用，但它不能确定其为某项开发产品所应负担的金额，因而无法将它直接计入各项开发产品成本。为了简化核算手续，可将它先记入“开发间接费用”科目，然后按照适当分配标准，将它分配计入各项开发产品成本。

为了组织开发间接费用的明细分类核算，分析各项费用增减变动的原因，进一步节约费用开支，开发间接费用应分设如下明细项目进行核算。

（1）职工薪酬：指房地产开发企业内部独立核算单位现场管理机构行政、技术、经济、服务等人员的工资、奖金和津贴。

（2）折旧费：指房地产开发企业内部独立核算单位使用属于固定资产的房屋、设备、仪器等提取的折旧费。

（3）修理费：指房地产开发企业内部独立核算单位使用属于固定资产的房屋、设备、仪器等发生的修理费。

（4）办公费：指房地产开发企业内部独立核算单位各管理部门发生的办公用的文具、纸张、印刷、通信、书报、会议、差旅交通、集体取暖等费用。

（5）水电费：指房地产开发企业内部独立核算单位各管理部门耗用的水电费用。

（6）劳动保护费：指用于房地产开发企业内部独立核算单位职工的劳动保护用品的购置、摊销和修理费，供职工保健用营养品、防暑饮料、洗涤用肥皂等物品的购置费或补助费，以及工地上职工洗澡、饮水的燃料费等。

（7）周转房摊销：指不能确定为某项开发项目安置拆迁居民周转使用的房屋计提的摊销费。

（8）利息支出：指房地产开发企业为开发房地产借入资金所发生的而不能直接计入某项开发成本的利息支出及相关的手续费，但应冲减使用前暂存银行而发生的利息收入。开发产品完工以后的借款利息，应作为财务费用，计入当期损益。

（9）其他费用：指上述各项费用以外的其他开发间接费用支出。

开发间接费用的总分类核算在“开发间接费用”科目进行。企业所属各内部独立核算单位发生的各项开发间接费用，都要从“应付职工薪酬”“累计折旧”“递延资产”“银行存款”“周转房——周转房摊销”等科目的贷方转入“开发间接费用”科目的借方。

需要注意的是，如果开发企业不设置现场管理机构而由企业（即公司本部）定期或不定期地派人到开发现场组织开发活动，其所发生的费用，除周转房摊销外，其他开发间接费可记入企业的管理费用。

开发间接费用的明细分类核算，一般要按所属内部独立核算单位设置“开发间接费用明细分类账”，将发生的开发间接费用按明细项目分栏登记。

3.“开发产品”科目

开发产品是指企业已经完成全部开发建设过程，并已验收合格，符合国家建设标准和设计要求，可以按照合同规定的条件移交订购单位，或者作为对外销售、出租的产品，包括土地（建设场地）、房屋、配套设施和代建工程。已完工开发产品实际上是开发建设过程的结束和销售过程的开始。为了正确核算开发产品的增加、减少、结存情况，房地产开发企业应设置资产类“开发产品”科目。本科目借方登记已竣工验收的开发产品的实际成本，贷方登记月末结转的已销售、转让、结算或出租的开发产品的实际成本。月末借方余额表示尚未销售、转让、结算或出租的各种开发产品的实际成本。本科目应按开发产品的种类，如土地、房屋、配套设施和代建工程等设置明细账户，并在明细账户下，按成本核算对象设置账页。

4.“管理费用”科目

“管理费用”科目核算房地产开发企业为组织和管理企业开发经营所发生的管理费用。该科目借方登记企业发生的各项管理费用，贷方登记期末结转入“本年利润”科目的各项管理费用。期末，“管理费用”科目的余额结转入“本年利润”科目后，本科目无余额。“管理费用”科目应按费用项目设置多栏式明细账。

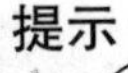

提示

房地产企业开发间接成本与管理费用的区别

开发间接费用是指在开发现场组织管理开发产品而发生的各项费用。该费用虽然属于直接为房地产开发而发生的费用，但它不能确定其为某项开发产品所应负担的金额，因而无法将它直接计入各项开发产品成本，因此最终要按照适当的分配标准，将它分配计入各项开发产品成本。开发间接费用主要包括工资、福利费、折旧费、修理费、办公费、水电费、劳动保护费、周转房摊销、利息支出、其他开发间接费用。

管理费用是企业管理部门为组织和管理生产经营活动而发生的期间费用，与产品开发没有直接的联系，不需要分配到产品开发成本中，在期末直接结转计入本年利润。该费用主要包括工会经费、职工教育经费、业务招待费、税金、技术转让费、无形资产摊销、咨询费、诉讼费、开办费摊销、公司经费、上缴上级管理费、劳动保险费、待业保险费、董事会会费，以及其他管理费用。

5.“销售费用”科目

“销售费用”科目核算房地产开发企业销售开发产品的过程中发生的各项费用。该科目借方登记企业发生的各项销售费用，贷方登记期末结转入“本年利润”科目和各项销售费用。期末,“销售费用”科目的余额结转“本年利润”科目后无余额。“销售费用”科目应按费用项目设置多栏式明细账。

6.“财务费用”科目

“财务费用”科目核算房地产开发企业为筹集生产经营所需资金等而发生的筹资费用。该科目借方登记企业发生的财务费用，贷方登记期末结转入“本年利润”科目的各项财务费用。期末，“财务费用”科目的余额结转“本年利润”科目后无余额。“财务费用”科目应按费用项目设置多栏式明细账。

需要注意的是，房地产开发企业的贷款一般是项目贷款，用于本项目的开发建设，因此房地产开发企业符合规定的贷款利息应予以资本化，记入开发成本—××项目——开发间接费或单独设置开发成本—××项目——利息支出。

第二节　土地征用及拆迁补偿费的归集与分配

土地征用及拆迁补偿费是指为取得土地开发使用权而发生的各项费用，主要包括土地征用费、拆迁补偿费等。

一、土地开发成本核算对象

土地开发也称建设场地开发，是指对原有土地进行改造使之具备一定的建设条件。房地产开发企业开发的土地，按其用途可以分为两种：一种是为了转让、出租而开发的商品性土地（也叫商品性建设场地）；另一种是为了开发商品房、出租房等房屋而开发的自用土地。

进行土地开发成本核算时要先确定成本核算对象。确定成本核算对象，就是为了按成本计算对象归集各项费用，并按一定的成本计算对象计算和结转成本。

1. 土地开发成本核算对象的确定

一般的土地开发，应以每一独立的开发项目作为成本核算对象。但对于开发面积较大、工期较长、分区域开发的土地，可以将一个独立的开发项目划分若干区域，以一定的区域作为成本核算对象。

为了既有利于土地开发支出的归集，又有利于土地开发成本的结转，对需要单独核算土地开发成本的开发项目，可以按下列原则确定土地开发成本的核算对象。

（1）对开发面积不大、开发工期较短的土地，可以将每一块独立的开发项目作为成本核算对象。

（2）对开发面积较大、开发工期较长、分区域开发的土地，可以将一定区域作为土地开发成本核算对象。

需要注意的是，成本核算对象应在开工之前确定，一经确定就不能随意改变，更不能相互混淆。

2. 土地开发支出划分和归集的原则

为了转让、出租而开发的商品性土地是企业的最终开发产品，其费用支出单独构成土地的开发成本；但为了开发商品房、出租房等房屋而开发的自用土地，则是企业的中间开发产品，其费用支出应计入商品房、出租房等有关房屋开发成本。

（1）企业为开发商品房、出租房等房屋而开发的自用土地，其费用可以分清负担对象的，应直接计入有关房屋开发成本，在“开发成本——房屋开发成本”等科目进行核算。

（2）企业为开发商品房、出租房等房屋而开发的自用土地，其费用如果分不清负担对象，应由两个或两个以上成本核算对象负担的，应先通过“开发成本——土地开发成本”科目进行归集，待土地开发完成投入使用时，再按一定的标准（如房屋占地面积或房屋建筑面积等）将其分配计入有关房屋开发成本。

（3）如果企业开发商品房、出租房使用的土地属于企业开发商品性土地的一部分，则应将整块土地作为一个成本核算对象，在“开发成本——土地开发成本”科目中归集其发生的全部开发支出，计算其总成本和单位成本，并于土地开发完成时，将成本结转到“开发产品”科目。待使用土地时，再将使用土地所应负担的开发成本，从“开发产品”科目转入“开发成本——房屋开发成本”科目，计入商品房等房屋的开发成本。

3. 土地开发成本项目及科目的设置

房地产开发企业应根据所开发土地的具体情况和会计准则规定的成本项目，设置土地开发项目的成本项目。企业开发的土地，由于设计要求不同，开发的层次、程度和内容都不相同，有的只是进行场地的清理平整，如原有建筑物、障碍物的拆除和土地的平整；有的除了场地平整外，还要进行地下各种管线的铺设、地面道路的建设等。因此，就各个具体的土地开发项目来说，它的开发支出内容是不完全相同的，房地产开发企业应根据土地开发支出的一般情况，分别设置土地征用及拆迁补偿费、前期工程费、基础设施费、公共配套设施费、开发间接费用等成本项目，对土地开发成本进行核算。

土地开发成本应在“开发成本——土地开发成本”二级科目进行核算。该科目借方登记各项土地开发发生的成本，贷方登记土地开发完成结转到“开发产品”科目的土地开发成本。

为了具体核算每一项土地开发的成本情况，在“开发成本——土地开发成本”二级科目下要设置多栏式“土地开发成本明细账”（三级账）进行核算。该明细账应按不同的土地开发项目或不同的开发区域设置明细账户，并按照不同的成本项目设置专栏，具体如表 3-2 所示。

表 3-2　土地开发成本明细账

成本核算对象：× × 土地

日期		凭证号	摘要	借方					贷方	余额
				土地征用及拆迁补偿费	前期工程费	基础设施费	公共配套设施费	开发间接费用		

二、土地开发成本的核算

1. 土地开发费用直接计入房屋开发成本

土地开发费用直接计入房屋开发成本主要有以下两种情况。

第一种情况是，原来已将土地作为成本核算对象，单独核算了土地的开发成本。这种情况下，在开始进行房屋开发的时候，要将土地开发成本转入房屋开发成本。

借：开发成本——房屋开发成本（某房屋）——土地征用及拆迁补偿费

　贷：开发成本——土地开发成本——土地（某土地）

如果土地开发完成后，已将土地的开发成本转入了开发产品，在开始建设房屋的时候，应将作为开发产品的土地成本转入房屋开发成本。

借：开发成本——房屋开发成本（某房屋）——土地征用及拆迁补偿费

　贷：开发产品——土地（某土地）

【例 3-1】某房地产开发企业于 2020 年 11 月开工建设甲项目，该项目的土地开发成本已经单独核算，总土地开发成本为 350 000 000 元。根据上述经济业务，应做如下账务处理。

借：开发产品——甲项目——土地征用及拆迁补偿费　　350 000 000

　贷：开发成本——土地开发成本　　350 000 000

第二种情况是，开发完土地，准备直接开始建房。土地开发发生的各项成本费用，一开始就可以归集到房屋开发成本中，即“开发成本——××项目（房屋开发成本）——土地征用及拆迁补偿费”。

房地产开发企业发生的土地征用及拆迁补偿费视能否区分负担对象等情况，有不同的归集方法，具体如下。

（1）能够分清负担对象的，应直接记入房屋开发成本核算对象的“土地征用及拆迁补偿费”科目，即借记“开发成本——土地征用及拆迁补偿费”科目，贷记“银行存款”“应付账款”等科目。

（2）不能分清负担对象的，应先对其进行归集，会计期末按照一定的分配标准分配给各受益对象。

【例 3-2】6 月，某房地产开发公司竞拍 A 土地，规划建设甲项目。土地出让金 150 000 000 元已全额支付，但土地尚未实际取得。11 月，公司实际取得 A 土地。根据上述经济业务，应做如下账务处理。

（1）6 月支付土地出让金时：

借：预付账款——A 土地　　150 000 000

　贷：银行存款　　150 000 000

（2）11 月实际取得 A 土地时：

借：开发成本——甲项目——土地征用及拆迁补偿费——土地出让金 150 000 000

　贷：预付账款——A 土地　　150 000 000

【例 3-3】7 月，某房地产开发公司通过竞拍取得 B 土地，规划建设乙项目。土地出让金 180 000 000 元已全额支付。根据上述经济业务，应做如下账务处理。

借：开发成本——乙项目——土地征用及拆迁补偿费——土地出让金 180 000 000

　贷：银行存款　　180 000 000

按照税法的有关规定，土地开发成本一般按占地面积法进行分配。如果确实需要结合其他方法进行分配的，应经税务机关同意。

在会计核算上，如果成本对象的占地面积可以取得，原则上房地产开发企业应该按占地面积进行分摊。房地产开发企业取得成本对象占地面积的途径有两个：一是政府规划审批部门在项目规划中测定的占地面积；二是房地产开发企业根据项目规划自行测定的占地面积。

在实际项目运作时，并不是所有的成本对象都可以单独取得其占地面积。垂直排列的成本对象就无法取得各自的占地面积，如有的项目的开发产品，一至三层裙房为购物中心，三层以上是写字楼，作为成本对象，购物中心和写字楼的占地面积是重合的，因此这种情况下就不能按占地面积分摊土地价款。

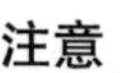

注意

无法按占地面积进行土地开发成本分摊的，一般按建筑面积法进行分配。

在进行土地成本分摊时，如果属于单独建造的、具有独立使用功能的地下建筑物，应分摊土地成本；如果属于为建造地上建筑物而形成的、不具有独立使用功能的地下基础设施，不分摊土地成本。

回迁房成本如果作为拆迁补偿费，不分摊土地成本。

单独建造应该由开发产品承担的配套设施，应分摊土地成本。

【例 3-4】某房地产公司通过竞拍取得甲地块的土地使用权用于房地产开发，该地块占地面积 6 万平方米，总建筑面积为 20 万平方米。经测算，该地块总共发生土地开发成本 3 亿元。该地块整体项目分为商业区、住宅区和别墅区三个区域，规划指标如下。

（1）商业区：占地面积 1 万平方米，开发产品为三层裙房和 18 层写字楼，总建筑面积 5 万平方米，其中，裙房建筑面积 2 万平方米、写字楼建筑面积 3 万平方米。

（2）住宅区：占地面积 2 万平方米，建筑面积 11 万平方米。

（3）别墅区：占地面积 3 万平方米，建筑面积 4 万平方米。

根据上述经济业务，在分摊土地开发成本时应做如下账务处理。

（1）土地开发成本的归集

借：开发成本——土地征用及拆迁补偿费——待分摊成本　　300 000 000

　贷：银行存款　　300 000 000

（2）土地价款的分摊

根据项目实际情况，该房地产公司确定成本对象分别为裙房、写字楼、住宅和别墅。各成本对象分摊的土地成本如下。

① 商业区的土地成本，按占地面积法进行分摊。

商业区的土地成本 $= 30\,000 \div 6 \times 1 = 5\,000$（万元）

裙房和写字楼的土地成本按建筑面积法进行分摊。

裙房的土地成本 $= 5\,000 \div 5 \times 2 = 2\,000$（万元）

写字楼的土地成本 $= 5\,000 \div 5 \times 3 = 3\,000$（万元）

② 住宅的土地成本：按占地面积进行分摊。

住宅的土地成本 $= 30\,000 \div 6 \times 2 = 10\,000$（万元）

③ 别墅的土地成本：按占地面积进行分摊。

别墅的土地成本 $= 30\,000 \div 6 \times 3 = 15\,000$（万元）

会计分录如下：

借：开发成本——裙房——土地征用及拆迁补偿费　　20 000 000

　　　　　　——写字楼——土地征用及拆迁补偿费　　30 000 000

　　　　　　——住宅——土地征用及拆迁补偿费　　100 000 000

　　　　　　——别墅——土地征用及拆迁补偿费　　150 000 000

　贷：开发成本——土地征用及拆迁补偿费——待分摊成本　　300 000 000

2. 土地开发费用单独核算

（1）对发生的土地征用及拆迁补偿费、前期工程费、基础设施费等土地开发支出，可直接记入各土地开发成本明细分类账。

借：开发成本——土地开发成本

贷：银行存款

应付账款等

（2）发生的开发间接费用，应先在“开发间接费用”科目进行核算，于会计期末再按一定标准，分配计入有关开发成本核算对象。

① 发生开发间接费用时：

借：开发成本——开发间接费用

贷：银行存款

应付账款等

② 期末分配时：

借：开发成本——土地开发成本

贷：开发成本——开发间接费用

【例 3-5】5 月，某房地产公司共发生了下列有关土地开发支出，如下表所示。

土地开发支出表

单位：元

项目	甲块土地（商品性土地）	乙块土地（自用土地）	合计
支付征地拆迁费	650 000	850 000	1 500 000
支付前期工程费	300 000	250 000	550 000
应付基础设施费	200 000	160 000	360 000
分配开发间接费	50 000	—	50 000
合计	1 200 000	1 260 000	2 460 000

根据上述经济业务，应做如下账务处理。

（1）用银行存款支付征地拆迁费时：

借：开发成本——土地开发成本（甲块土地）——土地征用及拆迁补偿费

650 000

——土地开发成本（乙块土地）——土地征用及拆迁补偿费

850 000

贷：银行存款　1 500 000

（2）用银行存款支付前期工程费时：

借：开发成本——土地开发成本（甲块土地）——前期工程费　　300 000

　　　　　　——房屋开发成本（乙块土地）——前期工程费　　250 000

　贷：银行存款　　550 000

（3）应付基础设施费时：

借：开发成本——土地开发成本（甲块土地）——基础设施费　　200 000

　　　　　　——房屋开发成本（乙块土地）——基础设施费　　160 000

　贷：应付账款——应付工程款　　360 000

（4）分配应计入商品性土地开发成本的开发间接费用时：

借：开发成本——土地开发成本（甲块土地）　　50 000

　贷：开发间接费用　　50 000

同时，应将各项土地开发成本分别记入土地开发成本明细分类账。

三、已完工土地开发成本的结转

已完工土地开发成本应从“开发成本”总账及所属明细账转出，结转到有关账户。会计核算时，已完工土地开发成本的结转，应根据已完成开发土地的用途，采用不同的成本结转方法。

1. 已完工商品性土地开发成本的结转

对于商品性土地，在开发完成并经验收后，应将其实际成本从“开发成本——土地开发成本”科目的贷方转入“开发产品——土地”科目的借方。

借：开发产品——土地

　贷：开发成本——土地开发成本

【例 3-6】某房地产公司的商品性甲块土地已开发完成并验收通过，该土地开发成本为 1 200 000 元。根据上述经济业务，应做如下账务处理。

借：开发产品——土地（甲块土地）　　1 200 000

　贷：开发成本——土地开发成本（甲块土地）　　1 200 000

2. 已完工自用土地开发成本的结转

对于为开发房屋而开发的自用土地，在开发完成后，应将其实际成本从“开发成本——土地开发成本”科目的贷方转入“开发成本——房屋开发成本”“在建工程”等科目的借方。如果自用土地开发完成后，还不能确定房屋和配套设施等项目的用地，则应先将其成本结转入“开发产品——自用土地”科目的借方，于自用土地投入使用时，再从“开发产品——自用土地”科目的贷方将其开发成本转入“开发成本——房屋开发成本”等科目的借方。

结转计入房屋开发成本的土地开发支出，可采用分项平行结转法或归类集中结转法。

（1）分项平行结转法

分项平行结转法是指将土地开发支出的各项费用按成本项目分别平行转入有关房屋开发成本的对应成本项目。这种结转方法主要适用于改作自用的商业性建设场地的成本结转。因为原商业性建设场地的开发成本中归集了该场地应负担的全部费用。

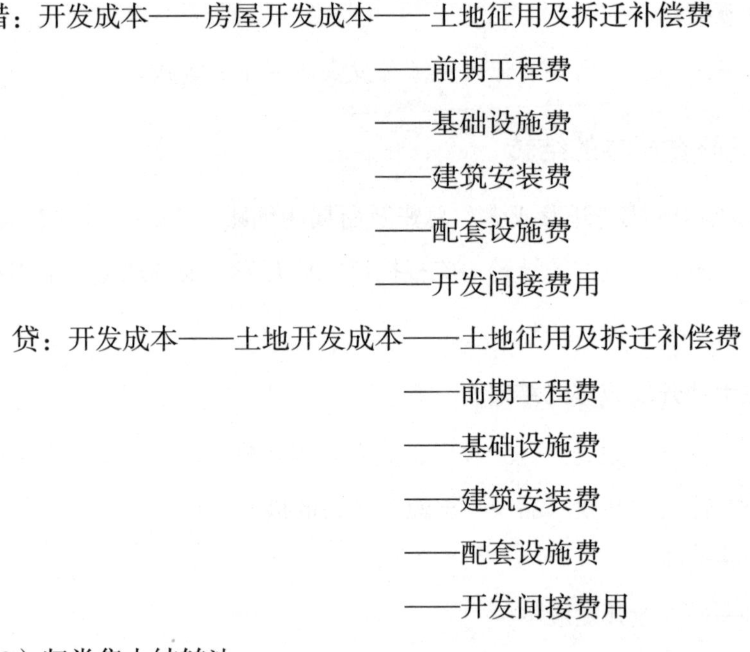

借：开发成本——房屋开发成本——土地征用及拆迁补偿费
——前期工程费
——基础设施费
——建筑安装费
——配套设施费
——开发间接费用

贷：开发成本——土地开发成本——土地征用及拆迁补偿费
——前期工程费
——基础设施费
——建筑安装费
——配套设施费
——开发间接费用

（2）归类集中结转法

归类集中结转法是指将土地开发支出归类合并为“土地征用及拆迁补偿费”和“基础设施费”两个科目，然后转入有关房屋开发成本的“土地征用及拆迁补偿费”和“基础设施费”科目。凡与土地征用及拆迁补偿费或批租地价有关的费用，均转入有关房屋开发成本的“土地征用及拆迁补偿费”科目；对其他土地开发支出，包括前期工程费、基础设施费等，则合并转入有关房屋开发成本的“基础设施费”科目。这种结转方法主要适用于自用建设场地成本的结转。因为自用建设场地一般不归集配套设施费和开发间接费用，所以为简化核算手续，可以采用这种方法结转。

借：开发成本——房屋开发成本

——土地征用及拆迁补偿费

——基础设施费

贷：开发成本——土地开发成本

——土地征用及拆迁补偿费

——前期工程费

——基础设施费

——建筑安装费

【例 3-7】沿用［例 3-5］，假设该房地产公司的自用乙块土地已开发完成并验收通过。该土地将全部用于建设公司自用办公楼，土地开发成本为 1 260 000 元。根据上述经济业务，应做如下账务处理。

借：开发成本——房屋开发成本（自用办公楼）　　1 260 000

贷：开发成本——土地开发成本（乙块土地）　　1 260 000

第三节　前期工程费的归集与分配

前期工程费是指在取得土地开发权之后，项目开发前期的筹建、规划、设计、可行性研究、水文地质勘察、测绘、“三通一平”等前期费用支出。

一、前期工程费的归集

1. 能分清成本核算对象的

能分清成本核算对象的，应直接记入有关房屋开发成本核算对象的“前期工程费”科目。

借：开发成本——× × 项目——前期工程费——规划设计费

——报批报建费

——勘察丈量费

——“三通一平”费

——临时设施费

——其他

应交税费——应交增值税（进项税额）

贷：银行存款

应付账款等

【例 3-8】某房地产开发公司规划建设一个综合项目，包含住宅楼和商业楼。7 月，支付住宅楼总体规划设计费 116.6 万元，工程招投标代理服务费 31.8 万元，建筑面积丈量费 8.48 万元，建设场地平整费 54.5 万元；支付商业楼总体规划设计费 84.8 万元，临时道路修建费 54.5 万元，鉴定费用 7.42 万元。以上价格均含增值税，其中规划设计费、工程招标费、丈量费、鉴定费的增值税税率为 6%，工程建设费的增值税税率为 9%。根据上述经济业务，应做如下账务处理。

增值税进项税额 =（116.6+31.8+8.48+84.8+7.42）÷（1+6%）×6%+（54.5+54.5）÷（1+9%）×9%=23.1（万元）

借：开发成本——住宅——前期工程费——规划设计费　1 100 000

——工程招标费　300 000

——勘察丈量费　80 000

——“三通一平”费　500 000

开发成本——商业——前期工程费——规划设计费　800 000

——临时设施费　500 000

——其他　70 000

应交税费——应交增值税（进项税额）　231 000

贷：银行存款　3 581 000

2. 分不清成本核算对象的

分不清成本核算对象的，应先将其支出进行归集，会计期末按照一定的分配标准分配给各受益对象。

借：开发成本——前期工程费——规划设计费——待分摊成本

——报批报建费——待分摊成本

——勘察丈量费——待分摊成本

——“三通一平”费——待分摊成本

——临时设施费——待分摊成本

——其他——待分摊成本

应交税费——应交增值税（进项税额）

贷：银行存款

应付账款等

【**例 3-9**】某房地产开发公司规划建设一个商品房项目，分两期开发。现已支付总体规划设计费 201.4 万元，工程招投标代理服务费 31.8 万元，建筑面积丈量费 8.48 万元，建设场地平整费 54.5 万元，临时道路修建费 54.5 万元，鉴定费用 7.42 万元。以上价格均含增值税，其中规划设计费、工程招标费、丈量费、鉴定费的增值税税率为 6%，工程建设费的增值税税率为 9%。根据上述经济业务，应做如下账务处理。

增值税进项税额 =（201.4+31.8+8.48+7.42）÷（1+6%）×6%+（54.5+54.5）÷（1+9%）×9% = 23.1（万元）

借：开发成本——前期工程费——规划设计费——待分摊成本　1 900 000

——工程招标费——待分摊成本　300 000

——勘察丈量费——待分摊成本　80 000

——“三通一平”费——待分摊成本　500 000

——临时设施费——待分摊成本　500 000

——其他——待分摊成本　70 000

应交税费——应交增值税（进项税额）　231 000

贷：银行存款　3 581 000

二、前期工程费的分配

前期工程费的分配方法包括占地面积法、建筑面积法、直接成本法和预算造价法。房地产开发企业在分配前期工程费时，可以自行选择其中的一种方法。对于前期工程费中的具体支出项目，应具体分析，分别采用不同的分配方法。如果没有确切的理由，前期工程费的支出项目应采用统一的分配方法，而不能人为地通过分配方法的选择来调节各成本对象的成本。

借：开发成本——项目 1——前期工程费——报批报建费

——项目 2——前期工程费——报批报建费

——项目 1——前期工程费——规划设计费

——项目 2——前期工程费——规划设计费

——项目 1——前期工程费——勘察丈量费

——项目2——前期工程费——勘察丈量费

——项目1——前期工程费——“三通一平”费

——项目2——前期工程费——“三通一平”费

——项目1——前期工程费——临时设施费

——项目2——前期工程费——临时设施费

贷：开发成本——前期工程费——报批报建费——待分摊成本

——规划设计费——待分摊成本

——勘察丈量费——待分摊成本

——“三通一平”费——待分摊成本

——临时设施费——待分摊成本

【例3-10】沿用［例3-9］，该房地产开发公司规划一期建筑面积为6万平方米，二期建筑面积为14万平方米。该房地产开发公司按建筑面积对前期工程费进行分摊。根据上述经济业务，应做如下账务处理。

一期应分摊的前期工程费比例 = 6÷（6+14）×100% = 30%

二期应分摊的前期工程费比例 = 14÷（6+14）×100% = 70%

借：开发成本——一期——前期工程费——规划设计费　570 000

——二期——前期工程费——规划设计费　1 330 000

——一期——前期工程费——工程招标费　90 000

——二期——前期工程费——工程招标费　210 000

——一期——前期工程费——勘察丈量费　24 000

——二期——前期工程费——勘察丈量费　56 000

——一期——前期工程费——“三通一平”费　150 000

——二期——前期工程费——“三通一平”费　350 000

——一期——前期工程费——临时设施费　150 000

——二期——前期工程费——临时设施费　350 000

——一期——前期工程费——其他　21 000

——二期——前期工程费——其他　49 000

贷：开发成本——前期工程费——规划设计费——待分摊成本　1 900 000

——工程招标费——待分摊成本　300 000

——勘察丈量费——待分摊成本　80 000

——“三通一平”费——待分摊成本　　500 000

——临时设施费——待分摊成本　　500 000

——其他——待分摊成本　　70 000

第四节　建筑安装工程费的归集与分配

房地产项目开发过程中发生的建筑安装工程费，应根据工程的不同施工方式，采用不同的核算方法。房地产开发企业的基础设施和建筑安装等工程的施工，可以采用自营方式，也可以采用发包方式进行。

一、自营方式的核算

自营方式是指房地产开发企业自行组织实施房地产项目的建筑安装工程。

1. 成本核算对象和项目

由于房地产开发企业基础设施、建筑安装等工程具有多样性和固定性的特点，每一工程几乎都有它独特的形式和结构，在建设时要采用不同的施工方法和施工组织。即使采用相同的标准设计，由于必须在指定的地点建造，以致它们的地形、地质、水文等自然条件和交通、材料资源等社会条件不同，在建造时往往需要对设计图纸以及施工方法、施工组织等做出适当改变。

建筑工程的这些特点，使得工程施工具有个体性。因此，基础设施、建筑安装等工程的施工属于单件生产，在对工程组织成本核算时，必须采用订单成本核算法，即按照各项工程分别核算成本的方法。凡是可以直接计入各项工程的生产费用，应直接计入各项工程成本；凡是不能直接计入各项工程而应由有关工程共同负担的生产费用，要先按照发生地点先行归集，然后按照一定的标准，定期分配计入有关工程成本。

按订单成本核算法核算工程成本，必须确定工程成本计算的对象。工程成本核算的对象，通常是具有工程预算的单位工程。因为单位工程是编制工程预算、工程进度计划的对象。根据单位工程来组织工程成本核算，便于反映工程预算的执行结果，分析工程成本下降的原因，及时反映施工活动的经济效益。

企业可以简化工程成本核算手续，把它们的成本合并核算，然后按照各单位工程预算造价的比例，计算各单位工程的实际成本。例如：

（1）将在同一施工地点、同一结构类型、开竣工时间相接近的各个单位工程的成本合并核算；

（2）将在同一工地上施工的几个预算造价很小的工程的成本合并核算。

为了便于核算各项工程成本，分清工程成本下降的原因，必须对生产费用按照经济用途加以分类。施工单位的生产费用按照它的经济用途，一般应分为材料费、人工费、机械使用费、施工间接费、其他间接费用等成本项目，具体如表 3-3 所示。

表 3-3 施工单位的生产费用

成本项目	具体说明
1. 材料费	在施工过程中所耗用的构成工程实体的材料、结构件的实际成本，以及周转材料的摊销和租赁费用
2. 人工费	直接从事工程施工工人（包括施工现场制作构件工人，施工现场水平、垂直运输等辅助工人，但不包括机械施工人员）的工资、奖金、津贴等职工薪酬
3. 机械使用费	在施工过程中使用自有施工机械所发生的费用，包括机上操作人员工资，职工福利费，燃料动力费，机械折旧、修理费，替换工具及部件费，润滑及擦拭材料费，安装、拆卸及辅助设施费，使用外单位施工机械的租赁费，以及按照规定支付的施工机械进出场费
4. 施工间接费	施工单位为组织和管理工程施工所发生的全部支出，包括施工单位管理人员工资、职工福利费、办公费、差旅交通费、行政管理用固定资产折旧修理费、低值易耗品摊销、财产保险费、劳动保护费等，如搭建有为工程施工所必需的生产、生活用的临时建筑物、构筑物及其他临时设施，同时还应包括临时设施摊销费
5. 其他直接费用	现场施工用水、电、蒸汽费，冬雨季施工增加费，夜间施工增加费，土方运输费，材料二次搬运费，生产工具用具使用费，工程定位复测费，工程点交费，场地清理费等

上述材料费、人工费、机械使用费和其他直接费用，由于直接耗用于工程的施工过程，属于直接费用，可以直接记入“工程施工”科目和各项工程成本。施工间接费由于属于组织和管理工程施工所发生的各项费用，要按照一定标准分配计入各项工程成本，属于间接费用，在核算上应先将它记入“施工间接费用”科目，然后按照一定标准分配计入各项工程成本。

2. 主要账务处理

采用自营方式进行的基础设施和建筑安装（包括装饰）等工程，如果工程规模不大，在施工过程中发生的各项工程费用，可以直接计入有关开发成本的核算对象，记入“开发成本——建筑安装工程费”“应交税费——应交增值税（进项税额）”等科目的借方和“银行存款”“工程物资”或“原材料”“应付职工薪酬”等科目的贷方，具体账务处理如下。

借：开发成本——建筑安装工程费

应交税费——应交增值税（进项税额）

贷：银行存款

原材料

应付职工薪酬等

如果工程规模较大，由企业所属施工单位进行内部核算的，可根据需要设置“工程施工”“施工间接费用”等科目，用来核算和归集自营工程费用，并按工程施工成本核算对象和成本项目设置工程施工成本明细分类账，进行工程成本明细分类核算。期末，再将其实际成本转入“开发成本——××项目——建筑安装工程费”科目。

【例 3-11】某房地产开发企业开发的项目，其建筑安装采取自营方式。7 月发生了以下费用。

（1）领取工程物资 5 650 000 元（含增值税 650 000 元）：

借：开发成本——建筑安装工程费 5 000 000

应交税费——应交增值税（进项税额） 650 000

贷：工程物资 5 650 000

（2）支付工程施工人员职工薪酬 600 000 元：

借：开发成本——建筑安装工程费 600 000

贷：工程物资 600 000

二、发包方式的核算

房地产开发企业的基础设施和建筑安装等工程的施工，可以采用发包方式。

对发包的基础设施和建筑安装工程，一般采用招标、议标方式，通过工程公开招标或邀请施工企业议标，将工程发包给施工企业的，按工程标价进行结算。房地产开发企业要根据工程承包合同条例的规定，同承包工程的施工企业签订工程承包合同，并将承包合同副本送开户银行作为结算工程价款的依据。

1. 工程价款结算的办法

房地产开发企业与施工企业在工程承包合同中规定的工程价款的结算，应根据国家有关工程价款结算办法，结合当地的有关规定具体确定。从目前各个地区所采用的工程价款结算办法来看，归纳起来主要有以下三种。

（1）按月结算

按月结算就是按照每月实际完成的分部分项工程进行结算。因为建筑安装工程等虽具有个体性的特点，但不同的工程，都是由一定的分部分项工程构成的。每一个分部分项工程，都有一定的施工内容、质量标准和统一的计量单位，并在短期内可以完成。国家为了管理工程造价而制定的工程预算定额和地区预算造价，都是以分部分项工程为基础的。因此，根据经验收合格的各月的已完分部分项工程的工程数量和预算单价等计算的工程造价，就是各月应结算和支付的工程款。如果招标出包工程，工程标价与工程造价不同时，应按工程标价占工程预算造价的百分比进行调整计算。

在具体做法上，各个地区也不尽相同，目前一般都实行月中预付、月终结算，即在月中按照当月施工计划所列工作量的一半预付，月末（实际为下月初）按照各工程当月实际完成工作量（即预算造价或调整计算后的工程标价）扣除月中预付款后进行结算。

（2）分段结算

分段结算就是将一个单位工程按形象进度划分为几个阶段（部位），如基础、结构、装饰、竣工等；按照完成阶段，分段验收结算工程价款。分段结算也可按月预付工程款，即在月中按照当月施工计划工作量预付，于工程阶段完成验收后按分段工程预算造价或调整计算后的工程标价扣除预付款后进行结算。

（3）竣工一次结算

开发项目或单项工程施工工期在 12 个月以内，或者工程承包合同价值较小的，可以实行工程价款每月月中预支、竣工后一次结算，即在工程开工后，每月按当月施工计划所列工作量预付工程款，于工程竣工验收后按工程承包合同价值扣除预付工程款后进行结算。

2. 支付工程合同款的核算

采取发包方式时，房地产开发企业支付给施工企业的建筑安装工程费属于开发成本的直接费用，可以直接计入相关开发项目的成本中。房地产开发企业与施工企业是承发包合同契约关系，根据合同约定进行工程款的预付、备料款的预付，以及整个工程价款的最终结算。

房地产开发企业与施工企业有关发包工程款的核算，可以通过“应付账款——应付工程款”或“预付账款——预付工程款”科目进行核算，一般只需要设置一个即可。工程开工前或开工后，按照合同约定，房地产开发企业应向施工企业拨付工程备料款、工程进度款，还有可能向施工企业提供设备或材料（钢材、水泥等），涉及预付工程款、备料款以及拨付材料设备的支出，房地产开发企业应先将这些支出列入“预付账款”或“应付账款”科目核算，待施工企业提出“工程价款结算账单”办理工程价款结算时，再从“预付账款”或“应付账款”科目转入“开发成本——建筑安装工程费”科目。

（1）房地产开发企业按照规定预付给承包施工企业的备料款和工程款，应记入“预付账款——预付工程款”或“应付账款——应付工程款”科目的借方，具体账务处理如下。

借：预付账款——预付工程款（或应付账款——应付工程款）

  贷：银行存款

（2）按照工程价款结算账单应付给承包施工企业的工程款，应记入“开发成本——建筑安装工程费”“应交税费——应交增值税（进项税额）”等科目的借方和“预付账款——预付工程款”（或“应付账款——应付工程款”）科目的贷方，具体账务处理如下。

借：开发成本——建筑安装工程费

  应交税费——应交增值税（进项税额）

  贷：预付账款——预付工程款

如有扣除应付工程款的预付备料款和预付工程款时，应将扣回的预付备料款和预付工程款记入“预付账款——预付工程款”（或“应付账款——应付工程款”）科目的贷方。

（3）支付工程款时，记入“预付账款——预付工程款”（或“应付账款——应付工程款”）科目的借方和“银行存款”等科目的贷方，具体账务处理如下。

借：预付账款——预付工程款

  贷：银行存款

如果“预付账款——预付工程款”科目出现贷方余额，则反映尚欠施工单位的工程款项。

【例 3-12】某房地产公司某项发包工程年度合同总值为 80 000 000 元，按照合同规定开工前应付预付备料款 2 000 000 元，在用银行存款支付时，应做如下账务处理（假设不考虑相关税费，企业采用“预付账款——预付工程款”科目）：

借：预付账款——预付工程款 2 000 000

  贷：银行存款 2 000 000

11 月，根据施工企业当月施工计划所列工作量的 50% 即 5 000 000 元，用银行存款预付工程款：

借：预付账款——预付工程款　　5 000 000

　贷：银行存款　　5 000 000

12 月初，根据施工企业提出 11 月工程价款结算账单中的已完工程价值 8 720 000 元（含增值税），减去应扣回预付备料款 2 000 000 元、月中预付工程款 5 000 000 元，尚应支付工程款 1 720 000（8 720 000－2 000 000－5 000 000）元。

借：开发成本——建筑安装工程费　　8 000 000

　　应交税费——应交增值税（进项税额）　　720 000

　贷：预付账款——预付工程款　　8 720 000

用银行存款支付应付工程款时：

借：预付账款——预付工程款　　1 720 000

　贷：银行存款　　1 720 000

3. 甲供材的核算

对于甲供材，企业应根据工程承包合同的约定采用适当的会计处理方式。

（1）工程承包合同约定总价中包括甲供材价格的，甲供材发出时作为预付给施工方的工程款，记入“预付账款”账户，借记“预付账款”科目，贷记“原材料”科目。

【例 3-13】某房地产开发企业与施工单位 A 建筑公司签订施工合同，合同总价为 6 000 万元，其中包括房地产开发企业提供的钢材 1 000 万元（不含增值税）。在房地产开发企业将钢材发给建筑公司时，应做如下账务处理：

借：预付账款——A 建筑公司　　11 300 000

　贷：原材料　　10 000 000

　　　应交税费——应交增值税（销项税额）　　1 300 000

（2）工程承包合同约定总价中不包括甲供材价格的，甲供材直接记入“开发成本”账户。在发出原材料时，按材料实际购买价，借记“开发成本”科目，贷记“原材料”科目。

【例 3-14】某房地产开发企业与施工单位 B 建筑公司签订施工合同，合同总价为 5 000 万元，不包括房地产开发企业提供的钢材 2 000 万元（不含增值税）。在房地产开发企业将钢材发给 B 建筑公司时，应做如下账务处理：

借：开发成本　　22 600 000

　贷：原材料　　20 000 000

　　　应交税费——应交增值税（销项税额）　　2 600 000

三、建筑安装工程费的分配

由于房地产开发企业对建筑安装工程一般采用招标方式发包，并将几个工程一并招标发包，因此房地产开发企业在发生建筑安装工程费时，应先将其支出通过“开发成本——建筑安装工程费——待分摊成本”科目进行归集，会计期末再按照一定的分配标准分配给各受益对象：应由开发产品受益的，将其分配计入有关成本核算对象，即记入“生产成本——具体成本对象——建筑安装工程费”科目的借方；应由投资性房地产或固定资产受益的，将其分配记入“在建工程”等科目的借方。

建筑安装工程费用在实际发生时，一般直接计入相关成本对象。如果不能直接计入相关成本对象的，则应按合理的方式进行分配。

1. 按工程结算额分配

建筑安装工程费与其他成本项目不同，开发产品一般以每一独立编制设计概算或施工图预算的单项开发工程为成本核算对象，也就是说，成本对象都具有独立的设计概算或施工图预算。根据每一个成本对象的设计概算或施工图预算，房地产开发企业发生的建筑安装工程费在最后完工结算工程价款时，都可以准确确定每一个成本对象的建筑安装工程费。因此，一般情况下，房地产开发企业应在工程完工时，按照工程结算值分配计入相应的成本对象。

2. 按工程预算造价分配

如果房地产开发企业对建筑安装工程采用招标方式发包，并将几个工程一并招标发包，则在工程完工结算工程价款时，按各项工程预算造价的比例，计算它们的标价即实际建筑安装工程费，计入相应的成本对象。具体计算公式如下：

某项工程实际建筑安装工程费 = 工程标价 × 该项工程预算造价 ÷ 各项工程预算造价之和

【例 3-15】某房地产公司将两幢商品房建筑安装工程进行招标，标价为 95 000 000 元，这两幢商品房的预算造价：1 号楼为 60 000 000 元，2 号楼为 40 000 000 元，合计 100 000 000 元。

工程完工结算工程价款时，计算各幢商品房的实际建筑安装工程费。

1 号楼建筑安装工程费 = 95 000 000 ×（60 000 000 ÷ 100 000 000）= 57 000 000（元）

2 号楼建筑安装工程费 = 95 000 000 ×（40 000 000 ÷ 100 000 000）= 38 000 000（元）

借：开发成本——1 号楼——建筑安装工程费　　57 000 000

　　　　——2 号楼——建筑安装工程费　　38 000 000

　贷：开发成本——建筑安装工程费——待分摊成本　　95 000 000

第五节　基础设施费的归集与分配

基础设施费包括道路工程费、供电工程费、给排水工程费、煤气工程费、供暖工程费、通信工程费、电视工程费、照明工程费、景观绿化工程费、环卫工程费、安防智能化工程费，以及小区周围设置的永久性围墙、围栏支出等。具体介绍见表 3-1。

一、基础设施费的归集

1. 能分清成本核算对象的

能分清成本核算对象的基础设施费，应直接记入有关成本核算对象的“基础设施建设费”科目，具体账务处理如下。

借：开发成本——某成本核算对象——基础设施建设费

　　应交税费——应交增值税（进项税额）

　贷：银行存款

　　　应付账款等

【例 3-16】某房地产公司 8 月用银行存款支付承包施工企业基础设施工程款 54.5 万元，其中 A 幢应负担的工程款为 32.7 万元，B 幢应负担的工程款为 21.8 万元。根据上述经济业务，应做如下账务处理（以上价格均含税）：

借：开发成本——A 幢——基础设施费　　300 000

　　开发成本——B 幢——基础设施费　　200 000

　　应交税费——应交增值税（进项税额）　　45 000

　贷：银行存款　　545 000

2. 不能分清负担对象的

不能分清负担对象的基础设施费，应先对其支出进行归集，待分配时再按照一定的分配标准分配给受益对象，具体账务处理如下。

借：开发成本——基础设施费——待分摊成本

应交税费——应交增值税（进项税额）

贷：银行存款

应付账款等

【例 3-17】某房地产公司开发一个综合性项目（包括住宅和商业），9 月共发生基础设施费 872 000 元，无法具体分清受益对象。根据上述经济业务，应做如下账务处理（以上价格均含税）：

借：开发成本——基础设施费——待分摊成本　800 000

应交税费——应交增值税（进项税额）　72 000

贷：银行存款　872 000

二、基础设施费的分配

基础设施费的分配方法包括占地面积法、建筑面积法、直接成本法和预算造价法。房地产开发企业在分配基础设施费时，可自行选择其中的一种方法。

基础设施费在分配时，应按一定的分配方法将其记入有关成本核算对象的“基础设施费”科目，具体账务处理如下。

借：开发成本——某成本核算对象——基础设施费

贷：开发成本——基础设施费——待分摊成本

【例 3-18】某房地产公司开发一个综合性项目（包括住宅和商业），9 月共发生基础设施费 872 000 元（含增值税），无法具体分清受益对象。公司按建筑面积法分配基础设施费，其中住宅建筑面积 8 万平方米，商业建筑面积 2 万平方米。根据上述经济业务，应做如下账务处理。

借：开发成本——住宅——基础设施费　640 000

——商业——基础设施费　160 000

应交税费——应交增值税（进项税额）　72 000

贷：开发成本——基础设施费——待分摊成本　872 000

第六节　开发间接费用的归集与分配

开发间接费用包括职工薪酬、折旧费、修理费、办公费、水电费、劳动保护费、周转房摊销、利息支出及其他费用等。从中我们可以看出，它与土地征用及拆迁补偿费、建筑安装工程费等变动费用不同，它属于相对固定的费用，其费用总额并不随着开发产品量的增减而成比例的增减。但就单位开发产品分摊的费用来说，其随着开发产品量的变动而成反比例的变动，即完成开发产品数量增加，单位开发产品分摊的费用随之减少；反之，完成开发产品数量减少，单位开发产品分摊的费用随之增加。因此，超额完成开发任务，就可降低开发成本中的开发间接费用。

一、开发间接费用的核算

为了核算房地产开发企业的开发间接费用，会计上应设置“开发间接费用”科目。企业所属各内部独立核算单位发生的各项开发间接费用，都要从“应付职工薪酬”“累计折旧”“递延资产”“银行存款”“周转房——周转房摊销”等科目的贷方转入“开发间接费用”科目的借方，具体账务处理如下。

借：开发间接费用

　　贷：应付职工薪酬

　　　　累计折旧

　　　　递延资产

　　　　银行存款

　　　　周转房——周转房摊销

开发间接费用的明细分类核算，一般要按所属内部独立核算单位设置“开发间接费用明细分类账”，将发生的开发间接费用按明细项目分栏登记。

需要注意的是，如果房地产开发企业不设置现场管理机构而由企业（即公司本部）定期或不定期地派人到开发现场组织开发活动，其所发生的费用，除周转房摊销外，其他开发间接费可计入企业的管理费用。

二、开发间接费用的分配

每月终了，企业应对开发间接费用进行分配，按实际发生数计入有关开发产品的成本。开发间接费用的分配方法可以根据开发经营的特点自行确定。不论土地开发、房屋开发、配套设施和代建工程，均应分配开发间接费用。

为了简化核算手续并防止重复分配，对应计入房屋等开发成本的自用土地和不能有偿转让的配套设施的开发成本，均不分配开发间接费用。这部分开发产品应负担的开发间接费用，可直接分配计入有关房屋开发成本。也就是说，企业内部独立核算单位发生的开发间接费用，仅对有关开发房屋、商品性土地、能有偿转让配套设施及代建工程进行分配。

开发间接费用的分配标准，可按月计算各项开发产品实际发生的直接成本（包括土地征用及拆迁补偿费或批租地价、前期工程费、基础设施费、建筑安装工程费、配套设施费），即：

某项开发产品成本分配的开发间接费 = 本月该项开发产品实际发生的直接成本 × 本月实际发生的开发间接费用 ÷ 应分配开发间接费各开发产品实际发生的直接成本总额

需要注意的是，除了开发产品应负担开发间接费用以外，如果房地产开发企业同时开发应计入投资性房地产或固定资产的房屋，开发间接费用还应对投资性房地产或固定资产项目进行分配，分配金额相应记入“在建工程”科目的借方。

【例 3-19】某房地产开发公司的内部独立核算单位在 5 月共发生开发间接费用 55 000 元，应做如下账务处理。

借：开发间接费用　　55 000

　贷：银行存款　　55 000

该房地产公司当月各成本对象实际发生的直接成本为 550 000 元，确定的成本对象为三个，其中，商品房 A 的直接成本为 200 000 元，商品房 B 的直接成本为 250 000 元，配套设施直接成本为 100 000 元。假设间接费用采取直接成本法分摊，那么由此计算该房地产公司 5 月各成本对象应分配的开发间接费用：

商品房 A 应分配的开发间接费用 = 55 000 ×（200 000 ÷ 550 000）= 20 000（元）

商品房 B 应分配的开发间接费用 = 55 000 ×（250 000 ÷ 550 000）= 25 000（元）

配套设施应分配的开发间接费用 = 55 000 ×（100 000 ÷ 550 000）= 10 000（元）

具体会计分录如下：

借：开发成本——商品房 A　　20 000

　　　　　——商品房 B　　25 000

　　　　　——配套设施开发成本　　10 000

　贷：开发间接费用　　55 000

第七节　配套设施开发成本的归集与分配

房地产开发企业开发的配套设施，可以分为非营利性公共配套设施和营利性公共配套设施。

一、非营利性公共配套设施开发成本的归集

非营利性公共配套设施是指在房屋开发过程中，根据有关法律法规，其产权及收益权不属于开发商，开发商不能有偿转让也不能转作自留固定资产的公共配套设施。具体核算内容参见表 3-1。另外，开发项目外为居民服务的给排水、供电、供气的增容增压、交通道路等，这类配套设施没有投资来源，不能有偿转让，也作为非营利性公共配套设施进行成本核算。

1. 成本核算对象

对非营利性公共配套设施，如果工程规模较大，可以将各配套设施作为成本核算对象。在“开发成本——配套设施开发成本”科目下按各项配套设施设立明细科目，如物业服务用房、业主会所、幼儿园、学校、儿童游乐设施、环卫设施、运动设施、超市（配套商业设施）等。

如果工程规模不大，与其他项目建设地点较近，且开竣工时间相差不多，并由同一施工单位施工的，也可考虑将它们合并作为一个成本核算对象。

对于只为一个单体开发项目服务的、应摊入开发项目成本且造价较低的配套设施，可以不单独作为成本核算对象，发生的开发费用直接计入单体开发项目的成本。

2. 非营利公共配套设施费的核算

为了正确核算和反映企业开发建设中各种非营利性配套设施所发生的支出，并准确地计算房屋开发成本和各种大配套设施的开发成本，对非营利性公共配套设施支出的核算可以分为两种：配套设施单独作为过渡性成本对象的核算；配套设施不作为成本对象的核算。这两种情况下，公共配套设施费的归集与分配方法是不相同的。

（1）单独作为过渡性成本对象的核算

单独作为过渡性成本对象核算的公共配套设施开发成本，通过“开发成本——配套设施开发成本”科目进行归集，会计期末按照一定的分配标准分配给各受益对象。

应由开发产品受益的配套设施开发成本，将其分配计入有关成本核算对象，即记入“开发成本——某成本对象——配套设施费”科目的借方；应由投资性房地产或固定资产受益的配套设施开发成本，将其分配记入“在建工程”科目的借方。

根据税法规定，单独作为过渡性成本对象核算的公共配套设施开发成本，应按建筑面积法进行分配。因此，在会计期末最好按照建筑面积法进行分配，这样可以保证会计处理与税务处理的一致性，省去纳税调整给企业会计人员带来的不必要的工作量。

（2）不作为成本对象的核算

对于只为一个单体开发项目服务的、应摊入开发项目成本且造价较低的配套设施，发生的开发费用直接计入单体开发项目的成本。具体会计处理为：

借：开发成本——成本对象——配套设施开发成本

  贷：银行存款、应付账款等

（3）非营利公共配套设施成本项目的设置

对于作为成本对象核算的非营利公共配套设施的开发成本，在核算时一般设置如下四个成本项目：

① 土地征用及拆迁补偿费；

② 前期工程费；

③ 基础设施费；

④ 建筑安装工程费。

由于这些配套设施的支出需由房屋等开发成本负担，为简化核算手续，对这些配套设施，可不再分配其他配套设施支出。它本身应负担的开发间接费用，也可直接分配计入有关房屋开发成本。因此，对这些配套设施，在核算时不必设置配套设施费和开发间接费两个成本项目。

二、营利性公共配套设施开发成本的归集

营利性公共配套设施是指能有偿转让的城市规划中规定的大型配套设施项目，以及属于营利性的，或产权归企业所有的，或未明确产权归属的，或无偿赠与地方政府、公用事业单位以外其他单位的公共配套设施。

营利性公共配套设施一般包括开发小区内营业性公共配套设施，如商店、银行、邮局等；开发小区内非营业性配套设施，如中小学、文化站、医院等。

一般来说，营利性的大配套设施项目，应以各配套设施项目作为成本核算对象，以

正确计算各配套设施的开发成本。

1. 营利性公共配套设施的成本项目

营利性公共配套设施应当单独核算其成本。除企业自用应按建造固定资产进行处理外，其他一律按建造开发产品进行处理。

一般来说，对营利性配套设施项目，应以各配套设施项目作为成本核算对象，以正确计算各配套设施的开发成本。对这些配套设施的开发成本应设置如下六个成本项目：

（1）土地征用及拆迁补偿费；

（2）前期工程费；

（3）基础设施费；

（4）建筑安装工程费；

（5）配套设施费；

（6）开发间接费。

其中，配套设施费项目用以核算分配的其他配套设施费。因为要使这些设施投入运转，有的需要其他配套设施为其提供服务，所以理应分配为其服务的有关设施的开发成本。

2. 营利性公共配套设施的成本核算

营利性公共配套设施支出，应在“开发成本——配套设施开发成本——配套设施成本对象”科目进行归集，会计期末按照建筑面积法分配给各受益对象，并记入“开发成本——某成本对象——配套设施费”科目的借方。

（1）发生的土地征用及拆迁补偿费、前期工程费、基础设施费、建筑安装工程费等支出，可直接记入各配套设施开发成本明细分类账的相应成本项目：

借：开发成本——配套设施开发成本

　　贷：银行存款

　　　　应付账款——应付工程款等

（2）营利性配套设施分配的其他配套设施支出，应记入各营利性配套设施开发成本明细分类账的“配套设施费”科目：

借：开发成本——配套设施开发成本—— ××

　　贷：开发成本——配套设施开发成本——××

（3）对能有偿转让的大型配套设施分配的开发间接费用，应记入各配套设施开发成本明细分类账的“开发间接费用”科目：

借：开发成本——配套设施开发成本

贷：开发间接费用

【例 3-20】某房地产公司根据建设规划要求，在开发小区内负责建设一栋商超、一座水塔和一所幼儿园。上述设施均发包给施工企业施工，其中商店建成后，有偿转让给商业部门；水塔和幼儿园的开发支出按规定计入有关开发产品的成本。上述各配套设施共发生的有关支出见下表。

配套设施支出明细表

单位：万元

项目	商超	水塔	幼儿园	合计
支付征地拆迁费	500	20	200	720
支付前期工程费	300	80	150	530
应付基础设施费	500	100	150	750
应付建安工程费	200	90	100	390
分配水塔配套费	50	−50		
分配幼儿园配套费	150		−150	
分配开发间接费	80			80
合计	1 780	240	450	2 470

那么，根据上述资料，该房地产公司应做如下账务处理（假设不考虑相关税费）。

（1）支付征地拆迁费时：

借：开发成本——配套设施开发成本——商超　5 000 000

——水塔　200 000

——幼儿园　2000 000

贷：银行存款　7 200 000

（2）支付前期工程款时：

借：开发成本——配套设施开发成本——商超　3 000 000

——水塔　800 000

——幼儿园　1 500 000

贷：银行存款　5 300 000

（3）将应付施工企业基础设施工程款入账时：

借：开发成本——配套设施开发成本——商超　　5 000 000
——水塔　　1 000 000
——幼儿园　　1 500 000
　贷：应付账款——应付工程款　　7 500 000

（4）将应付建筑安装工程款入账时：

借：开发成本——配套设施开发成本——商超　　2 000 000
——水塔　　900 000
——幼儿园　　1 000 000
　贷：应付账款——应付工程款　　3 900 000

（5）按规定应将其开发成本分配计入商品房等开发产品成本的非营利公共配套设施，如上述水塔设施和幼儿园设施在完工验收后，应将其发生的实际开发成本按一定的标准（有关开发产品的实际成本、预算成本或计划成本），分配计入有关房屋和营利性公共配套设施的开发成本。分配应计入商超配套设施开发成本的水塔设施支出和幼儿园设施支出时：

借：开发成本——配套设施开发成本——商超　　5 00 000
　贷：开发成本——配套设施开发成本——水塔　　500 000
借：开发成本——配套设施开发成本——商超　　1 500 000
　贷：开发成本——配套设施开发成本——幼儿园　　1 500 000

（6）分配应计入商超配套设施开发成本的开发间接费用时：

借：开发成本——配套设施开发成本——商超　　800 000
　贷：开发间接费用　　80 000

同时应将各项配套设施支出分别记入各配套设施开发成本明细分类账。

已完成全部开发过程并经验收的配套设施，应按用途结转其开发成本。

（7）对能有偿转让给有关部门的营利性公共配套设施，如上述商超设施，应在完工验收后将其实际成本从“开发成本——配套设施开发成本——商超”科目的贷方转入“开发产品——配套设施——商超”科目的借方：

借：开发产品——配套设施——商超　　17 800 000
　贷：开发成本——配套设施开发成本——商超　　17 800 000

三、预提配套设施费的核算

对配套设施与房屋等开发产品不同步开发，或房屋等开发完成等待出售或出租，而配套设施尚未全部完成的，经批准后可按配套设施的预算成本或计划成本，预提配套设施费，将它记入房屋等开发成本明细分类账的“配套设施费”科目，具体账务处理如下。

借：开发成本——房屋开发成本

　贷：应付账款——预提费用

因为一个开发小区的开发时间较长，有的需要几年，开发企业在开发进度安排上，有时先建房屋，后建配套设施。这样，往往出现房屋已经建成而有的配套设施可能尚未完成，或者商品房已经销售，而幼儿园、消防设施等尚未完工的情况。这种房屋开发与配套设施建设的时间差，使得那些已具备使用条件并已出售的房屋应负担的配套设施费，无法按配套设施的实际开发成本进行结转和分配，只能以未完成配套设施的预算成本或计划成本为基数，计算出已出售房屋应负担的数额，用预提方式计入出售房屋等的开发成本。开发产品预提的配套设施费的计算，一般可按以下公式进行：

某项开发产品预提的配套设施费 = 该项开发产品预算成本（或计划成本）× 配套设施费预提率

配套设施费预提率 = 该配套设施的预算成本（或计划成本）÷ 应负担该配套设施费各开发产品的预算成本（或计划成本）合计 × 100%

公式中应负担配套设施费的开发产品一般应包括开发房屋、能有偿转让在开发小区内开发的大配套设施。

需要注意的是，并不是所有的配套设施都可以预提成本，只有非营利性公共配套设施最终可以分配计入房屋开发成本。因此，在房屋竣工时，对于营利性公共配套设施尚未建造或尚未完工的，不能预提该公共配套设施费。而对于非营利公共配套设施尚未建造或尚未完工的，可按预算造价合理预提建造费用。此类公共配套设施必须符合已在售房合同、协议或广告、模型中明确承诺建造且不可撤销，或按照法律法规规定必须配套建造的条件。

对于非营利公共配套设施与房屋等开发产品不同步开发，或房屋等开发完成等待出售或出租，而该配套设施尚未全部完成的，可按该配套设施的预算成本或计划成本，预提配套设施费，将其记入房屋等开发成本明细分类账的“配套设施费”科目。

（1）预提配套设施费用时，根据预提金额：

借：开发成本——××项目——配套设施费

  贷：应付账款——预提费用

（2）实际发生配套设施费时，按支付款项的金额：

借：应付账款——预提费用

  贷：银行存款

    应付账款——应付工程款等

（3）当成本结算完毕，对已经按照预提成本结转的销售成本和资产账面价值以及库存开发产品成本进行调整。

① 如果实际成本大于预提成本，按其差额：

借：开发产品

  主营业务成本

  投资性房地产

  固定资产等

  贷：银行存款

    应付账款——应付工程款等

② 如果实际成本小于预提成本，按其差额：

借：应付账款——预提费用

  贷：开发产品

    主营业务成本

    投资性房地产

    固定资产等

如预提配套设施费大于或小于实际开发成本，可将其多提数或少提数冲减有关开发产品成本或做追加的分配。如有关开发产品已完工并办理竣工决算，可将其差额冲减或追加分配于尚未办理竣工决算的开发产品的成本。

【例 3-21】某房地产公司开发项目内幼儿园设施开发成本应由住宅、公寓、写字楼和营利性公共配套设施商超负担。由于幼儿园设施在其他销售物业完工出售时尚未完工，为了及时结转完工的销售物业成本，应先将幼儿园设施配套设施费预提计入销售物业的开发成本。假定各项开发产品和幼儿园设施的预算成本如下表所示。

各项开发产品和幼儿园设施的预算成本表

单位：万元

成本项目	费用
住宅	8 000
公寓	6 000
写字楼	5 000
商超	1 000
幼儿园设施	2 000

那么，幼儿园设施配套设施费预提率＝2 000÷（8 000+6 000+5 000+1 000）×100%＝10%

各项开发产品预提幼儿园设施的配套设施费如下。

住宅：8 000×10%＝800（元）

公寓：6 000×10%＝600（元）

写字楼：5 000×10%＝500（元）

商超：1 000×10%＝100（元）

按预提率计算各项开发产品的配套设施费时，其与实际支出数的差额，应在配套设施完工时，按预提数的比例，调整增加或减少有关开发产品的成本。本例中假设实际支出数为 2 500 万元。

（1）预提配套设施费时：

借：开发成本——住宅——配套设施费　　8 000 000

　　——公寓——配套设施费　　6 000 000

　　——写字楼——配套设施费　　5 000 000

　　——商超——配套设施费　　1 000 000

　贷：应付账款——预提费用　　20 000 000

（2）幼儿园配套设施建造时：

借：应付账款——预提费用　　25 000 000

　贷：银行存款（或应付账款）　　25 000 000

（3）配套设施完工时（实际成本大于预提成本）：

借：开发产品　　5 000 000

　贷：银行存款（或应付账款）　　5 000 000

四、已完工配套设施开发成本的结转

已完成全部开发过程并验收通过的配套设施，应根据不同情况和用途结转其开发成本。

1. 能有偿转让给有关部门的大配套设施

对能有偿转让给有关部门的大配套设施，应在完工验收后将其实际成本从“开发成本——配套设施开发成本”科目的贷方转入“开发产品——配套设施”科目的借方，具体账务处理如下。

借：开发产品——配套设施

　贷：开发成本——配套设施开发成本

配套设施有偿转让收入，应作为经营收入处理。

2. 按规定应将其开发成本分配计入房屋等开发产品成本的公共配套设施

按规定应将其开发成本分配计入房屋等开发产品成本的公共配套设施，在完工验收后，应将其发生的实际开发成本按一定的标准（有关开发产品的实际成本、预算成本或计划成本），分配计入有关房屋和大配套设施的开发成本，具体账务处理如下。

借：开发成本——房屋开发成本

　贷：开发成本——配套设施开发成本

3. 对用预提方式将配套设施支出计入有关开发产品成本的公共配套设施

对用预提方式将配套设施支出计入有关开发产品成本的公共配套设施，如幼儿园设施，应在完工验收后，将其实际发生的开发成本冲减预提的配套设施费，具体账务处理如下。

借：应付账款——预提配套设施费

　贷：开发成本——配套设施开发成本

如果预提配套设施费大于或小于实际开发成本，可将其多提数或少提数冲减有关开发产品成本或做追加的分配。如果有关开发产品已完工并办理竣工决算，可将其差额冲减或追加分配于尚未办理竣工决算的开发产品的成本。

第八节　代建工程开发成本的核算

代建工程开发成本是指房地产开发企业接受有关单位的委托，代为开发建设的工程，或参加委托单位招标，经过投标，中标后承建的开发项目所发生的各种费用支出。

一、代建工程的成本核算对象和项目

实务中，由于代建工程种类较多，各种代建工程的开发内容和开发特点不同，因此在会计核算上应采用不同的计算和结转方法。

1. 建设场地和房屋

房地产开发企业受托代为开发的建设场地和各种房屋，其开发内容和特点与自有土地和房屋开发相同。因此，会计核算上应在“开发成本——土地开发成本”和“开发成本——房屋开发成本”科目下分别按每个代建开发项目设置明细账，并按成本项目设置专栏，归集各代建开发项目的成本。其成本计算方法与土地开发和房屋开发项目相同。

2. 其他代建工程

除土地、房屋以外，房地产开发企业受托代委托单位开发的其他工程如市政工程等，其所发生的支出，则应通过“开发成本——代建工程开发成本”科目进行核算。因此，房地产开发企业在“开发成本——代建工程开发成本”科目核算的，仅限于企业接受委托单位委托，代为开发的除土地、房屋以外的其他工程所发生的支出。

代建工程开发成本的核算对象，应根据各项工程实际情况确定。成本项目一般可设置如下几项：

（1）土地征用及拆迁补偿费；

（2）前期工程费；

（3）基础设施费；

（4）建筑安装工程费；

（5）开发间接费。

在实际核算工作中，应根据代建工程支出内容设置使用。

二、代建工程的核算

房地产开发企业受托代为开发的除建设场地和房屋以外的其他工程，如市政管理部门委托开发的道路、供水、供电、排污、供气等设施，其所发生的费用应在“开发成本”科目下设置“代建工程开发成本”二级科目，并按具体开发项目设置三级明细账归集，待代建工程竣工时，计算和结转代建工程成本。

“代建工程开发成本”应按成本核算对象和成本项目分别归类记入各代建工程开发成本明细分类账。代建工程开发成本明细分类账的格式，基本上和房屋开发成本明细分类账相同。代建工程开发成本项目应按照土地和房屋开发项目设置，但一般市政工程不需设置“公共配套设施费”成本科目。

1. 房地产开发企业发生的各项代建工程支出和对代建工程分配的开发间接费用

借：开发成本——代建工程开发成本

　贷：银行存款

　　应付账款——应付工程款

　　原材料

　　应付职工薪酬

　　开发间接费用等

2. 代建工程竣工

代建工程竣工时，有关明细账归集的全部开发费用，即为竣工代建工程成本，应将其从“开发成本”科目结转到“开发产品”科目。

借：开发产品——代建工程

　贷：开发成本——代建工程开发成本

待将代建工程移交给受托单位并办妥工程价款结算手续后，房地产开发企业可将其从“开发产品”科目结转到“主营业务成本”科目。

3. 工程移交

将代建工程移交委托代建单位并办妥工程价款结算手续后，房地产开发企业可将代建工程开发成本从“开发产品”科目的贷方转入“主营业务成本”科目的借方。

【例 3-22】某房地产公司接受市政工程管理部门的委托，代为扩建开发小区旁边一条道路。扩建过程中，该房地产公司用银行存款支付拆迁补偿费 300 000 元，前期工程费 110 000 元，应付基础设施工程款 340 000 元，分配开发间接费用 100 000 元。根据上述资料，该房地产公司应做如下账务处理。

（1）该房地产公司发生各项扩建工程开发支出和分配开发间接费用时：

借：开发成本——代建工程——土地征用及拆迁补偿费　300 000

——前期工程费　110 000

——基础设施费　340 000

——开发间接费　100 000

贷：银行存款　410 000

应付账款——应付工程款　340 000

开发间接费用　100 000

（2）道路扩建工程完工并经验收，结转已完工程成本时：

借：开发产品——代建工程　850 000

贷：开发成本——代建工程——土地征用及拆迁补偿费　300 000

——前期工程费　110 000

——基础设施费　340 000

——开发间接费　100 000

第九节　开发产品成本的结转

开发产品完工结算时，应及时结转开发产品成本。在结转完工开发产品成本前，要和企业内部各业务部门沟通，确认是否有属于待结转产品承担的成本还没有发生的情况，并确认开发产品总成本的完整性，防止归集的开发成本发生重大遗漏。

一、开发产品的类别

开发产品是指房地产开发企业已经完成全部开发建设过程，并已验收合格，符合国家建设标准和设计要求，可以按照合同规定的条件移交订购单位，或者作为对外销售、出租的产品，包括土地（建设场地）、房屋、配套设施和代建工程。

1. 作为开发产品的土地

作为开发产品的土地是指房地产开发企业为有偿转让而开发的商品性建设场地。

这里需注意，企业为建房而开发的建设场地，可将其土地开发成本直接转入房屋开发成本，而不作为开发产品核算。但建设土地近期不使用，应将其列入开发产品进行核算。

2. 作为开发产品的房屋

作为开发产品的房屋是指房地产开发企业开发完成准备销售的商品房，以及受其他单位委托而开发的房屋等。

这里要注意，为安置被拆迁居民而建设的周转房，在作为周转房使用前，应列为开发产品，待开始周转使用后，要从开发产品转出，作为“周转房”单独核算。另外，企业开发的已出租的房地产应作为投资性房地产单独进行核算。

3. 作为开发产品的配套设施

作为开发产品的配套设施是指属于城市建设规划中的大型配套设施，包括开发项目外为居民服务的给排水、供电、供暖、供气的增容、增压及交通道路；开发项目内的营业性公共配套设施，如银行、商店、邮局等；开发项目内非营业性公共配套设施，如中小学、医院等。已出租的配套设施作为投资性房地产进行核算。

4. 作为开发产品的代建工程

作为开发产品的代建工程是指企业接受其他单位委托，代为开发建设的各项工程，包括建设场地、房屋及其他工程等。

二、成本预提

《房地产开发经营业务企业所得税处理办法》（国税发〔2009〕31 号，以下简称国税发〔2009〕31 号）规定，企业房地产开发经营业务包括土地的开发，建造、销售住宅、商业用房以及其他建筑物、附着物、配套设施等开发产品。除土地开发之外，其他开发产品符合下列条件之一的，应视为已经完工：（一）开发产品竣工证明材料已报房地产管理部门备案；（二）开发产品已开始投入使用；（三）开发产品已取得了初始产权证明。

对于完工产品，房地产开发企业应及时结转成本。实务中，房地产开发产品成本结转时，往往会遇到需要成本预提的情况。这是因为，当开发产品符合确认收入条件时，必须确认取得的销售收入，并结转销售成本。如果此时项目决算工作尚未完成，就需要对开发产品成本进行预提。

1. 出包工程

国税发〔2009〕31 号第三十二条第（一）款规定，出包工程因未最终办理结算而未取得全额发票的，在证明资料充分的前提下，其发票不足金额可以预提，但最高不得超过合同总金额的 10%。

2. 公共设施

国税发〔2009〕31 号第三十二条第（二）款规定，公共配套设施尚未建造或尚未完工的，可按预算造价合理预提建造费用。此类公共配套设施必须符合已在售房合同、协议或广告、模型中明确承诺建造且不可撤销，或按照法律法规规定必须配套建造的条件。

3. 应交未交的报批报建费、物业完善费

国税发〔2009〕31 号第三十二条第（三）款规定，应向政府上交但尚未上交的报批报建费用、物业完善费用可以按规定预提。物业完善费用是指按规定应由企业承担的物业管理基金、公建维修基金或其他专项基金。

成本预提在"应付账款——预提费用"科目核算。该科目核算按权责发生制原则计提的，应由本受益期、受益对象承担的已经发生或将要发生但尚未结算或支付的成本、费用。当成本结算完毕，对已经按照预提成本结转的销售成本和资产账面价值及库存开发产品成本进行调整，对已经计提的折旧不再调整。

（1）发生预提情况时，按预算成本或相关合同和收费文件规定标准，借记"开发成本"科目的相应明细科目，贷记"应付账款——预提费用"。

（2）实际发生时，借记"应付账款——预提费用"科目，贷记"银行存款""应付账款——应付工程款"等科目。

（3）实际结算时，按实际结算大于预提成本之间的差额，借记"主营业务成本""投资性房地产"等科目，贷记"银行存款""应付账款——应付工程款"等科目；按实际结算小于预提成本之间的差额，借记"应付账款——预提费用"科目，贷记"主营业务成本""投资性房地产"等科目。

【例 3-23】某房地产开发企业开发的 A 花园小区项目 8 月完工，出包工程合同总金额 8 000 万元。由于工程尚未办理结算，仅取得的发票金额为 7 000 万元，预提工程成本 1 000 万元。10 月，工程办理结算，取得发票 1 000 万元。假设不考虑相关税费，且全部开发产品销售完毕。根据上述经济业务，应做如下账务处理。

（1）预提成本时：

借：开发成本　　10 000 000

　贷：应付账款——预提费用　　10 000 000

（2）结转完工成本：

借：开发产品　　80 000 000

　贷：开发成本　　80 000 000

（3）结转销售成本：

借：主营业务成本　　80 000 000

　贷：开发产品　　80 000 000

（4）办理结算取得发票：

借：应付账款——预提费用　　10 000 000

　贷：应付账款——应付工程款　　10 000 000

资产负债表日前结转的完工成本以及销售成本都包含了预提的成本费用 1 000 万元。

三、完工产品结转

1. 产品成本计算

开发产品成本核算对象的成本归集完后，需要确定哪些成本核算对象是开发产品，哪些不是开发产品。

属于开发产品的成本核算对象发生的各项费用支出属于不需再分摊成本，其归集的成本无须再进行任何分摊。

不属于开发产品的成本核算对象就是非营利性公共配套设施，其发生的各项费用支出属于待分摊配套设施成本（共同成本），其归集的成本按照受益原则和配比原则分摊到开发产品中。不是开发产品的成本核算对象（非营利性公共配套设施）之间不再确定分摊关系，其成本直接分摊到开发产品中。

在结转开发产品成本时，房地产开发企业应先通过成本的归集和分配，确定各成本核算对象的开发总成本，然后将不是开发产品的成本核算对象中归集的成本按照建筑面积法分摊到开发产品中，最后确定开发产品的开发总成本。在实际操作中，房地产开发企业一般参考开发成本核算明细表，具体如表 3-4 所示。

表 3-4 房地产开发企业开发成本核算明细表

<table>
<tr><td rowspan="24">一、土地征用及拆迁补偿（因房地产开发而征用土地所发生的各项费用）</td><td rowspan="7">地价及拆迁补偿款</td><td>支付的土地出让金</td><td></td><td></td></tr>
<tr><td>土地开发费</td><td></td><td></td></tr>
<tr><td>向政府部门缴纳的大市政配套费</td><td></td><td></td></tr>
<tr><td>缴纳的契税</td><td></td><td></td></tr>
<tr><td>土地使用费</td><td></td><td></td></tr>
<tr><td>耕地占用税</td><td></td><td></td></tr>
<tr><td>土地变更用途和超面积补交的地价</td><td></td><td></td></tr>
<tr><td rowspan="3">合作款项</td><td>补偿合作方地价</td><td></td><td></td></tr>
<tr><td>合作项目建房转入分给合作方房屋成本</td><td></td><td></td></tr>
<tr><td>相应税金</td><td></td><td></td></tr>
<tr><td rowspan="7">红线外市政设施费</td><td>红线外道路</td><td rowspan="5">建造费</td><td></td></tr>
<tr><td>水</td><td></td></tr>
<tr><td>电</td><td></td></tr>
<tr><td>气</td><td></td></tr>
<tr><td>通信</td><td></td></tr>
<tr><td>管线铺设费</td><td></td><td></td></tr>
<tr><td>接口补偿费</td><td></td><td></td></tr>
<tr><td rowspan="4">拆迁补偿费</td><td>拆迁补偿净支出</td><td rowspan="4">有关地上、地下建筑物或附着物的发生的费用</td><td></td></tr>
<tr><td>安置及动迁支出</td><td></td></tr>
<tr><td>农作物补偿费</td><td></td></tr>
<tr><td>危房补偿费</td><td></td></tr>
<tr><td rowspan="3">其他</td><td>土地拍卖手续费</td><td></td><td></td></tr>
<tr><td>佣金</td><td></td><td></td></tr>
<tr><td>其他</td><td></td><td></td></tr>
<tr><td rowspan="8">二、前期工程费（在取得土地开发权之后，项目开发前期的费用）</td><td rowspan="8">勘察设计费</td><td rowspan="8">勘察丈量费</td><td>水文地质文物和地质勘察费</td><td></td></tr>
<tr><td>沉降观测费</td><td></td></tr>
<tr><td>日照测试费</td><td></td></tr>
<tr><td>拨地钉桩验线费</td><td></td></tr>
<tr><td>复线费</td><td></td></tr>
<tr><td>定线费</td><td></td></tr>
<tr><td>放线费</td><td></td></tr>
<tr><td>建筑面积丈量费</td><td></td></tr>
</table>

（续表）

二、前期工程费（在取得土地开发权之后，项目开发前期的费用）	勘察设计费	规划设计费	规划费	方案招标费
				规划设计模型制作费
				方案评审费
				效果图设计费
				总体规划设计
			设计费	施工图设计费
				修改设计费等
			其他	可行性研究费
				制图、晒图、赶图费
	报建费	报批报建费	安检费	
			质检费	
			标底编制费	
			交易中心手续费	
			人防报建费	
			消防配套设施费	
			白蚁防治费	
			墙改基金	
			散装水泥专项资金	
			建筑面积丈量费	
			路口开设费	
			规划管理费	
			拆迁管理费	
			招投标管理费	
			项目整体性批报建费	项目报建时按规定向政府有关部门缴纳的报批费
		增容费	水	
			电	
			煤气	
	“三通一平”费	临时道路	临时道路的设计、建造费用	
		临时用电	临时用电设计费，建造、管线铺设、改造、迁移、临时变压器安装及拆除等费用	

（续表）

二、前期工程费（在取得土地开发权之后，项目开发前期的费用）	“三通一平”费	临时用水	临时给排水设施的设计、建造、管线铺设、改造、迁移等费用	
		场地平整	场地清运费、旧房拆除等费用	
	临时设施费	临时围墙	包括围墙及围栏设计、建造、装饰费用	
		临时办公室费	包括租金、建造及装饰费用	
		临时场地占用费	施工用临时占道费、临时借用空地租赁费	
		临时围板	包括设计建造装饰费用	
三、建筑安装工程费（企业以出包方式支付给承包单位的建筑安装工程费，和以自营方式发生的建筑安装工程费）	基础造价	土石方、桩基、护壁（坡）工程费		
		基础处理费，桩基咨询及检测费、降水		
	结构及粗装修造价（含地下室部分）	裙楼架空层及转换层（原则上架空层结构列入裙楼，转换层结构并入塔楼）		
		室外门窗		
		进户门		
		防火门		
	公共部位精装修费	大堂		
		楼梯间		
		屋面		
		外立面		
		雨篷		
	户内精装修费	厨房		
		卫生间		
		厅房		
		阳台		
		露台		

（续表）

三、建筑安装工程费（企业以出包方式支付给承包单位的建筑安装工程费，和以自营方式发生的建筑安装工程费）	室内水暖气电管线设备费	室内给排水系统费	自来水	
			排水	
			直饮水	
			热水	
		室内采暖系统费	地热	
			电热膜	
			分户燃气炉	
			管道系统	
			暖气片	
		室内燃气系统费		
		室内电气系统费	强、弱电预埋管	
	室内设备及其安装费	空调及安装费		
		电梯及安装费		
		发电机及安装费		
		高低压配电及安装费		
		消防通风及安装费		
		背景音乐及安装费		
	室内智能化系统费	保安监控及停车管理系统费用		
		电信网络费用		
		卫星（有线）电视费用		
		三表远传系统费用		
		家居智能化系统费用		
四、基础设施费（项目开发过程中发生的建设安装工程施工预算图以外的费用）	室外给排水系统费用	自来水系统		
		雨污水系统		
		直饮水系统		
		热水系统		
	室外采暖系统费	管道系统		
		热交换站		
		锅炉房		
	室外燃气费	管外系统		
		调压站		

（续表）

<table>
<tr><td rowspan="30">四、基础设施费（项目开发过程中发生的建设安装工程施工预算图以外的费用）</td><td rowspan="4">室外消防系统费</td><td>高压线路工程</td><td></td><td></td></tr>
<tr><td>低压线路工程</td><td></td><td></td></tr>
<tr><td>配电站</td><td></td><td></td></tr>
<tr><td>开闭站</td><td></td><td></td></tr>
<tr><td rowspan="4">室外智能化系统费</td><td>电信网络系统</td><td></td><td></td></tr>
<tr><td>小区停车管理系统</td><td></td><td></td></tr>
<tr><td>电子巡更系统</td><td></td><td></td></tr>
<tr><td>围墙监控照明系统</td><td></td><td></td></tr>
<tr><td>室外背景音乐</td><td></td><td></td><td></td></tr>
<tr><td rowspan="2">绿化建设费</td><td>区内绿化建设</td><td></td><td></td></tr>
<tr><td>区外绿化建设</td><td></td><td></td></tr>
<tr><td rowspan="4">建筑物品</td><td>雕塑</td><td></td><td></td></tr>
<tr><td>喷泉</td><td></td><td></td></tr>
<tr><td>环廊</td><td></td><td></td></tr>
<tr><td>假山等</td><td></td><td></td></tr>
<tr><td rowspan="2">道路广场建造费</td><td>道路广场铺设</td><td></td><td></td></tr>
<tr><td>开设路口工程及补偿费</td><td></td><td></td></tr>
<tr><td rowspan="3">围墙建造费</td><td>永久性围墙</td><td></td><td></td></tr>
<tr><td>围栏</td><td></td><td></td></tr>
<tr><td>大门</td><td></td><td></td></tr>
<tr><td rowspan="2">室外照明</td><td>路灯</td><td></td><td></td></tr>
<tr><td>草坪灯</td><td></td><td></td></tr>
<tr><td rowspan="3">室外零星设施</td><td>指示牌</td><td></td><td></td></tr>
<tr><td>标志牌</td><td></td><td></td></tr>
<tr><td>示意图</td><td></td><td></td></tr>
<tr><td>其他</td><td></td><td></td><td></td></tr>
<tr><td rowspan="7">五、配套设施费</td><td rowspan="3">游泳池</td><td>土建</td><td></td><td></td></tr>
<tr><td>设备</td><td></td><td></td></tr>
<tr><td>设施</td><td></td><td></td></tr>
<tr><td rowspan="4">业主会所</td><td>设计</td><td></td><td></td></tr>
<tr><td>装修费</td><td></td><td></td></tr>
<tr><td>资产购置</td><td></td><td></td></tr>
<tr><td>单体会所结构</td><td></td><td></td></tr>
</table>

（续表）

<table>
<tr><td rowspan="8">五、配套设施费</td><td rowspan="2">幼儿园</td><td>建造成本</td><td></td><td></td></tr>
<tr><td>配套资产购置</td><td></td><td></td></tr>
<tr><td rowspan="2">学校</td><td>建造成本</td><td></td><td></td></tr>
<tr><td>配套资产购置</td><td></td><td></td></tr>
<tr><td>儿童游乐设施</td><td></td><td></td><td></td></tr>
<tr><td rowspan="3">车站建造费</td><td>土建</td><td></td><td></td></tr>
<tr><td>设备</td><td></td><td></td></tr>
<tr><td>各项设施</td><td></td><td></td></tr>
<tr><td rowspan="10">六、开发间接费（企业直接组织和管理开发项目所发生的，且不能将其归属为成本对象的成本费用性支出）</td><td>管理人员工资</td><td></td><td></td><td></td></tr>
<tr><td>职工福利费</td><td></td><td></td><td></td></tr>
<tr><td>折旧费</td><td></td><td></td><td></td></tr>
<tr><td>修理费</td><td></td><td></td><td></td></tr>
<tr><td>办公费</td><td></td><td></td><td></td></tr>
<tr><td>水电费</td><td></td><td></td><td></td></tr>
<tr><td>营销设施建造费</td><td></td><td></td><td></td></tr>
<tr><td>工程管理费</td><td></td><td></td><td></td></tr>
<tr><td>劳动保护费</td><td></td><td></td><td></td></tr>
<tr><td>周转房摊销</td><td></td><td></td><td></td></tr>
</table>

开发产品竣工验收达到预定可使用状态，成本结算完成后，编制库存产品成本明细表，详细列明每种开发产品的总成本、总面积、单位面积成本和总套数等信息，使用的面积要和测绘部门出具的实测面积一致。

2. 开发产品成本结转

为了正确核算开发产品的增加、减少、结存情况，房地产开发企业应设置资产类“开发产品”科目。“开发产品”借方登记已竣工验收的开发产品的实际成本，贷方登记月末结转的已销售、转让、结算的开发产品的实际成本。月末借方余额表示尚未销售、转让、结算的各种开发产品的实际成本。

“开发产品”科目应按开发产品的种类，如土地、房屋、配套设施和代建工程等设置明细账户，并在明细账户下，按成本核算对象设置账页。如：

开发产品——土地

开发产品——房屋

开发产品——配套设施

开发产品——代建工程等

房地产开发企业的开发产品，在竣工验收时，应按实际成本借记“开发产品”科目，贷记“开发成本”科目。

【例 3-24】根据竣工验收单，某房地产开发企业当月已完开发产品实际成本为 5 000 万元。其中，土地 650 万元，房屋 3 000 万元，代建工程 1 000 万元，配套设施 350 万元。根据上述经济业务，应做如下账务处理。

借：开发产品——土地	6 500 000
——房屋	50 000 000
——代建工程	10 000 000
——配套设施	3 500 000
贷：开发成本——土地开发成本	6 500 000
——房屋开发成本	50 000 000
——代建工程开发成本	10 000 000
——配套设施开发成本	3 500 000

开发产品在资产负债表日应当按照成本与可变现净值孰低计量。当市场发生重大变化、预计可变现净值低于成本时，在取得确凿证据的情况下，报相关部门和领导批准后按照预计可变现净值进行计量并做相应的账务处理。

3. 开发产品结转后成本支出

实务中，在开发产品成本结转后会出现又发生成本支出的情况，这会造成库存开发产品成本与实际成本不符，这两者之间的差异就叫成本差。

如果发生差异的开发产品已经全部销售，“成本差”记入“销售费用——其他”科目。

如果发生差异的开发产品没有全部销售，发生的成本差先通过“开发成本”科目归集，然后转入“开发产品”科目，调整剩余开发产品成本，重新计算未售开发产品单位面积成本。

【例 3-25】某房地产开发企业开发的项目，于 10 月竣工交付，并相应结转收入和成本。12 月该项目又发生成本 500 万元。根据上述经济业务，应做如下账务处理（假设不考虑相关税费)。

(1)归集成本差时:

借:开发成本　　5 000 000

　贷:银行存款　　5 000 000

(2)结转成本差时:

借:开发产品　　5 000 000

　贷:开发成本　　5 000 000

(3)如果次年3月,该项目又发生成本300万元,次年2月底该项目已全部销售完毕,并结转了收入和成本:

借:销售费用　　3 000 000

　贷:银行存款　　3 000 000

第四章　房地产销售的核算

一个房地产项目从取得土地使用权、立项审批到开工建设乃至项目竣工交付使用，少则需要一两年，多则三四年甚至更长时间。受开发周期较长的影响，房地产开发企业销售收入的确认会相对滞后。而由于建设工程的特殊性，房地产项目开发成本的计量同样存在滞后问题。

此外，房地产开发企业属于资金密集型行业，投资金额较大，为了缓解企业的资金压力，房地产销售往往采取预售方式，即在商品房尚未建造完成时向客户收取价款，商品房交付与收款存在较大的时间差异。

第一节　预售收款的核算

房地产行业与其他行业最大的区别在于“预售制”的存在。一般行业都是在交付产品的同时收取销售款，而在“预售制”下，房地产开发企业的销售收款是在产品建造过程中实现的。这就产生了一个问题，即房地产开发企业的销售收款与销售收入并不在一个时点，销售收款在前，而销售收入在后。因此，对于房地产开发企业而言，销售收款的核算与销售收入的核算是两个不同的概念，核算的方法也各不相同。

房地产开发企业的销售收款主要包括会员费及诚意金、销售定金、预售款等。

一、会员费及诚意金的核算

为了缓解资金压力，房地产开发商在未取得《商品房预售许可证》的情况下，会采取各种方式（申请书、承诺书、订单等）、各种名目（诚意金、VIP 会员费等）收取购房准业主的款项，以满足开发项目建设的资金需要。简单来说，会员费、诚意金就是指房地产开发企业在与客户签订“商品房认购书”之前收取的款项，这部分款项最终通常会退还给客户或转作购房款。

按照国家关于商品房预售的有关规定，房地产开发企业要在取得《商品房预售许可证》以后才能够与客户签订商品房认购协议书。也就是说，房地产开发企业收取的会员费及诚意金是在商品房预售之前收取的款项。

由于会员费及诚意金的非约束性，房地产开发企业不能将其作为预收款项处理，而应作为企业的应付款处理。

会计核算时，会员费及诚意金应在“其他应付款”科目下核算，房地产开发企业可根据实际情况设置明细科目进行辅助核算，以满足管理的需要。“其他应付款”科目贷方登记收到的会员费及诚意金等款项，借方登记退还给客户的会员费及诚意金等款项或转入“预收账款”等科目的款项。

【例 4-1】2020 年 10 月，某房地产公司开发的“金色阳光”项目开始收取有购买意向客户的诚意金，诚意金为每套商品房 5 万元，当月共收取诚意金 3 000 万元。该项目预计在 2020 年 12 月取得商品房预售许可证，并计划于取得预售许可证后马上开盘销售。在收取诚意金时，该房地产公司应做如下账务处理：

借：银行存款	30 000 000	
贷：其他应付款——诚意金		30 000 000

该项目于 12 月 15 日正式开盘销售，当日退还诚意金 500 万元，有部分客户签订了商品房认购协议书，这部分客户原交付的 2 500 万元诚意金转为商品房销售定金。对此，该房地产公司应做如下账务处理：

借：其他应付款——诚意金	30 000 000	
贷：预收账款——销售定金		25 000 000
银行存款		5 000 000

二、销售定金的核算

定金是房地产开发企业在签订商品房销售（预售）合同之前收取的款项，在签订销售合同后转作购房款。如果客户在协议规定的期限内不签订购房合同，一般情况下房地产开发企业将不再退还客户已经缴纳的定金。

1. 定金的会计处理

房地产开发企业收取的定金，是在企业已取得预售房许可证并已与客户签订商品房认购协议基础上收取的款项，实质上，它属于销售款的一部分。因此，定金应视同收取购房款，在“预收账款”科目中核算。

（1）房地产开发企业收取销售定金时：

借：银行存款

　贷：预收账款——销售定金

（2）房地产开发企业与客户正式签订商品房预售合同时，按转出销售定金的金额：

借：预收账款——销售定金

　贷：预收账款——销售款

（3）如果客户违反认购协议的规定，未能最终签订商品房预售合同，按不再退还的定金的金额：

借：预收账款——销售定金

　贷：营业外收入

2. 定金的税务处理

房地产开发企业收取的销售定金视同预收款进行税务处理，根据《国家税务总局关于发布〈房地产开发企业销售自行开发的房地产项目增值税征收管理暂行办法〉的公告》（国家税务总局公告 2016 年第 18 号）的相关规定：

第十条　一般纳税人采取预收款方式销售自行开发的房地产项目，应在收到预收款时按照 3% 的预征率预缴增值税。

第十一条　应预缴税款按照以下公式计算：

应预缴税款 = 预收款 ÷（1+ 适用税率或征收率）× 3%

适用一般计税方法计税的，按照 11%（现为 9%）的适用税率计算；适用简易计税方法计税的，按照 5% 的征收率计算。

第十二条　一般纳税人应在取得预收款的次月纳税申报期向主管国税机关预缴税款。

第十四条　一般纳税人销售自行开发的房地产项目适用一般计税方法计税的，应按照《营业税改征增值税试点实施办法》（财税〔2016〕36 号文件印发，以下简称《试点实施办法》）第四十五条规定的纳税义务发生时间，以当期销售额和 11%（现为 9%）的适用税率计算当期应纳税额，抵减已预缴税款后，向主管国税机关申报纳税。未抵减完的预缴税款可以结转下期继续抵减。

第十五条　一般纳税人销售自行开发的房地产项目适用简易计税方法计税的，应按照《试点实施办法》第四十五条规定的纳税义务发生时间，以当期销售额和 5% 的征收率计算当期应纳税额，抵减已预缴税款后，向主管国税机关申报纳税。未抵减完的预缴税款可以结转下期继续抵减。

第十九条　房地产开发企业中的小规模纳税人（以下简称小规模纳税人）采取预收款方式销售自行开发的房地产项目，应在收到预收款时按照 3% 的预征率预缴增值税。

第二十条　应预缴税款按照以下公式计算：

应预缴税款 = 预收款 ÷（1+5%）× 3%

第二十一条　小规模纳税人应在取得预收款的次月纳税申报期或主管国税机关核定的纳税期限向主管国税机关预缴税款。

第二十二条　小规模纳税人销售自行开发的房地产项目，应按照《试点实施办法》第四十五条规定的纳税义务发生时间，以当期销售额和 5% 的征收率计算当期应纳税额，抵减已预缴税款后，向主管国税机关申报纳税。未抵减完的预缴税款可以结转下期继续抵减。

因此，房地产开发企业收到预收款时应按照 3% 的预征率计算预缴增值税。待纳税义务发生时，应按取得的全部价款和价外费用，依据其适用的计税方法计算申报应纳增值税，已预缴的增值税可以按规定抵减。

【例 4-2】11 月 15 日，某房地产公司开发的“金色阳光”项目共收取销售定金 1 090 万元。按照认购协议的规定，12 月 15 日，该房地产公司与其中部分客户正式签订了商品房预售合同，这部分客户已交付的销售定金为 872 万元。根据上述经济业务，该房地产公司应做如下账务处理。

（1）收取销售定金时：

借：银行存款　　10 900 000

　贷：预收账款——销售定金　　10 900 000

（2）预缴增值税时：

预缴增值税 = 10 900 000 ÷（1+9%）× 3% = 300 000（元）

借：应交税费——预交增值税　　300 000

　贷：银行存款　　300 000

（3）签订商品房预售合同时：

借：预收账款——销售定金　　8 720 000

　贷：预收账款——销售款　　8 720 000

三、预售款的核算

预售款是指房地产开发企业在所售房屋未竣工前收取的商品房销售款，属于预收性质的款项。而相对应的，销售款是指房地产开发企业在所售房屋已经竣工后收取的商品房销售款。这里所说的预售款和销售款均包括银行发放的按揭贷款。

房地产预售收入不是销售房地产的销售收入。房地产开发企业自行开发的房地产销售收入的确认应依据《企业会计准则第 14 号——收入》进行。根据会计准则等相关房地产收入确认的原则，房地产开发企业在预售房产时不需要确认销售收入。因此，预售款预缴增值税的账户处理与其他的增值税的处理有所不同。

预售款预缴增值税是房地产开发企业自行开发项目的特有规定。根据国家税务总局〔2016〕18 号公告规定，房地产开发企业在预售阶段收到预售款后，在次月增值税申报期内申报预缴：一般纳税人采取预收款方式销售自行开发的房地产项目，应在收到预收款时按照 3% 的预征率预缴增值税。应预缴税款按照以下公式计算：

应预缴税款 = 预收款 ÷（1+ 适用税率或征收率）× 3%

适用一般计税方法计税的，按照 9% 的适用税率计算；适用简易计税方法计税的，按照 5% 的征收率计算。

【例 4-3】2020 年 10 月 10 日，某房地产公司开发的国贸新城项目，收到交付的预售款 890 万元，另外还从销售定金转入预售款 200 万元。该项目按一般计税方法计算，适用税率 9%。根据上述经济业务，该房地产公司应做如下账务处理。

（1）收到预售款时：

借：银行存款　　8 900 000

　贷：预收账款——销售款　　8 900 000

（2）销售定金转入时：

借：预收账款——销售定金　　2 000 000

　贷：预收账款——销售款　　2 000 000

（3）11 月增值税申报期内预缴增值税申报时，填写“增值税预缴税款表”，预缴预售款的预征增值税，预征率为 3%，预征的计税依据为全部价款和价外费用 ÷（1+9%）。

应预缴税款 = 预收款 ÷（1+ 适用税率或征收率）× 3%

= 10 900 000 ÷（1+9%）× 3%

= 300 000（元）

借：应交税费——预交增值税 300 000

贷：银行存款 300 000

四、按揭保证金的核算

实务中，为便于按揭保证金的划转，在进行房地产销售时，银行会要求房地产开发企业同时开立一个一般结算户和一个按揭保证金户。按揭保证金户是不能随便动用的资金，企业在报建时，国家发展和改革委员会及建设管理委员会都会要求银行开具相应的资金证明，按揭保证金账户的资金是不能计算在内的。

（1）收到首付款时：

借：银行存款

贷：主营业务收入

应交税费——应交增值税（销项税额）

（2）按揭贷款到账时：

借：银行存款

其他货币资金——按揭保证金户

贷：主营业务收入

应交税费——应交增值税（销项税额）

（3）承购人违约，贷款银行从按揭保证金户扣款时：

借：其他应收款——××

贷：其他货币资金——按揭保证金户

（4）承购人补缴还款额时：

借：其他货币资金——按揭保证金户

贷：其他应收款——××

（5）按揭保证金解冻时：

借：银行存款

贷：其他货币资金——按揭保证金户

【例 4-4】5 月 10 日，某房地产公司采用银行按揭方式销售现房一套，房屋价款 872 万元（含增值税），承购人缴纳首付款 261.6 万元，按揭贷款 610.4 万元。6 月 18 日，该套商品房银行贷款到账，银行从按揭贷款额中直接收取 10% 的按揭保证金。放款次月起，承购人开始还贷款。11 月 18 日还款日，承购人未及时还款，贷款银行从公司按揭保证金户扣款 30 000 元；12 月 5 日，承购人补缴了还款额。12 月 25 日，该套商品房房产证书办理完毕，按揭贷款保证金解冻转入对应的一般结算账户。

（1）承购人支付首付款时：

收到首付款应缴纳的增值税额 = 261.6 ÷（1+9%）× 9% = 21.6（万元）

借：银行存款　　2 616 000

　贷：主营业务收入　　2 400 000

　　　应交税费——应交增值税（销项税额）　　216 000

（2）按揭贷款到账时：

按揭款应缴纳的增值税额 = 610.4 ÷（1+9%）× 9% = 50.4（万元）

借：银行存款　　5 493 600

　　其他货币资金——按揭保证金户　　610 400

　贷：主营业务收入　　5 600 000

　　　应交税费——应交增值税（销项税额）　　504 000

（3）承购人违约，贷款银行从按揭保证金户扣款时：

借：其他应收款——× ×　　30 000

　贷：其他货币资金——按揭保证金户　　30 000

（4）承购人补缴还款额时：

借：其他货币资金——按揭保证金户　　30 000

　贷：其他应收款——× ×　　30 000

（5）按揭保证金解冻时：

借：银行存款　　610 400

　贷：其他货币资金——按揭保证金户　　610 400

五、销售更名、销售退房、销售换房的核算

在房地产销售过程中，通常还会遇到销售更名、销售退房、销售换房等情况。这部分业务的会计处理也是房地产开发企业销售核算的重要内容。

1. 销售更名的核算

销售更名是指在商品房预售阶段，原购买人将所购买的商品房转让给新的购买人的行为。

需要说明的是，只有在商品房预售阶段才存在销售更名的问题，因为预售阶段商品房还未竣工交付，也就是我们通常所说的期房，此时房地产开发企业还未确认为销售收入，因此可以进行销售更名的操作。如果商品房已经交付，就不能采用更名的方式，而应该进行商品房转让，由原购买人与新购买人进行转让，与房地产开发企业是不相关的。

（1）按照规定，房地产开发企业应收取更名费的，应按收到的更名费：

借：银行存款

　贷：营业外收入

　　　应交税费——应交增值税（销项税额）

（2）发生销售更名时，应单独编制会计分录反映更名情况，按已交房款在“预收账款”科目贷方做相反登记，直接从原客户“预收账款”科目贷方红字转入新客户“预收账款”科目贷方。摘要注明“××更名为××”字样。

2. 销售退房的核算

销售退房和销售更名一样，只有在商品房预售阶段才存在。商品房已经竣工并交付给购房人后发生的退房业务不属于这里所说的销售退房。

购房者在商品房预售阶段发生退房时，应按购房者原交付的房款金额，登记“预收账款”的贷方红字，按收取的罚款等金额，贷记“营业外收入”科目，按实际退回的销售款，贷记“银行存款”“库存现金”等科目。

在办理销售退房业务时，房地产开发企业应认真审核房号、姓名、面积、实收房款等信息是否与账面记载一致，并按协议或合同约定确定是否应当收取违约金等。销售合同已经备案的，必须完成撤销备案手续方可办理退房手续。

3. 销售换房的核算

销售换房是指在商品房预售阶段发生的，购买人将其原购买的商品房更换为新的商品房，并相应结算销售差价的行为。如果购买人所购商品房已经竣工交付，所发生的销售换房就成为购买人的行为，属于先退房，再从房地产开发企业买房的行为。这里讲的销售换房，仅指商品房预售阶段的销售换房行为。

对于销售换房，在账务处理时不走退房程序，直接从原房源“预收账款”科目贷方红字转入新房源“预收账款”科目贷方。

销售换房业务发生时必须按新房源开具发票，并收回原开具的发票。同时，房地产开发企业销售部门及财务部门要及时调整房屋销售台账，保持销售信息的准确性和统一性。销售合同已经备案的，必须在撤销备案手续后办理换房业务。如果按揭贷款已经发放，必须在按揭贷款处理完后才能办理换房手续。

六、代收款项的核算

在销售商品房时，房地产开发企业有时会代有关部门向购房者收取房屋的一些办证费用，如产权登记费、住房维修基金等；有些地方的房地产开发企业还会代收契税、印花税等；也有可能代收诸如天然气、暖气等集资费，在会计处理上，因为代收费用不符合收入确认条件，所以一般不作为收入处理，而作为往来款项处理。

1. 代收款项的账务处理

房地产开发企业在销售商品房时收取的代收款项应通过“其他应付款”科目核算，在此科目下设置“代收款”二级科目，按照代收款项种类不同分别设置维修基金、产权证手续费等三级科目，进行辅助核算。

如果代收款项按规定应计入营业收入缴纳相关税费的，还应予以计提。

2. 代收款项的税务处理

代收款项是否需要缴纳增值税，要先判断这些代收款项是否属于增值税的价外费用。根据《中华人民共和国增值税暂行条例实施细则》（以下简称《增值税暂行条例实施细则》）第十二条的规定，价外费用包括价外向购买方收取的手续费、补贴、基金、集资费、返还利润、奖励费、违约金、滞纳金、延期付款利息、赔偿金、代收款项、代垫款项、包装费、包装物租金、储备费、优质费、运输装卸费以及其他各种性质的价外收费。但下列项目不包括在内：代为收取并符合规定的政府性基金或者行政事业性收费，以及以委托方名义开具发票代委托方收取的款项。

在房地产开发企业常见的代收费用中，不属于价外费用的一般有以下两类。

（1）住房专项维修基金

住房专项维修基金是属于全体业主共同所有的一项代管基金，专项用于物业保修期满后物业共用部位、共用设施设备的维修和更新、改造。鉴于住房专项维修基金资金所有权及使用的特殊性，对房地产主管部门或其指定机构、公积金管理中心、开发企业，以及物业管理单位代收的住房专项维修基金，不计征增值税。

（2）代收的契税、印花税

房地产开发企业为不动产买受人代收转付，并以不动产买受人名义取得票据的办证费、契税、印花税等代收转付费用不属于价外费用的范围。

房地产开发企业在代收契税、住房维修基金等费用时，由于个别开发企业代收后未及时缴纳，造成购房者无法办理不动产登记，侵害了购房者利益。目前，有些地方明确规定房地产开发企业不得代收这些款项。比如，北京市住建委发布通知提出，为制止开发企业违规收取契税和住宅专项维修资金，切实保障购房家庭合法权益，在新建商品房交易过程中，应由购房人缴纳的契税和住宅专项维修资金，购房人应自行缴纳，房地产开发企业不得代收、代缴。房地产开发企业不得将代收购房人应缴契税或住宅专项维修资金，作为商品房销售和交付的前置条件。

除上述列举的住房专项维修基金、契税等，房地产开发企业代收的费用更多被认定为价外费用。例如，对于房地产开发企业代收的天然气初装费、有线电视初装费等，如果企业收取时不能开具委托方的发票，并且合并到房款收入中，此时则应作为价外费用。企业应将代收费用合并到房款中，按房款适用的税率缴纳增值税。

为了防止房地产开发企业乱收费，很多地方出台了规定，将新建商品住房的供水、供电、供气、供暖、有线电视等属于房屋公共设施的建设费用，均包含在房屋价格中，房地产开发企业不得另行向购房者收取此类费用。但在实际工作中，有些房地产开发企业仍存在一些代收费用，如果处理不好，就会存在涉税风险。

【例 4-5】某房地产开发企业于 2020 年 6 月销售商品房一套，收到承购人交付的维修基金 38 000 元，相关账务处理如下：

（1）收到承购人交付的维修基金：

借：银行存款　　38 000

　贷：其他应付款——维修基金　　38 000

（2）支付代收的维修基金：

借：其他应付款——维修基金　　38 000

　贷：银行存款　　38 000

第二节　商品房销售收入的核算

对于房地产开发企业，其主营业务收入主要是指对外转让、销售、结算和出租开发产品等所取得的收入，具体包括土地转让收入（建设场地销售收入）、商品房销售收入、配套设施销售收入、代建工程结算收入和出租开发产品的租金收入。

其他收入是指商品房售后服务收入，以及销售材料、转让无形资产、出租固定资产等形成的收入。

一、销售收入的确认

房地产开发企业自行开发的房地产作为可供销售的开发产品，具有商品的一般特性，因此房地产销售收入的确认应依据《企业会计准则第 14 号——收入》进行，以下简称收入准则。

1. 销售收入的确认条件

收入准则规定，企业应当在履行了合同中的履约义务，即在客户取得相关商品控制权时确认收入。所谓取得相关商品控制权，是指能够主导该商品的使用并从中获得几乎全部的经济利益。当企业与客户之间的合同同时满足下列条件时，企业应当在客户取得相关商品控制权时确认收入：

（1）合同各方已批准该合同并承诺将履行各自义务；

（2）该合同明确了合同各方与所转让商品或提供劳务（以下简称“转让商品”）相关的权利和义务；

（3）该合同有明确的与所转让商品相关的支付条款；

（4）该合同具有商业实质，即履行该合同将改变企业未来现金流量的风险、时间分布或金额；

（5）企业因向客户转让商品而有权取得的对价很可能收回。

在合同开始日即满足前款条件的合同，企业在后续期间无须对其进行重新评估，除非有迹象表明相关事实和情况发生重大变化。合同开始日通常是指合同生效日。

在合同开始日不符合收入准则第五条规定的合同，企业应当对其进行持续评估，并在其满足本准则第五条规定时按照该条的规定进行会计处理。

对于不符合收入准则第五条规定的合同，企业只有在不再负有向客户转让商品的剩余义务，且已向客户收取的对价无需退回时，才能将已收取的对价确认为收入；否则，应当将已收取的对价作为负债进行会计处理。没有商业实质的非货币性资产交换，不确认收入。

2. 销售收入的确认时间

根据收入准则，企业还应注意收入的确认时间。收入准则规定，满足下列条件之一的，属于在某一时段内履行履约义务；反之则属于在某一时点履行履约义务。

（1）客户在企业履约的同时即取得并消耗企业履约所带来的经济利益。

（2）客户能够控制企业履约过程中在建的商品。

（3）企业履约过程中所产出的商品具有不可替代用途，且该企业在整个合同期间内有权就累计至今已完成的履约部分收取款项。

有权就累计至今已完成的履约部分收取款项，是指在由于客户或其他方原因终止合同的情况下，企业有权就累计至今已完成的履约部分收取能够补偿其已发生成本和合理利润的款项，并且该权利具有法律约束力。

对于在某一时段内履行的履约义务，企业应当在该段时间内按照履约进度确认收入，但是，履约进度不能合理确定的除外。企业应当考虑商品的性质，采用产出法或投入法确定恰当的履约进度。其中，产出法是根据已转移给客户的商品对于客户的价值确定履约进度；投入法是根据企业为履行履约义务的投入确定履约进度。对于类似情况下的类似履约义务，企业应当采用相同的方法确定履约进度。当履约进度不能合理确定时，企业已经发生的成本预计能够得到补偿的，应当按照已经发生的成本金额确认收入，直到履约进度能够合理确定为止。

对于在某一时点履行的履约义务，企业应当在客户取得相关商品控制权时点确认收入。在判断客户是否已取得商品控制权时，企业应当考虑下列情况。

（1）企业就该商品享有现时收款权利，即客户就该商品负有现时付款义务。

（2）企业已将该商品的法定所有权转移给客户，即客户已拥有该商品的法定所有权。

（3）企业已将该商品实物转移给客户，即客户以实物占有该商品。

（4）企业已将该商品所有权中的主要风险和报酬转移给客户，即客户已取得该商品所有权中的主要风险和报酬。

（5）客户已接受该商品。

（6）其他表明客户已取得商品控制权的迹象。

3. 销售收入的会计确认

房地产开发企业应按《企业会计准则》的相关规定合理确认销售收入，并按时办理入账手续。

对于房地产开发企业而言，收入的确认一般都是在销售阶段做预收款处理，等基本开发完成后再做收入处理，并结转相关成本。如此操作主要是受房地产开发业务的特殊性影响，在未完工之前，相关成本无法准确计算，如果此时就计算确认收入，那么对相应的销售成本就无法准确计算了。但是，这样处理也是有弊端的，即无法体现财务信息数据的及时性，可能导致大量房地产开发企业连续几年没有收入实现，账面上形成大量预收款，后期又造成大量收入堆积。

企业可以根据收入准则，按照签订合同的履约进度，选择时段确认收入陆续实现，不用等到后期集中确认而造成收入堆积，不过这样就需要及时合理地确认相应的成本。具体而言，如果企业需要及时确认收入，则选择时段确认较好；如果企业无须及时确认收入，那么还是选择时点确认收入更佳。

4. 房地产销售收入的增值税处理

根据规定，增值税纳税义务、扣缴义务发生的时间为纳税人发生应税行为并收讫销售款项或者取得索取销售款项凭据的当天；先开具发票的，为开具发票的当天。收讫销售款项，是指纳税人销售服务、无形资产、不动产过程中或者完成后收到款项。取得索取销售款项凭据的当天，是指书面合同确定的付款日期；未签订书面合同或者书面合同未确定付款日期的，为服务、无形资产转让完成的当天或者不动产权属变更的当天。房地产开发企业采取预收款方式销售所开发的房地产项目，在收到预收款时按照 3% 的预征率预缴增值税。

如果只是签订了预售合同，房地产项目尚未交付，房地产开发企业需要在收到预收款时按照 3% 的预征率预缴增值税。后期房地产项目交付后为增值税纳税义务发生时间。

在达到收入确认条件时，应将在收入结转之前收到的商品房销售款全部记入“预收账款”科目的贷方。在结转收入时，全部由“预收账款”科目转入“主营业务收入”科目，这样能够保证“预收账款”科目的完整性。

借：预收账款

　贷：主营业务收入

　　应交税费——应交增值税（销项税额）

【例 4-6】某房地产公司开发的九龙桂冠项目于 1 月 23 日正式交房并确认收入。自预售开始，该项目共取得销售回款 109 000 000 元。根据上述经济业务，该房地产公司应做如下账务处理。

借：预收账款　　109 000 000

　贷：主营业务收入　　100 000 000

　　　应交税费——应交增值税（销项税额）　　9 000 000

二、面积差的核算

面积差是指房地产开发企业销售的商品房竣工交付时，实际销售面积与原签订销售合同时的预计销售面积之间存在的差异。

面积差的处理方式是房地产开发企业与客户在销售合同中重要的约定事项，一般情况下，其约定的处理方式有以下两种。

1. 实际销售面积超出原预售面积的部分

实际销售面积超出原预售面积的部分，由房地产开发企业负担，客户不需要补交房款。对于该处理方式，房地产开发企业则不需要进行账务处理。

2. 按实际销售面积结算价款，多退少补

对于这种处理方式，面积差的账务处理如下。

（1）房地产开发企业退还面积差涉及的房款，应按退还的金额：

借：预收账款

　贷：银行存款等

（2）房地产开发企业收到客户补交的面积差房款，应按收到的金额：

借：银行存款等

　贷：预收账款

竣工交付时，将其从“预收账款”科目转入“主营业务收入”科目。

【例 4-7】1 月，某房地产公司所建商品房竣工交付时，根据合同规定共收取面积差 545 万元（含增值税）。对于该项经济业务，该房地产公司应做如下账务处理。

（1）收到补交面积差房款时：

借：银行存款　　5 450 000

　贷：预收账款　　5 450 000

（2）结转收入时：

借：预收账款　　5 450 000

　贷：主营业务收入　　5 000 000

应交税费——应交增值税（销项税额） 450 000

三、商业折扣和现金折扣的核算

1. 涉及商业折扣的处理

房地产开发企业发生的销售收入在有商业折扣的情况下，应按扣除商业折扣后的金额入账。当然，计算增值税时应以扣除商业折扣后的金额为计税销售额。

商业折扣是指企业为促进商品销售而在商品标价上给予的价格扣除。其实，商业折扣对企业销售业务的账务处理并没有什么特别影响。在发生商业折扣时，企业只需按折扣后的金额确认收入就可以了，折扣额不用作任何账务处理。

【例 4-8】某房地产开发企业销售给甲客户 10 套商品房，价目表上标明的价格为每套 2 180 000 元（含增值税）。由于是成批销售，企业给予甲客户 10% 的商业折扣。款项尚未收到。该房地产开发企业属于增值税一般纳税人，适用的增值税税率为 9%。根据上述经济业务，该企业应做如下账务处理。

借：应收账款 21 800 000

贷：主营业务收入 20 000 000

应交税费——应交增值税（销项税额） 1 800 000

2. 涉及现金折扣的处理

房地产开发企业销售开发产品涉及现金折扣的，应当按照扣除现金折扣前的金额确定销售商品收入。现金折扣应当在实际发生时，计入当期损益。

现金折扣是指债权人为鼓励债务人在规定的期限内付款而向债务人提供的债务扣除。现金折扣与商业折扣不同：首先，折扣目的不同，现金折扣是为了尽早收回货款，而商业折扣则是为了多销售货物；其次，折扣发生的时间不同，现金折扣发生在销货以后，能否给予折扣要视购货方付款时间而定，而商业折扣发生在销售当时。

（1）对于销售方而言，发生的现金折扣，在实际发生时直接计入当期财务费用：

借：银行存款（按实际收到的金额）

财务费用（按给予的现金折扣）

贷：应收账款等（按应收的款项）

（2）对于购买方而言，实际获得的现金折扣，冲减取得当期的财务费用：

借：应付账款（按应付的款项）

贷：财务费用（按获得的现金折扣）

银行存款（按实际支付的金额）

【例 4-9】某房地产开发企业于 1 月 5 日向乙企业销售 5 套商品房，开出的增值税专用发票上注明销售额 100 000 000 元（不含税），增值税销项税额 9 000 000 元，付款条件是“2/10，1/20，n/30”（现金折扣不考虑增值税）。根据上述经济业务，该房地产开发企业应做如下账务处理。

借：应收账款——乙企业　　109 000 000

贷：主营业务收入　　100 000 000

应交税费——应交增值税（销项税额）　　9 000 000

【例 4-10】沿用［例 4-9］，假设乙企业于 1 月 10 日付款，则该房地产开发企业应做如下账务处理。

借：银行存款　　107 000 000

财务费用（100 000 000 × 2%）　　2 000 000

贷：应收账款——乙企业　　109 000 000

【例 4-11】沿用［例 4-9］，假设乙企业于 1 月 20 日付款，则该房地产开发企业应做如下账务处理。

借：银行存款　　108 000 000

财务费用（100 000 000 × 1%）　　1 000 000

贷：应收账款——乙企业　　109 000 000

【例 4-12】沿用［例 4-9］，假设乙企业于 1 月 28 日付款，现金折扣为 0，则该房地产开发企业账务处理如下。

借：银行存款　　109 000 000

贷：应收账款——乙企业　　109 000 000

四、销售退回和折让的核算

房地产开发企业的销售退回是指销售开发产品以后，由于开发产品质量等不符合购销合同的规定，买方要求将其全部或部分开发产品退给卖方的事项。

销售折让是销售开发产品以后，由于开发产品的质量等原因，买方要求在价格上给予减让的事项。

在发生销售退回和销售折让的情况下，应按退回产品的价款或折让的金额冲减当期的销售收入。由于收入的减少，相关税金也要同时减少。对于销售退回，在冲减销售收入的同时还要冲减相关的销售成本。已确认收入的售出商品发生的销售退回属于资产负债表日后事项的，应当按照有关资产负债表日后事项的相关规定进行会计处理。

【例 4-13】某房地产开发公司销售给甲客户商品房 5 套，每套建筑面积 100 平方米，共 500 平方米，每套售价 3 000 000 元。该商品房的实际成本为每平方米 23 000 元。根据合同约定，甲客户先支付 30% 的购房定金，其余款项于商品房交付使用 3 个月后一次付清。商品房交付使用后，其中 1 套出现严重质量问题，甲客户要求退房，其余 4 套也存在不同程度的质量问题，甲客户要求折让。经双方协商同意后，1 套作为退回处理，其余 4 套商品房按全部价款的 5% 给予折让。假设不考虑税费。根据上述经济业务，该房地产开发公司应做如下账务处理。

（1）收到购房定金时：

借：银行存款　　4 500 000

　贷：预收账款——甲客户　　4 500 000

（2）交付商品房确认收入时：

借：应收账款——甲客户　　10 500 000

　　预收账款——甲客户　　4 500 000

　贷：主营业务收入——商品房销售收入　　15 000 000

同时结转商品房销售成本：

5 套商品房实际成本 = 23 000 × 100 × 5 = 11 500 000（元）

借：主营业务成本——商品房销售成本　　11 500 000

　贷：开发产品——房屋　　11 500 000

（3）发生销售退回和折让时：

退回的 1 套商品房价款为 3 000 000 元

其余 4 套销售折让金额为：3 000 000 × 4 × 5% = 600 000（元）

销售退回的价款和销售折让的金额应冲减当期的销售收入，会计分录如下：

借：主营业务收入——商品房销售收入　　3 600 000

　贷：应收账款——甲客户　　3 600 000

同时收回 1 套商品房，冲减销售成本：

1 套商品房实际成本 = 23 000 × 100 = 2 300 000（元）

借：开发产品——房屋　　2 300 000

贷：主营业务成本——商品房销售成本　　2 300 000

这里要注意的是，因为销售收入的减少，当期相关税费也自然减少，如果原来尚未确认税费，则期末自然按减少后的收入确认税费，所以对税费不需单独进行账务处理。

第三节　委托代销收入的核算

为了更好地节约成本，越来越多的房地产开发企业选择房产经纪公司代理其销售业务。基于此，房地产开发企业与房产经纪公司一般会签订开发产品代理销售合同。

根据《房地产开发经营业务企业所得税处理办法》(国税发〔2009〕31号)第六条第(四)项的规定，房地产开发企业采取委托方式销售开发产品的，应按支付手续费方式、视同买断方式、基价(保底价)并实行超基价双方分成方式和包销方式等四种委托代销方式确认企业所得税收入的实现。

一、支付手续费方式

支付手续费方式是指房地产开发企业委托代理销售机构销售商品房，按约定支付给代理销售机构手续费。这种代销方式与视同买断方式相比，主要特点是代理销售机构通常应按照房地产开发企业规定的价格销售，不得自行改变售价。这对受托方来说实际上是一种劳务收入。

在这种代销方式下，房地产开发企业在委托代理销售机构销售时并不需要进行实物交付，不应确认销售商品房首付。房地产开发企业应在代理销售机构将商品房销售后，并向房地产开发企业开具代销清单时，确认收入；代理销售机构在销售后，按应收取的手续费确认收入。

【例4-14】某房地产开发公司开发住宅小区，与乙房屋代理公司签订代理销售合同，合同约定：乙公司按不含增值税销售额的2%收取手续费。12月，乙公司将销售清单提交给房地产开发公司时，共销售房屋10 000平方米，每平方米20 000元(不含增值税)。假设该房地产公司适用的增值税税率为9%，收到代理公司转来的代理费发票，增值税税率为6%。根据上述经济业务，该房地产公司应做如下账务处理。

应交增值税＝20 000×10 000×9%＝18 000 000(元)

手续费＝20 000×10 000×2%＝4 000 000(元)

（1）结转销售收入时：

借：银行存款　　218 000 000

　贷：主营业务收入　　200 000 000

　　应交税费——应交增值税（销项税额）　　18 000 000

（2）收到代理费发票时：

借：销售费用　　4 000 000

　应交税费——应交增值税（进项税额）　　240 000

　贷：应付账款——乙公司　　4 240 000

二、视同买断方式

视同买断是指由委托方和受托方签订协议，委托方按协议价收取所代销的货款，实际售价可由受托方自定，实际售价与协议价之间的差额归受托方所有。

根据目前税法规定，采取视同买断方式委托销售开发产品的，属于企业与购买方签订销售合同或协议，或企业、受托方、购买方三方共同签订销售合同或协议的，如果销售合同或协议中约定的价格高于买断价格，则应按销售合同或协议中约定的价格计算的价款于收到受托方已销开发产品清单之日确认收入的实现；如果属于前两种情况中销售合同或协议中约定的价格低于买断价格，以及属于受托方与购买方签订销售合同或协议的，则应按买断价格计算的价款于收到受托方已销开发产品清单之日确认收入的实现。

【例 4-15】某房地产开发公司开发住宅小区，与 A 房地产代理公司签订代理销售合同，合同约定：A 房地产代理公司采取买断方式代理销售开发产品，买断价为每平方米 25 070 元（含增值税，增值税税率为 9%），销售时由委托方、受托方、买方共同签订协议。12 月，A 代理公司将开发产品销售清单提交给某房地产公司，注明销售房屋 10 000 平方米，平均售价 25 000 元，实现销售收入 27 250 万元（含增值税，增值税税率为 9%）。根据上述经济业务，该房地产公司应做如下账务处理。

应交增值税 = 27 250 ÷（1+9%）× 9% = 2 250（万元）

借：银行存款　　250 700 000

　销售费用　　21 800 000

　贷：主营业务收入　　250 000 000

　　应交税费——应交增值税（销项税额）　　22 500 000

三、超基价分成方式

采取基价（保底价）并实行超基价双方分成方式委托销售开发产品的，属于由企业与购买方签订销售合同或协议，或企业、受托方、购买方三方共同签订销售合同或协议的，如果销售合同或协议中约定的价格高于基价，则应按销售合同或协议中约定的价格计算的价款于收到受托方已销开发产品清单之日确认收入的实现，企业按规定支付受托方的分成额，不得直接从销售收入中减除；如果销售合同或协议约定的价格低于基价，则应按基价计算的价款于收到受托方已销开发产品清单之日确认收入的实现。属于由受托方与购买方直接签订销售合同的，则应按基价加上按规定取得的分成额于收到受托方已销开发产品清单之日确认收入的实现。

【例 4-16】某房地产公司开发住宅小区，与丙公司采取基价（保底价）并实行超基价双方分成方式委托销售开发产品。合同约定：销售保底价 20 000 元（不含增值税），并由房地产公司直接与客户签订销售合同，超过保底价部分受托方和委托方按三七分成。12 月丙公司提交销售清单时，销售房屋 10 000 平方米，平均售价 25 000 元，实现销售收入 25 000 万元（不含增值税）。假设该房地产公司适用的增值税税率为 9%，收到代理公司转来的代理费发票，增值税税率为 6%。根据上述经济业务，该房地产公司应做如下账务处理。

（1）结转销售收入：

注意：这里关键点在于开发商支付给受托方的分成额不得直接从收入中扣除。

开发商支付给受托方的分成额 =（25 000 − 20 000）× 10 000 × 30% = 1 500（万元）

借：银行存款　　272 500 000

　贷：销售收入　　250 000 000

　　　应交税费——应交增值税（销项税额）　　22 500 000

（2）结转代理公司分成额：

增值税 = 1 500 × 6% = 90（万元）

借：销售费用　　15 000 000

　　应交税费——应交增值税（进项税额）　　900 000

　贷：应付账款——乙公司　　15 900 000

第四节　商品房销售成本的核算

结转成本是计算企业利润的关键步骤。房地产销售成本的结转涉及工程部、预算部、销售部、财务部等部门，以房地产销售合同、认购协议、销售清单、施工合同、结算单等一系列的资料为依据，工程量较大。

一、科目设置

为正确反映房地产开发产品销售成本的结转，房地产开发企业应设置“主营业务成本”科目和“开发产品”科目。

“主营业务成本”科目核算房地产开发企业对外转让、销售、结算开发产品等应结转的成本。与投资性房地产和固定资产有关的成本不在本科目中核算。

房地产项目结转销售收入时，应相应地结转销售成本，借记“主营业务成本”科目，贷记“开发产品”科目。期末，应将“主营业务成本”科目的余额转入“本年利润”科目，结转后“主营业务成本”科目应无余额。

二、主要账务处理

房地产开发企业销售成本的核算应按收入和成本配比的原则进行。房地产开发企业根据收入确认原则确认实现销售收入和销售面积时，应同时结转相应的开发产品销售成本。

企业的开发产品会因对外转让、销售等原因而减少。对于减少的开发产品，应区分不同情况及时进行会计处理。企业对外转让、销售开发产品时，应于月份终了按开发产品的实际成本，借记“主营业务成本”科目，贷记“开发产品”科目。

房地产开发企业发生的当期准予扣除的开发产品销售成本，是指已实现销售的开发产品的成本，按当期已实现销售的可售面积和可售面积单位工程成本确认。可售面积单位工程成本和已销开发产品的计税成本按下列公式计算确定。

可售面积单位工程成本 = 成本对象总成本 ÷ 总可售面积

已销开发产品的计税成本 = 已实现销售的可售面积 × 可售面积单位工程成本

【例 4-17】某房地产开发企业开发的项目于 2020 年 12 月竣工交付，该商品房全部对外销售，开发过程中共发生开发成本60 000万元。该项目总可售建筑面积为10万平方米，商品房竣工交付时，已实现销售建筑面积6万平方米。根据上述经济业务，该房地产开发企业应做如下账务处理。

该开发产品单位面积成本＝600 000 000÷100 000＝6 000（元／平方米）

结转已实现销售开发产品成本＝60 000×6 000＝360 000 000（元）

借：主营业务成本　　360 000 000

　贷：开发产品　　360 000 000

【例4-18】某房地产开发企业发生下列业务。

（1）5月10日，甲土地已开发完工，验收合格，共开发建设场地10 000平方米，总成本500万元：

借：开发产品——土地（甲土地）　　5 000 000

　贷：开发成本——土地开发成本（甲土地）　　5 000 000

（2）6月30日，企业将开发的甲土地全部卖出，取得销售收入650万元（不含税），款项已存入银行：

借：银行存款　　7 085 000

　贷：主营业务收入——土地转让收入　　6 500 000

　　　应交税费——应交增值税（销项税额）　　585 000

同时结转土地成本：

借：主营业务成本——土地销售成本　　5 000 000

　贷：开发产品——土地（甲土地）　　5 000 000

（3）7月3日，企业开发建设的A小区住宅已竣工验收，实际总成本5 800万元：

借：开发产品——A小区　　58 000 000

　贷：开发成本——A小区　　58 000 000

（4）企业开发建设的A小区能够对外销售的配套工程已竣工验收，实际成本为600万元：

借：开发产品——配套设施　　6 000 000

　贷：开发成本——配套设施开发成本　　6 000 000

（5）A小区住宅已经全部销售，结转其销售成本：

借：主营业务成本——商品房销售成本　　58 000 000

　贷：开发产品——A小区　　58 000 000

第五章　应交税费的核算

房地产开发企业涉及的税种繁多，包括增值税、土地增值税、企业所得税、土地使用税、城市维护建设税、教育费附加等。

第一节　应交增值税的核算

在中华人民共和国境内销售自行开发的房地产项目的企业，为增值税纳税人。自行开发是指在依法取得土地使用权的土地上进行基础设施和房屋建设。

一、基本规定

增值税纳税人分为一般纳税人与小规模纳税人两大类。纳税人年应征增值税销售额超过 500 万元（含）的为一般纳税人，未超过规定标准的纳税人为小规模纳税人。

年应税销售额未超过规定标准的纳税人，会计核算健全，能够提供准确税务资料的，可以向主管税务机关办理一般纳税人资格登记，成为一般纳税人。会计核算健全是指能够按照国家统一的会计制度规定设置账簿，根据合法、有效的凭证进行会计核算。

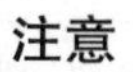

注意

增值税一般纳税人和小规模纳税人的区别

（1）一般纳税人销售应税的货物、劳务以及发生应税行为可以自行开具增值税专用发票，而小规模纳税人不能自行开具增值税专用发票，如果购买方索取专用发票，小规模纳税人可以到主管税务机关申请代开。

（2）一般纳税人购进货物或劳务可以凭取得的增值税专用发票以及其他扣税凭证按规定抵扣税款，而小规模纳税人适用增值税征收率，其进项税额不可以抵扣。

（3）征税办法不同。一般纳税人适用一般计税方法计税，小规模纳税人适用简易计税方法计税。

1. 纳税范围

（1）房地产开发企业销售自行开发的房地产项目适用销售不动产税目；房地产开发企业以接盘等形式购入未完工的房地产项目继续开发后，以自己的名义立项销售的，属于规定的销售自行开发的房地产项目。

（2）房地产开发企业出租自行开发的房地产项目（包括如商铺、写字楼、公寓等），适用租赁服务税目中的不动产经营租赁服务税目和不动产融资租赁服务税目（不含不动产售后回租融资租赁）。

注意

不征收增值税项目

（1）不属于在境内销售服务或者无形资产的情形，具体如下。

- 境外单位或者个人向境内单位或者个人销售完全在境外发生的服务。
- 境外单位或者个人向境内单位或者个人销售完全在境外使用的无形资产。
- 境外单位或者个人向境内单位或者个人出租完全在境外使用的有形动产。
- 财政部和国家税务总局规定的其他情形。

（2）存款利息。

（3）被保险人获得的保险赔付。

（4）房地产主管部门或者其指定机构、公积金管理中心、开发企业以及物业管理单位代收的住宅专项维修资金。

（5）在资产重组过程中，通过合并、分立、出售、置换等方式，将全部或者部分实物资产以及与其相关联的债权、负债和劳动力一并转让给其他单位和个人，其中涉及不动产、土地使用权转让行为。

2. 税率和征收率

（1）税率

房地产开发企业销售不动产、转让土地所有权、提供不动产租赁服务，适用的税率均为9%。

（2）征收率

《国家税务总局关于发布〈房地产开发企业销售自行开发的房地产项目增值税征收

管理暂行办法〉的公告》（国家税务总局公告 2016 年第 18 号）第八条规定，一般纳税人销售自行开发的房地产老项目，可以选择适用简易计税方法按照 5% 的征收率计税。一经选择简易计税方法计税的，36 个月内不得变更为一般计税方法计税。

小规模纳税人销售自行开发的房地产项目，按照 5% 的征收率计税。

注意

何为房地产老项目

房地产老项目是指：

（1）《建筑工程施工许可证》注明的合同开工日期在 2016 年 4 月 30 日前的房地产项目；

（2）《建筑工程施工许可证》未注明合同开工日期或者未取得《建筑工程施工许可证》但建筑工程承包合同注明的开工日期在 2016 年 4 月 30 日前的建筑工程项目。

3. 纳税义务发生时间

增值税纳税义务、扣缴义务发生时间如下。

（1）纳税人发生应税行为并收讫销售款项或者取得索取销售款项凭据的当天；先开具发票的，为开具发票的当天。

收讫销售款项是指纳税人销售服务、无形资产、不动产过程中或者完成后收到的款项。

取得索取销售款项凭据的当天是指书面合同确定的付款日期；未签订书面合同或者书面合同未确定付款日期的，为服务、无形资产转让完成的当天或者不动产权属变更的当天。

（2）纳税人提供建筑服务、租赁服务采取预收款方式的，其纳税义务发生时间为收到预收款的当天。

（3）纳税人从事金融商品转让的，为金融商品所有权转移的当天。

（4）纳税人发生《房地产开发企业销售自行开发的房地产项目增值税征收管理暂行办法》第十四条规定情形的，其纳税义务发生时间为服务、无形资产转让完成的当天或者不动产权属变更的当天。

（5）增值税扣缴义务发生时间为纳税人增值税纳税义务发生的当天。

二、计税方法

增值税的计税方法包括一般计税方法和简易计税方法。

一般纳税人发生应税行为适用一般计税方法计税。一般纳税人发生财政部和国家税务总局规定的特定应税行为，可以选择适用简易计税方法计税，但一经选择，36 个月内不得变更。

小规模纳税人发生应税行为适用简易计税方法计税。

1. 一般计税方法

一般计税方法的应纳税额按以下公式计算。

应纳税额 = 当期销项税额 − 当期进项税额

当期销项税额小于当期进项税额不足抵扣时，其不足部分可以结转下期继续抵扣。

销项税额是指纳税人发生应税行为按照销售额和增值税税率计算并收取的增值税额。销项税额计算公式如下。

销项税额 = 销售额 × 税率

一般计税方法的销售额不包括销项税额，纳税人采用销售额和销项税额合并定价方法的，按照下列公式计算销售额。

销售额 = 含税销售额 ÷（1+ 税率）

进项税额是指纳税人购进货物、加工修理修配劳务、服务、无形资产或者不动产，支付或者负担的增值税额。

2. 简易计税方法

简易计税方法的应纳税额是指按照销售额和增值税征收率计算的增值税额，不得抵扣进项税额。应纳税额计算公式如下。

应纳税额 = 销售额 × 征收率

简易计税方法的销售额不包括其应纳税额，纳税人采用销售额和应纳税额合并定价方法的，按照下列公式计算销售额。

销售额 = 含税销售额 ÷（1+ 征收率）

三、销售额的计算

1. 一般规定

销售额是指纳税人发生应税行为取得的全部价款和价外费用，财政部和国家税务总局另有规定的除外。价外费用是指价外收取的各种性质的收费，但不包括以下项目。

（1）代为收取并同时满足以下条件的政府性基金或者行政事业性收费。

① 由国务院或者财政部批准设立的政府性基金，由国务院或者省级人民政府及其财政、价格主管部门批准设立的行政事业性收费。

② 收取时开具省级以上（含省级）财政部门监（印）制的财政票据。

③ 所收款项全额上缴财政。

（2）以委托方名义开具发票代委托方收取的款项。

2. 特殊规定

（1）房地产开发企业中的一般纳税人销售自行开发的房地产项目，适用一般计税方法计税，按照取得的全部价款和价外费用，扣除当期销售房地产项目对应的土地价款后的余额计算销售额。销售额的计算公式如下。

不含税销售额 =（全部价款和价外费用 − 当期允许扣除的土地价款）÷（1+9%）

（2）当期允许扣除的土地价款按照当期销售房地产项目建筑面积占房地产项目可供销售建筑面积的比例计算，计算公式如下。

当期允许扣除的土地价款 =（当期销售房地产项目建筑面积 ÷ 房地产项目可供销售建筑面积）× 支付的土地价款

当期销售房地产项目建筑面积是指当期进行纳税申报的增值税销售额对应的建筑面积。

房地产项目可供销售建筑面积是指房地产项目可以出售的总建筑面积，不包括销售房地产项目时未单独作价结算的配套公共设施的建筑面积。《国家税务总局关于土地价款扣除时间等增值税征管问题的公告》（国家税务总局公告 2016 年第 86 号）进一步明确，“当期销售房地产项目建筑面积”“房地产项目可供销售建筑面积”，是指计容积率地上建筑面积，不包括地下车位建筑面积。

对于房地产开发企业一次性购地、分次开发、可供销售建筑面积无法一次全部确定的，按照均衡配比的原则，按以下顺序计算当期允许扣除的土地价款。

首先，计算出已开发项目所对应的土地价款，具体计算公式如下。

已开发项目所对应的土地价款 = 支付的土地总价款 ×（已开发项目占地面积 ÷ 开发用地总面积）

然后，按照以下公式计算当期允许扣除的土地价款。

当期允许扣除的土地价款 =（当期销售房地产项目建筑面积 ÷ 当期已开发房地产项目可供销售建筑面积）× 已开发项目所对应的土地价款

（3）支付的土地价款是指向政府、土地管理部门或受政府委托收取土地价款的单位直接支付的土地价款。

在计算销售额时从全部价款和价外费用中扣除土地价款，应当取得省级以上（含省级）财政部门监（印）制的财政票据。

财税〔2016〕140号又进一步扩大了扣除范围，向政府部门支付的土地价款包括土地受让人向政府部门支付的征地和拆迁补偿费用、土地前期开发费用和土地出让收益等。房地产开发企业中的一般纳税人销售其开发的房地产项目（选择简易计税方法的房地产老项目除外），在取得土地时向其他单位或个人支付的拆迁补偿费用允许在计算销售额时扣除。纳税人按上述规定扣除拆迁补偿费用时，应提供拆迁协议、拆迁双方支付和取得拆迁补偿费用凭证等能够证明拆迁补偿费用真实性的材料。需要注意的是，根据上述政策，向政府部门支付的土地价款中并不包括契税。

根据财会〔2016〕22号规定，企业发生相关成本费用允许扣减销售额的账务处理如下。按现行增值税制度规定企业发生相关成本费用允许扣减销售额的，发生成本费用时，按应付或实际支付的金额，借记“主营业务成本”“存货”“工程施工”等科目，贷记“应付账款”“应付票据”“银行存款”等科目。待取得合规增值税扣税凭证且纳税义务发生时，按照允许抵扣的税额，借记“应交税费——应交增值税（销项税额抵减）”或“应交税费——简易计税”科目（小规模纳税人应借记“应交税费——应交增值税”科目），贷记“主营业务成本”“存货”“工程施工”等科目。

【例5-1】某房地产公司为增值税一般纳税人，其销售商品房采用一般计税方法计税。8月该公司销售建筑面积为30 000平方米甲项目商品房，取得收入327 000 000元，当月已经交房并按规定确认收入。该项目支付的土地价款为109 000 000元，可供销售建筑面积为50 000平方米。根据上述经济业务，该房地产公司应做如下账务处理。

（1）确认收入：

借：银行存款　　327 000 000

　贷：主营业务收入　　300 000 000

　　应交税费——应交增值税（销项税额）　　27 000 000

（2）抵减销项税额：

借：应交税费——应交增值税（销项税额抵减）　　5 400 000

　贷：主营业务成本　　5 400 000

（4）一般纳税人销售自行开发的房地产老项目适用简易计税方法计税的，以取得的全部价款和价外费用为销售额，不得扣除对应的土地价款。

- 一般纳税人销售其 2016 年 4 月 30 日前取得（不含自建）的不动产，可以选择适用简易计税方法，以取得的全部价款和价外费用减去该项不动产购置原价或者取得不动产时的作价后的余额为销售额，按照 5% 的征收率计算应纳税额。纳税人应按照上述计税方法在不动产所在地预缴税款后，向机构所在地主管税务机关进行纳税申报。
- 一般纳税人销售其 2016 年 4 月 30 日前自建的不动产，可以选择适用简易计税方法，以取得的全部价款和价外费用为销售额，按照 5% 的征收率计算应纳税额。纳税人应按照上述计税方法在不动产所在地预缴税款后，向机构所在地主管税务机关进行纳税申报。
- 一般纳税人销售其 2016 年 5 月 1 日后取得（不含自建）的不动产，应适用一般计税方法，以取得的全部价款和价外费用为销售额计算应纳税额。纳税人应以取得的全部价款和价外费用减去该项不动产购置原价或者取得不动产时的作价后的余额，按照 5% 的预征率在不动产所在地预缴税款后，向机构所在地主管税务机关进行纳税申报。
- 一般纳税人销售其 2016 年 5 月 1 日后自建的不动产，应适用一般计税方法，以取得的全部价款和价外费用为销售额计算应纳税额。纳税人应以取得的全部价款和价外费用，按照 5% 的预征率在不动产所在地预缴税款后，向机构所在地主管税务机关进行纳税申报。

【例 5-2】某房地产公司为一般纳税人，其开发的某项目按规定确认为老项目，且备案为按简易计税方式征税。8 月该公司销售建筑面积为 30 000 平方米的商品房，取得收入 315 000 000 元，当月已经交房并按规定确认收入。该项目支付的土地价款为

109 000 000 元，可供销售建筑面积为 50 000 平方米。根据上述经济业务，该公司应做如下账务处理。

当期允许扣除的土地价款 = 0（因为一般纳税人销售自行开发的房地产老项目适用简易计税方法计税的，以取得的全部价款和价外费用为销售额，不得扣除对应的土地价款）

借：银行存款　　315 000 000

　贷：主营业务收入　　300 000 000

　　　应交税费——简易计税　　15 000 000

（5）小规模纳税人销售其取得（不含自建）的不动产（不含个体工商户销售购买的住房和其他个人销售不动产），应以取得的全部价款和价外费用减去该项不动产购置原价或者取得不动产时的作价后的余额为销售额，按照 5% 的征收率计算应纳税额。纳税人应按照上述计税方法在不动产所在地预缴税款后，向机构所在地主管税务机关进行纳税申报。

小规模纳税人销售其自建的不动产，应以取得的全部价款和价外费用为销售额，按照 5% 的征收率计算应纳税额。纳税人应按照上述计税方法在不动产所在地预缴税款后，向机构所在地主管税务机关进行纳税申报。

（6）不动产经营租赁服务如下。

- 一般纳税人出租其 2016 年 4 月 30 日前取得的不动产，可以选择适用简易计税方法，按照 5% 的征收率计算应纳税额。纳税人出租其 2016 年 4 月 30 日前取得的与机构所在地不在同一县（市）的不动产，应按照上述计税方法在不动产所在地预缴税款后，向机构所在地主管税务机关进行纳税申报。
- 一般纳税人出租其 2016 年 5 月 1 日后取得的、与机构所在地不在同一县（市）的不动产，应按照 3% 的预征率在不动产所在地预缴税款后，向机构所在地主管税务机关进行纳税申报。
- 小规模纳税人出租其取得的不动产（不含个人出租住房），应按照 5% 的征收率计算应纳税额。纳税人出租与机构所在地不在同一县（市）的不动产，应按照上述计税方法在不动产所在地预缴税款后，向机构所在地主管税务机关进行纳税申报。

四、进项税额抵扣

纳税人取得的增值税扣税凭证不符合法律、行政法规或者国家税务总局有关规定的，其进项税额不得从销项税额中抵扣。

增值税扣税凭证是指增值税专用发票、海关进口增值税专用缴款书、农产品收购发票、农产品销售发票和完税凭证。

纳税人凭完税凭证抵扣进项税额的，应当具备书面合同、付款证明和境外单位的对账单或者发票。资料不全的，其进项税额不得从销项税额中抵扣。

1. 允许抵扣进项税额

纳税人购进与生产经营有关的货物、加工修理修配劳务、服务、无形资产或者不动产，并取得下列增值税扣税凭证的，可以在购进时抵扣进项税额。

（1）从销售方取得的增值税专用发票（含税控机动车销售统一发票）上注明的增值税税额。

（2）从海关取得的海关进口增值税专用缴款书上注明的增值税额。

（3）购进农产品，除取得增值税专用发票或者海关进口增值税专用缴款书外，纳税人应按照农产品收购发票或者销售发票上注明的农产品买价和 13% 的扣除率计算的进项税额，具体计算公式如下。

$$进项税额 = 买价 \times 扣除率$$

买价是指纳税人购进农产品时，在农产品收购发票或者销售发票上注明的价款和按照规定缴纳的烟叶税。

购进农产品，按照《农产品增值税进项税额核定扣除试点实施办法》抵扣进项税额的除外。

（4）从境外单位或者个人处购进服务、无形资产或者不动产，自税务机关或者扣缴义务人取得的解缴税款的完税凭证上注明的增值税额。

2. 不得抵扣项目

（1）用于简易计税方法计税项目、免征增值税项目、集体福利或者个人消费的购进货物、加工修理修配劳务、服务、无形资产和不动产。其中涉及的固定资产、无形资产、不动产，仅指专用于上述项目的固定资产、无形资产（不包括其他权益性无形资产）、不动产。

纳税人的交际应酬消费属于个人消费。

一般纳税人销售自行开发的房地产项目，兼有一般计税方法计税、简易计税方法计税、免征增值税的房地产项目而无法划分不得抵扣的进项税额的，应以《建筑工程施工许可证》上注明的“建设规模”为依据进行划分，具体计算公式如下。

不得抵扣的进项税额 = 当期无法划分的全部进项税额 ×（简易计税、免税房地产项目建设规模 ÷ 房地产项目总建设规模）

（2）非正常损失的购进货物，以及相关的加工修理修配劳务和交通运输服务。

（3）非正常损失的在产品、产成品所耗用的购进货物（不包括固定资产）、加工修理修配劳务和交通运输服务。

（4）非正常损失的不动产，以及该不动产所耗用的购进货物、设计服务和建筑服务。

（5）非正常损失的不动产在建工程所耗用的购进货物、设计服务和建筑服务。

纳税人新建、改建、扩建、修缮、装饰不动产，均属于不动产在建工程。

（6）购进的旅客运输服务、贷款服务、餐饮服务、居民日常服务和娱乐服务。

（7）接受贷款服务向贷款方支付与该笔贷款直接相关的投融资顾问费、手续费、咨询费等费用。

五、预缴税款

根据国家税务总局关于发布《房地产开发企业销售自行开发的房地产项目增值税征收管理暂行办法》的公告（国家税务总局公告 2016 年第 18 号），一般纳税人采取预收款方式销售自行开发的房地产项目，应在收到预收款时按照 3% 的预征率预缴增值税。一般纳税人应在取得预收款的次月纳税申报期向主管国税机关预缴税款。应预缴税款按照以下公式计算。

应预缴税款 = 预收款 ÷（1+ 适用税率或征收率）×3%

适用一般计税方法计税的，按照 9% 的适用税率计算；适用简易计税方法计税的，按照 5% 的征收率计算。

增值税预缴税款表如表 5-1 所示。

表 5-1　增值税预缴税款表

税款所属时间：　　年　　月　　日至　　年　　月　　日

纳税人识别号：□□□□□□□□□□□□□□□□□□□□□□□□□□　　是否适用一般计税方法　是 □　否 □

<table>
<tr><td colspan="2">纳税人名称：（公章）</td><td></td><td></td><td colspan="2">金额单位：元（列至角分）</td></tr>
<tr><td colspan="2">项目编号</td><td></td><td>项目名称</td><td colspan="2"></td></tr>
<tr><td colspan="2">项目地址</td><td colspan="4"></td></tr>
<tr><td colspan="2" rowspan="2">预征项目和栏次</td><td>销售额</td><td>扣除金额</td><td>预征率</td><td>预征税额</td></tr>
<tr><td>1</td><td>2</td><td>3</td><td>4</td></tr>
<tr><td>建筑服务</td><td>1</td><td></td><td></td><td></td><td></td></tr>
<tr><td>销售不动产</td><td>2</td><td></td><td></td><td></td><td></td></tr>
<tr><td>出租不动产</td><td>3</td><td></td><td></td><td></td><td></td></tr>
<tr><td></td><td>4</td><td></td><td></td><td></td><td></td></tr>
<tr><td></td><td>5</td><td></td><td></td><td></td><td></td></tr>
<tr><td>合计</td><td>6</td><td></td><td></td><td></td><td></td></tr>
<tr><td>授权声明</td><td colspan="2">如果你已委托代理人填报，请填写下列资料：
为代理一切税务事宜，现授权
（地址）　　为本次纳税人的代理填报人，任何与本表有关的往来文件，都可寄予此人。
授权人签字：</td><td>填表人申明</td><td colspan="2">以上内容是真实的、可靠的、完整的。
纳税人签字：</td></tr>
</table>

房地产开发企业销售收入的确认和计算纳税与收取预售款的预缴增值税税款并不挂钩。根据会计准则收入确认的原则，房地产开发企业在预售房产时不需要确认销售收入。因此，预售款预缴增值税的账户处理与其他的增值税的处理有所不同。

【例 5-3】某房地产公司为增值税一般纳税人，其开发的 A 房地产项目在龙山区，采用一般计税方法计税。

已知，该房地产公司开发 A 项目，土地出让金财政收据金额为 21 800 万元；A 项目总可售总建筑面积 250 000 平方米。

2020 年 5 月，A 项目尚未完工，预售收入 10 900 万元，对应的建筑面积 50 000 平方米。

2020 年 6 月，就 5 月预售的 10 900 万元房款，给业主开具了增值税发票。假设该月期初没有留抵进项税额。

根据上述经济业务，该房地产公司应做如下账务处理。

（1）2020 年 5 月收到预收款：

借：银行存款　　109 000 000

　贷：预收账款——预售房款　　109 000 000

（2）2020 年 6 月预缴税款：

预缴税款 ＝ 10 900 ÷（1+9%）× 3% ＝ 300（万元）

借：应交税费——预交增值税　　3 000 000

　贷：银行存款　　3 000 000

在该月向主管国税机关预缴税款。

（3）2020 年 6 月，该房地产公司就 5 月预售的 10 000 万元房款，给业主开具了增值税发票，应在本月结转收入并计提销项税额：

借：预收账款——预售房款　　109 000 000

　贷：主营业务收入　　100 000 000

　　应交税费——应交增值税（销项税额）　　9 000 000

（4）根据国家税务总局关于发布《房地产开发企业销售自行开发的房地产项目增值税征收管理暂行办法》的公告（国家税务总局公告 2016 年第 18 号）规定，房地产开发企业中的一般纳税人销售自行开发的房地产项目，适用一般计税方法计税，按照取得的全部价款和价外费用，扣除当期销售房地产项目对应的土地价款后的余额计算销售额。

允许扣除的土地价款 = 50 000 ÷ 250 000 × 21 800 = 4 360（万元）

土地价款所对应的税额 = 4 360 ÷（1+9%）× 9% = 360（万元）

借：应交税费——应交增值税（销项税额抵减）　　3 600 000

　贷：主营业务成本　　3 600 000

（5）房地产开发企业预缴增值税后，应至纳税义务发生时方可从“应交税费——预交增值税”科目结转至“应交税费——未交增值税”科目：

借：应交税费——未交增值税　　3 000 000

　贷：应交税费——预交增值税　　3 000 000

（6）转出当月未交增值税：

转出当月未交增值税 = 900 − 360 − 300 = 240（万元）

借：应交税费——应交增值税（转出未交增值税）　　2 400 000

　贷：应交税费——未交增值税　　2 400 000

（7）2020 年 9 月实际缴纳时：

借：应交税费——未交增值税　　2 400 000

　贷：银行存款　　2 400 000

根据国家税务总局 2016 年第 18 号公告中第十五条规定，一般纳税人销售自行开发的房地产项目适用简易计税方法计税的，应按照《营业税改征增值税试点实施办法》第四十五条规定的纳税义务发生时间，以当期销售额和 5% 的征收率计算当期应纳税额，抵减已预缴税款后，向主管国税机关申报纳税。未抵减完的预缴税款可以结转下期继续抵减。

【例 5-4】某房地产公司为增值税一般纳税人，其开发的某项目按规定确认为老项目，且备案为按简易计税方式征税。该项目至 2020 年 8 月完工。2020 年 5 月销售一套商品房，销售合同中注明含税价 315 万元，当月收到预收房款 105 万元。8 月交房并收到剩余房款 210 万元，公司向客户全额开具发票并确认销售收入实现。该套商品房可抵减的土地价款为 30 万元。根据上述经济业务，该房地产公司应做如下账务处理。

（1）5 月收到预收款：

借：银行存款　　1 050 000

　贷：预收账款——售房款　　1 050 000

（2）6 月预缴税款：

预缴税款 = 1 050 000 ÷（1+5%）× 3% = 30 000（元）

借：应交税费——预交增值税　　30 000

　贷：银行存款　　30 000

在该月向主管国税机关预缴税款。

（3）8 月收到剩余房款：

借：银行存款　　2 100 000

　贷：预收账款——销售房款　　2 100 000

（4）8 月确认销售收入：

借：预收账款——销售房款　　3 150 000

　贷：主营业务收入　　3 000 000

　　　应交税费——简易计税　　150 000

（5）房地产开发企业预缴增值税后，应至纳税义务发生时方可从“应交税费——预交增值税”科目结转至“应交税费——未交增值税”科目：

借：应交税费——未交增值税　　30 000

　贷：应交税费——预交增值税　　30 000

（6）9 月申报缴税：

申报缴税额 = 应纳税额 − 预缴税额 = 150 000 − 30 000 = 120 000（元）

借：应交税费——未交增值税　　120 000

　贷：银行存款　　120 000

第二节　应交土地增值税的核算

土地增值税是对转让国有土地使用权、地上建筑物及附着物并取得收入的单位和个人，就其转让房地产所取得的增值额征收的一种税。

一、征税范围

土地增值税的课税对象是有偿转让国有土地使用权及地上建筑物和其他附着物产权所取得的增值额。

1. 征税范围的一般规定

（1）土地增值税只对转让国有土地使用权的行为课税，转让非国有土地和出让国有土地的行为均不征税。

国有土地出让是指国家以土地所有者的身份将土地使用权在一定年限内让与土地使用者，并由土地使用者向国家支付土地出让金的行为。由于土地使用权的出让方是国家，出让收入在性质上属于政府凭借所有权在土地一级市场上收取的租金，因此政府出让土地的行为及取得的收入不在土地增值税的征税之列。

（2）土地增值税既对转让土地使用权课税，也对转让地上建筑物和其他附着物的产权征税。土地增值税是对国有土地使用权及其地上的建筑物和附着物的转让行为征税。

（3）土地增值税只对有偿转让的房地产征税，对以继承、赠与等方式无偿转让的房地产，则不予征税。

《财政部、国家税务总局关于土地增值税一些具体问题规定的通知》（财税字〔1995〕048 号）明确：细则所称的“赠与”是指如下情况（不征土地增值税两种情况）：

① 房产所有人、土地使用权所有人将房屋产权、土地使用权赠与直系亲属或承担直接赡养义务人的；

② 房产所有人、土地使用权所有人通过中国境内非营利的社会团体、国家机关将房屋产权、土地使用权赠与教育、民政和其他社会福利、公益事业的。

2. 具体规定

（1）房地产的交换

① 房地产交换属于土地增值税的征税范围。

② 对个人之间互换自有居住用房地产的，经当地税务机关核实，可以免征土地增值税。

（2）合作建房

对于一方出地，另一方出资金，双方合作建房，建成后按比例分房自用的，暂免征收土地增值税；建成后转让的，应征收土地增值税。

（3）房地产的出租

房地产的出租不属于土地增值税的征税范围。

（4）房地产的抵押和抵债

对于房地产的抵押，在抵押期间不征收土地增值税；如果抵押期满以房地产抵债，发生房地产权属转移的，应列入土地增值税的征税范围。

（5）房地产代建行为

房地产代建行为不属于土地增值税的征税范围。

（6）房地产进行重新评估而产生的评估增值

房地产进行重新评估而产生的评估增值不属于土地增值税的征税范围。

（7）房地产开发企业

① 房地产开发企业将开发的部分房地产转为企业自用或用于出租等商业用途时，如果产权未发生转移，不征收土地增值税。

② 房地产开发企业将开发产品用于职工福利、奖励、对外投资、分配给股东或投资人、抵偿债务、换取其他单位和个人的非货币性资产等，发生所有权转移时应视同销售房地产，征收土地增值税。

房地产开发企业建造的商品房，在出售前，不征收房产税，但对出售前房地产开发企业已使用或出租、出借的商品房应按规定征收房产税。

（8）个人转让住房

对个人转让住房暂免征收土地增值税。

（9）因国家建设需要

因国家建设需要依法征用、收回的房地产，免征土地增值税；因城市实施规划、国家建设的需要而搬迁，由纳税人自行转让原房地产的，免征土地增值税。

土地增值税征税的范围（综述）如表 5-2 所示。

表 5-2　土地增值税征税的范围（综述）

<table>
<tr><th colspan="2">业务</th><th>是否需要纳税</th></tr>
<tr><td colspan="2">转让国有土地使用权</td><td>√</td></tr>
<tr><td colspan="2">出让国有土地使用权</td><td>×</td></tr>
<tr><td colspan="2">转让地上建筑物及其附着物产权</td><td>√</td></tr>
<tr><td rowspan="3">以继承、赠与等方式无偿转让的房地产</td><td>赠与直系亲属或承担直接赡养义务人</td><td>×</td></tr>
<tr><td>通过中国境内非营利的社会团体、国家机关，赠与教育、民政和其他社会福利、公益事业</td><td>×</td></tr>
<tr><td>其他</td><td>√</td></tr>
<tr><td rowspan="2">房地产交换</td><td>个人之间互换居住用房且经税务机关核实</td><td>×</td></tr>
<tr><td>其他</td><td>√</td></tr>
<tr><td rowspan="2">合作建房</td><td>建成后分房自用</td><td>×</td></tr>
<tr><td>建成后转让</td><td>√</td></tr>
<tr><td colspan="2">出租</td><td>×</td></tr>
<tr><td colspan="2">抵押</td><td>×</td></tr>
<tr><td colspan="2">抵债</td><td>√</td></tr>
<tr><td colspan="2">代建</td><td>×</td></tr>
<tr><td rowspan="2">房地产开发企业的开发产品</td><td>转为企业自用或用于出租</td><td>×</td></tr>
<tr><td>用于职工福利、奖励、对外投资、分配给股东或投资人、抵偿债务、换取其他单位和个人的非货币性资产等</td><td>√</td></tr>
<tr><td colspan="2">个人转让住房</td><td>×</td></tr>
<tr><td rowspan="2">纳税人建造普通标准住宅出售</td><td>增值额未超过扣除项目金额 20%</td><td>×</td></tr>
<tr><td>增值额超过扣除项目金额 20%</td><td>√
（全额交）</td></tr>
</table>

二、税率

土地增值税采用四级超率累进税率，最低为30%，最高为60%，具体如表5-3所示。

表 5-3　土地增值税四级超率累进税率表

级数	增值额与扣除项目金额的比率（%）	税率（%）	速算扣除系数（%）
1	不超过 50% 的部分	30	0
2	超过 50% 至 100% 的部分	40	5
3	超过 100% 至 200% 的部分	50	15
4	超过 200% 的部分	60	35

纳税人建造普通标准住宅（不包括高级公寓、别墅、度假村等）出售，增值额未超过扣除项目金额 20% 的，予以免税；超过 20% 的，应按全部增值额缴纳土地增值税。

提示

对于纳税人既建普通标准住宅又做其他房地产开发的，应分别核算增值额；不分别核算增值额或不能准确核算增值额的，其建造的普通标准住宅不适用免税规定。

三、应纳税额的计算

土地增值税的计税依据是纳税人转让房地产所取得的增值额。土地增值税以纳税人转让房地产所取得的土地增值额为计税依据，土地增值额为纳税人转让房地产所取得的收入减去规定扣除项目金额后的余额，具体计算公式如下。

土地增值额 = 转让房地产收入 – 税法规定的扣除项目金额

转让土地使用权和出售新建房及配套设施应纳税额的计算方法与步骤如下。

第一步，确定扣除项目。

第二步，计算增值额。

增值额 = 不含增值税的房地产转让收入 – 扣除项目金额

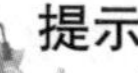

提示

纳税人转让房地产取得的应税收入应包括转让房地产的全部价款及有关的经济收益。从收入的形式来看，其包括货币收入、实物收入和其他收入。

第三步，计算增值率。

增值率 = 增值额 ÷ 扣除项目金额 ×100%

第四步，确定适用税率。

依据计算的增值率，按其税率表确定适用税率。

第五步，依据适用税率计算应纳税额。

应纳税额 = 增值额 × 适用税率 – 扣除项目金额 × 速算扣除系数

出售旧房应纳税额的计算方法如下。

应纳税额 = 增值额 × 适用税率 − 扣除项目金额 × 速算扣除系数

1. 应税收入

根据《国家税务总局关于营改增后土地增值税若干征管规定的公告》（国家税务总局公告 2016 年第 70 号）第一条的规定，营改增后，纳税人转让房地产的土地增值税应税收入不含增值税。适用增值税一般计税方法的纳税人，其转让房地产的土地增值税应税收入不含增值税销项税额；适用简易计税方法的纳税人，其转让房地产的土地增值税应税收入不含增值税应纳税额。

2. 扣除项目

《中华人民共和国土地增值税暂行条例实施细则》规定，计算增值额的扣除项目如下。

（1）取得土地使用权所支付的金额

取得土地使用权所支付的金额是指纳税人为取得土地使用权所支付的地价款和按国家统一规定缴纳的有关费用。

（2）开发土地和新建房及配套设施的成本

开发土地和新建房及配套设施（以下简称房地产开发）的成本是指纳税人房地产开发项目实际发生的成本（以下简称房地产开发成本），包括土地征用及拆迁补偿费、前期工程费、建筑安装工程费、基础设施费、公共配套设施费、开发间接费用。

（3）开发土地和新建房及配套设施的费用

开发土地和新建房及配套设施的费用（以下简称房地产开发费用）是指与房地产开发项目有关的销售费用、管理费用、财务费用。

① 能分摊且能证明

——财务费用中的利息支出，凡能够按转让房地产项目计算分摊并提供金融机构证明的，允许据实扣除，但最高不能超过按商业银行同类同期贷款利率计算的金额。

——其他房地产开发费用，按“取得土地使用权所支付的金额和房地产开发成本”金额之和的 5% 以内的部分计算扣除。

允许扣除的房地产开发费用 = 允许扣除的利息 +（取得土地使用权所支付的金额 + 房地产开发成本）× 省级政府确定的比例（5% 以内）

② 不能分摊或不能证明

凡不能按转让房地产项目计算分摊利息支出或不能提供金融机构证明的，房地产开发费用（不区分利息费用和其他费用）按第（1）、（2）项规定计算的金额之和的10%以内计算扣除。

上述计算扣除的具体比例，由各省、直辖市人民政府规定。

允许扣除的房地产开发费用 =（取得土地使用权所支付的金额 + 房地产开发成本）× 省级政府确定的比例（10% 以内）

提示

财政部、国家税务总局对土地增值税扣除项目金额中利息支出的计算问题做了两点专门规定：①利息的上浮幅度按国家的有关规定执行，超过上浮幅度的部分不允许扣除；②对于超过贷款期限的利息部分和加罚的利息不允许扣除。

（4）旧房及建筑物的评估价格

旧房及建筑物的评估价格是指在转让已使用的房屋及建筑物时，由政府批准设立的房地产评估机构评定的重置成本价乘以成新度折扣率后的价格。评估价格须经当地税务机关确认。

（5）与转让房地产有关的税金

与转让房地产有关的税金是指在转让房地产时缴纳的城市维护建设税、印花税。因转让房地产缴纳的教育费附加，也可视同税金予以扣除。

《中华人民共和国土地增值税暂行条例》（以下简称《土地增值税暂行条例》）等规定的土地增值税扣除项目涉及的增值税进项税额，允许在销项税额中抵扣的，不计入扣除项目；不允许在销项税额中抵扣的，可以计入扣除项目。

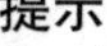

提示

⊙土地增值税清算时扣除项目是否包含增值税

财税（2016）43号规定，土地增值税扣除项目涉及的增值税进项税额，允许在销项税额中计算抵扣的；不计入扣除项目，不允许在销项税额中计算抵扣的，可以计入扣除项目。

税总函（2016）309号规定，“取得土地使用权所支付的金额”，按照纳税人实际支付的土地出让金及按国家统一规定缴纳的有关费用填写；其他扣除项目按照房地产开发企业实际发生的各项开发成本的具体数额填写。

因此，房地产开发企业取得的增值税进项税额不得抵扣，包含在开发成本中的，可作为扣除项目进行扣除，如作为增值税进项税额已在销项税额中抵扣的，不再作为扣除项目计算扣除。

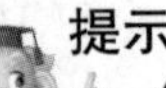

提示

⊙与转入房地产有关的税金包含增值税吗

根据税总函（2016）309号规定，从事房地产开发的纳税人在土地增值税清算时，转让房地产有关的税金，按照纳税人转让房地产时实际缴纳的税金数额（不包含增值税）填写。

（1）营改增后，计算土地增值税增值额的扣除项目中“与转让房地产有关的税金”不包括增值税。

（2）营改增后，房地产开发企业实际缴纳的城市维护建设税、教育费附加，凡能够按清算项目准确计算的，允许据实扣除。凡不能按清算项目准确计算的，则按该清算项目预缴增值税时实际缴纳的城市维护建设税、教育费附加扣除。

其他转让房地产行为的城市维护建设税、教育费附加扣除按照上述规定执行。

根据《土地增值税暂行条例》第六条第（五）项规定，对从事房地产开发的纳税人可按第（1）、（2）项规定计算的金额之和，加计20%的扣除。

加计扣除金额 =（取得土地使用权所支付的金额 + 房地产开发成本）× 20%

土地增值税应纳税额计算要点（综述）如表5-4所示。

表5-4　土地增值税应纳税额计算要点（综述）

项目	计算步骤 / 方法	具体规定		
新建房	确定扣除项目金额（以房地产企业新建房项目为例）	（1）取得土地使用权所支付的金额	地价款 + 相关费用和税金	
		（2）房地产开发成本	包括土地征用及拆迁补偿费、前期工程费、建筑安装工程费、基础设施费、公共配套设施费和开发间接费用等	
		（3）房地产开发费用	利息支出能分摊、能证明	（利息 + 前两项金额）× 5% 以内的部分
			利息支出不能分摊或不能证明	前两项之和 × 10% 以内的部分
		（4）与转让房地产有关的税金	城市维护建设税及教育费附加 非房地产企业城市维护建设税及教育费附加、印花税	
		（5）加计扣除	前两项之和 × 20% 非房地产企业无该扣除项目	

（续表）

<table>
<tr><th>项目</th><th>计算步骤 / 方法</th><th colspan="2">具体规定</th></tr>
<tr><td rowspan="4">新建房</td><td>计算增值额</td><td colspan="2">增值额 = 房地产转让收入（不含增值税）- 扣除项目金额</td></tr>
<tr><td>计算增值率</td><td colspan="2">增值率 = 增值额 ÷ 扣除项目金额 ×100%</td></tr>
<tr><td>查找税率表</td><td colspan="2">确定适用税率及速算扣除系数</td></tr>
<tr><td>计算应纳税额</td><td colspan="2">应纳税额 = 增值额 × 适用税率 - 扣除项目金额 × 速算扣除系数</td></tr>
<tr><td rowspan="3">旧房及建筑物</td><td>按评估价格扣除</td><td colspan="2">扣除项目包括：
（1）旧房及建筑物的评估价格（重置成本价 × 成新度折扣率）
（2）取得土地使用权所支付的地价款和按国家统一规定缴纳的有关费用与税金
（3）转让环节缴纳的税金</td></tr>
<tr><td rowspan="2">按购房发票金额计算扣除</td><td>适用情形</td><td>不能取得评估价格，但能提供购房发票，经当地税务部门确认</td></tr>
<tr><td>扣除项目</td><td>（1）按发票所载金额并从购买年度起至转让年度止，每年加计 5% 计算的金额
（2）转让环节缴纳的税金，包括城市维护建设税及教育费附加、印花税、购房时缴纳的契税（需提供契税的完税凭证）</td></tr>
</table>

四、预征与清算

《土地增值税暂行条例实施细则》规定："纳税人在项目全部竣工结算前转让房地产取得的收入，由于涉及成本确定或其他原因，而无法据以计算土地增值税的，可以预征土地增值税，待该项目全部竣工、办理结算后再进行清算，多退少补。"

我国的房地产开发企业，因其开发周期长，预售的产品多，一般对其应缴纳的土地增值税采取平时预征、竣工结算后汇算清缴的方法。

1. 预征

预征是按预售收入乘以预征率计算，预征率由各省、自治区、直辖市地方税务局根据当地情况核定。

为方便纳税人，简化土地增值税预征税款计算，房地产开发企业采取预收款方式销售自行开发的房地产项目的，可按照以下方法计算土地增值税预征计征依据：

土地增值税预征的计征依据 = 预收款 - 应预缴增值税税款

按税法规定预交土地增值税，应做如下会计分录：

借：应交税费——应交土地增值税

　　贷：银行存款

【例 5-5】某房地产开发企业为增值税一般纳税人，2020 年销售房产取得预收款 109 万元。该房地产开发企业应做如下账务处理。

预缴增值税计税依据 = 109 ÷（1+19%）= 100（万元）

应预缴增值税税款 = 100 × 3% = 3（万元）

预交土地增值税计税依据 = 109 − 3 = 106（万元）

【例 5-6】假定某房产开发企业为增值税一般纳税人，计划开发住宅楼 10 栋，2020 年 12 月竣工交付使用。2020 年 12 月取得预售收入 10 900 万元（含税），按规定应预缴增值税 300 万元。当地核定的土地增值税预征率为 1%。该房地产开发企业应做如下账务处理。

应预缴的土地增值税 =（10 900 − 300）× 1% = 106（万元）

借：应交税费——应交土地增值税　　1 060 000

　　贷：银行存款　　1 060 000

此时，由于收入未能确认，不能将预缴的税金计入当期损益。

2. 汇算清缴

土地增值税是取得预收款时先预缴税金，清算时再汇算清缴、多退少补。土地增值税的清算时间根据以下情况确定。

（1）具备下列情形之一的，纳税人应自满足清算条件之日起 90 日内办理清算手续。

① 房地产开发项目全部竣工、完成销售的。

② 整体转让未竣工决算房地产开发项目的。

③ 直接转让土地使用权的。

（2）符合下列情形之一的，主管税务机关将要求纳税人进行土地增值税清算，纳税人应自接到清算通知之日起 90 日内办理清算手续。

① 已竣工验收的房地产开发项目，已转让的房地产建筑面积占整个项目可售建筑面积的比例在 85% 以上，或该比例虽未超过 85%，但剩余的可售建筑面积已经出租或自用的。

② 取得销售（预售）许可证满三年仍未销售完毕的。

③ 纳税人申请注销税务登记但未办理土地增值税清算手续的。

④ 省税务机关规定的其他情况。

房地产开发企业在汇算清缴土地增值税时，应做如下会计分录：

借：税金及附加

贷：应交税费——应交土地增值税

从上述规定可以看出，在可清算的情况下，企业可能会出现尾房，那么土地增值税清算以后，在销售尾房的情况下，如何计算土地增值税呢？目前，房地产企业在土地增值税清算后销售尾房主要根据《国家税务总局关于房地产开发企业土地增值税清算管理有关问题的通知》（国税发〔2006〕187 号）第八条规定处理，即在土地增值税清算时未转让的房地产，清算后销售或有偿转让的，纳税人应按规定进行土地增值税的纳税申报，扣除项目金额按清算时的单位建筑面积成本费用乘以销售或转让面积计算。纳税人已清算项目继续销售的，应在销售的当月进行清算，不再先预征后重新启动土地增值税清算。

单位建筑面积成本费用 = 清算时的扣除项目总金额 ÷ 清算的总建筑面积

【例 5-7】2020 年 12 月，主管税务机关要求某房地产开发公司就甲项目进行土地增值税清算。房地产开发公司开发甲项目的可售总面积为 50 000 平方米，截至 2020 年 12 月底销售面积为 45 000 平方米，取得不含增值税收入 90 000 万元；计算土地增值税时扣除项目金额合计 77 400 万元；尚余 5 000 平方米房屋未销售。

2021 年 3 月底，公司将剩余 5 000 平方米房屋打包销售，收取不含增值税收入 11 000 万元。

试计算该房地产开发公司清算后销售业务应纳土地增值税。

解析：扣除项目金额按清算时的单位建筑面积成本费用乘以销售或转让面积计算。

单位建筑面积成本费用 = 清算时的扣除项目总金额 ÷ 清算的总建筑面积

1. 打包销售的 5 000 平方米房屋的单位建筑面积成本费 = 77 400 ÷ 45 000

= 1.72（万元）

2. 公司打包销售的 5 000 平方米房屋的土地增值税：

（1）扣除项目 = 1.72 × 5 000 = 8 600（万元）

（2）增值额 = 11 000 − 8 600 = 2 400（万元）

（3）增值率 = 2 400 ÷ 8 600 × 100% = 27%

（4）应纳土地增值税 = 2 400 × 30% = 720（万元）

第三节　应交企业所得税的核算

企业所得税是对国内企业和经营单位的生产经营所得征收的一种税，生产经营所得主要包括销售货物所得、提供劳务所得、利息所得、租金所得、接受捐赠所得和其他所得。企业无论当期是否获得利润，都应按照税法规定申报缴纳企业所得税。

由于房地产开发企业特殊的经营特点，其还需要了解预售阶段该如何预缴企业所得税。

一、应纳税所得额的计算

应纳税所得额是企业所得税的计税依据。按照《中华人民共和国企业所得税法》（以下简称《企业所得税法》）的规定，应纳税所得额为企业每一个纳税年度的收入总额，减除不征税收入、免税收入、各项扣除以及允许弥补的以前年度亏损后的余额。

应纳税所得额＝收入总额－不征税收入－免税收入－各项扣除－以前年度亏损

企业应纳税所得额的计算以权责发生制为原则，属于当期的收入和费用，不论款项是否收付，均作为当期的收入和费用；不属于当期的收入和费用，即使款项已经在当期收付，均不作为当期的收入和费用。

二、销售收入

根据《企业所得税法》的规定，企业的收入总额包括以货币形式和非货币形式从各种来源取得的收入，具体包括销售货物收入，提供劳务收入，转让财产收入，股息、红利等权益性投资收益，利息收入，租金收入，特许权使用费收入，接受捐赠收入，其他收入。

1. 销售收入范围

房地产开发企业销售开发产品的销售收入为销售开发产品取得的全部价款，包括现金、现金等价物、其他经济利益。代收款项（基金、费用、附加）凡纳入开发产品价内或由企业开具发票的应按规定全部确认为销售收入。

2. 收入确认原则

企业通过正式签订《房地产销售合同》或《房地产预售合同》所取得的收入，应确认为销售收入的实现。签订预售合同是确认收入的要件，而销售收入又分为未完工开发产品收入和完工开发产品收入两类。

（1）采取一次性全额收款方式销售开发产品的，应于实际收讫价款或取得索取价款凭据（权利）之日，确认收入的实现。

（2）采取分期收款方式销售开发产品的，应按销售合同或协议约定的价款和付款日确认收入的实现。付款方提前付款的，在实际付款日确认收入的实现。

（3）采取银行按揭方式销售开发产品的，应按销售合同或协议约定的价款确定收入额，其首付款应于实际收到日确认收入的实现，余款在银行按揭贷款办理转账之日确认收入的实现。

（4）采取委托方式销售开发产品的，应按以下原则确认收入的实现，具体如表 5-5 所示。

表 5-5　收入的确认原则

委托方式	开发企业与购买方（或三方）签订销售合同		受托方与购买方签订销售合同
	销售合同价>买断价 / 基价 / 包销合同价	销售合同价<买断价 / 基价 / 包销合同价	
视同买断	销售合同价	买断价	买断价
超基价分成	销售合同价	基价	基价 + 分成
包销	销售合同价	包销合同价	包销合同价
支付手续费	按销售合同或协议中约定的价款于收到受托方已销开发产品清单之日确认		

3. 视同销售

视同销售是指房地产开发企业将开发产品用于捐赠、赞助、职工福利、奖励、对外投资、分配给股东或投资人、抵偿债务、换取其他企事业单位和个人的非货币性资产等行为。

（1）视同销售确认时点：于开发产品所有权或使用权转移，或于实际取得利益权利时确认收入（或利润）的实现。

（2）确认收入（或利润）的方法和顺序如下。

① 按本企业近期或本年度最近月份同类开发产品市场销售价格确定。

② 由主管税务机关参照当地同类开发产品市场公允价值确定。

③ 按开发产品的成本利润率确定。开发产品的成本利润率不得低于 15%，具体比例由主管税务机关确定。

4. 将开发产品用于出租

企业新建的开发产品在尚未完工或办理房地产初始登记、取得产权证前，与承租人签订租赁预约协议的，自开发产品交付承租人使用之日起，出租方取得的预租价款按租金确认收入的实现。

三、成本、费用扣除

房地产开发企业在进行成本、费用的核算与扣除时，必须按规定区分期间费用和开发产品计税成本、已销开发产品计税成本与未销开发产品计税成本。

1. 允许扣除

允许扣除的费用包括期间费用、已销开发产品计税成本、税金及附加、土地增值税。

2. 扣除项目

（1）合理的工资薪金。

（2）五险一金：补充养老保险、补充医疗保险按工资总额的 5% 扣除，商业保险不得扣除。

（3）应付福利费按工资薪金总额的 14% 扣除。

① 内设福利部门所发生的设备、设施和人员费用（如折旧、工资等）。

② 为职工卫生保健、生活、住房、交通等所发放的各项补贴和非货币性福利（如供暖费补贴、防暑降温费、困难补贴、食堂经费补贴、交通补贴、医疗补贴等）。

③ 其他职工福利费（如丧葬补助费、抚恤费、安家费、探亲假路费等）。

（4）工会经费：按工资薪金总额的 2% 扣除，已拨缴，取得《工会经费拨缴款专用收据》。

（5）职工教育经费：按实际发生原则，不超过工资薪金总额 8% 的部分，准予扣除，超过部分，准予在以后纳税年度结转扣除。

（6）广告费和业务宣传费：不超过销售（营业）收入的 15%，超过部分准予在以后年度结转扣除。

（7）业务招待费：按发生额的 60% 扣除，但最高不得超过当年销售（营业）收入的 5‰。

（8）捐赠支出如下。

① 全额扣除：用于疫情防治，通过公益性组织或者县级以上人民政府及部门捐赠现金和物品 / 直接向承担疫情防治的医院捐赠物品。

② 限额扣除：年度利润（会计利润）12%，超过部分可结转三年。

③ 据实扣除：用于目标脱贫地区的扶贫捐赠支出。

（9）利息支出如下。

① 企业为建造开发产品借入资金而发生的符合税收规定的借款费用，可按企业会计准则的规定进行归集和分配，其中属于财务费用性质的借款费用，可直接在税前扣除。

② 企业集团或其成员企业统一向金融机构借款分摊集团内部其他成员企业使用的，借入方凡能出具从金融机构取得借款的证明文件，可以在使用借款的企业间合理地分摊利息费用，使用借款的企业分摊的合理利息准予在税前扣除。

（10）手续费及佣金支出：与具有合法经营资格中介服务机构或个人（不含交易双方及其雇员、代理人和代表人等）所签订服务协议或合同确认的收入金额的 5% 以内部分，准予扣除。

委托境外机构销售费用，不超过委托销售收入 10% 的部分，准予扣除。

（11）为购买方按揭贷款提供的保证金（担保金）不得扣除。

（12）共用部位、共用设施设备维修基金：已计入销售收入，应于移交时扣除。

（13）资产损失：企业因国家无偿收回土地使用权而形成的损失，可作为财产损失按有关规定在税前扣除。企业开发产品（以成本对象为计量单位）整体报废或毁损，其净损失按有关规定审核确认后准予在税前扣除。

（14）折旧：开发产品转为自用的，其实际使用时间累计未超过 12 个月又销售的，不得在税前扣除折旧费用。

3. 计税成本（对象化的费用）

（1）成本对象的确定

成本对象的确定原则包括可否销售原则、分类归集原则（地点、时间、结构相近）、功能区分原则、定价差异原则、成本差异原则、权益区分原则。

成本对象要在开工之前确定，并报主管税务机关备案。如需改变，应征得主管税务机关同意。

（2）计税成本的内容

计税成本的内容包括土地征用费及拆迁补偿费、前期工程费、建筑安装工程费、基础设施建设费、公共配套设施费、开发间接费。

（3）计税成本核算的一般程序

企业开发、建造的开发产品应按制造成本法进行计量与核算。其中，应计入开发产品成本中的费用属于直接成本和能够分清成本对象的间接成本，直接计入成本对象，共同成本和不能分清负担对象的间接成本，应按受益的原则和配比的原则分配至各成本对象。

① 各项开发支出：期间费用、开发成本。

② 开发成本：间接成本、共同成本和直接成本。

间接成本：未建成本对象。

共同成本：在建成本对象。

直接成本：已完工成本对象。

③ 已完工成本对象：开发产品。

④ 开发产品：已销产品、未销产品，已销产品计入主营业务成本。

⑤ 共同成本、间接成本分配方法如下。

占地面积法：土地成本，一般按占地面积法进行分配。如果确需结合其他方法进行分配的，应征得税务机关的同意。

建筑面积法：单独作为过渡性成本对象核算的公共配套设施开发成本，应按建筑面积法进行分配。

直接成本法：借款费用属于不同成本对象共同负担的，按直接成本法或按预算造价法进行分配。

预算造价法：其他成本项目的分配法由企业自行确定。

⑥ 已销开发产品的计税成本计算公式如下。

可售面积单位工程成本 = 成本对象总成本 ÷ 成本对象总可售面积

已销开发产品的计税成本 = 已实现销售的可售面积 × 可售面积单位工程成本

⑦ 三种可预提的情况如下。

a. 出包工程未最终办理结算而未取得全额发票的，在证明资料充分的前提下，其发票不足金额可以预提，但最高不得超过合同总金额的 10%。

b. 公共配套设施尚未建造或尚未完工的，可按预算造价合理预提建造费用（已在售房合同、协议或广告、模型中明确承诺建造且不可撤销，或按照法律法规规定必须配套建造）。

c. 应向政府上交但尚未上交的报批报建费用、物业完善费用（按规定应由企业承担的物业管理基金、公建维修基金或其他专项基金）。

⑧ 扣除凭证：企业在结算计税成本时其实际发生的支出应当取得但未取得合法凭证的，不得计入计税成本，待实际取得合法凭证时，再按规定计入计税成本。

《国家税务总局关于企业所得税应纳税所得额若干税务处理问题的公告》（国家税务总局公告 2012 年第 15 号）第六条规定，对企业发现以前年度实际发生的、按照税收规定应在企业所得税前扣除而未扣除或者少扣除的支出，企业做出专项申报及说明后，准予追补至该项目发生年度计算扣除，但追补确认期限不得超过 5 年。企业由于上述原因多缴的企业所得税税款，可以在追补确认年度企业所得税应纳税款中抵扣，不足抵扣的，可以向以后年度递延抵扣或申请退税。

又根据《国家税务总局关于发布〈企业所得税税前扣除凭证管理办法〉的公告》（国家税务总局公告 2018 年第 28 号）第十七条规定，企业以前年度应当取得而未取得发票、其他外部凭证，且相应支出在该年度没有税前扣除的，在以后年度取得符合规定的发票、其他外部凭证或者按照本办法第十四条的规定提供可以证实其支出真实性的相关资料，相应支出可以追补至该支出发生年度税前扣除，但追补年限不得超过五年。

根据上述规定，企业如果在完工当年未取得发票，而在以后年度取得发票的，可以追溯调整到以前年度税前扣除。

4. 以非货币交易取得土地使用权的成本

（1）企业、单位以换取开发产品为目的，将土地使用权投资企业的，按下列规定进行处理。

① 换取的开发产品如为该项土地开发、建造的，接受投资的企业在接受土地使用权时暂不确认其成本，待首次分出开发产品时，再按应分出开发产品（包括首次分出的和以后应分出的）的市场公允价值和土地使用权转移过程中应支付的相关税费计算确认该项土地使用权的成本。如涉及补价，土地使用权的取得成本还应加上应支付的补价款或减除应收到的补价款。

② 换取的开发产品如为其他土地开发、建造的，接受投资的企业在投资交易发生

时，按应付出开发产品市场公允价值和土地使用权转移过程中应支付的相关税费计算确认该项土地使用权的成本。如涉及补价，土地使用权的取得成本还应加上应支付的补价款或减除应收到的补价款。

（2）企业、单位以股权的形式，将土地使用权投资企业的，接受投资的企业应在投资交易发生时，按该项土地使用权的市场公允价值和土地使用权转移过程中应支付的相关税费计算确认该项土地使用权的取得成本。如涉及补价，土地使用权的取得成本还应加上应支付的补价款或扣除应收到的补价款。

5. 属于成本对象完工后发生的费用

开发产品完工以后，企业可在完工年度企业所得税汇算清缴前选择确定计税成本核算的终止日，不得滞后。凡已完工开发产品在完工年度未按规定结算计税成本，主管税务机关有权确定或核定其计税成本，据此进行纳税调整，并按《中华人民共和国税收征收管理法》的有关规定对其进行处理。

四、应纳税额的计算与会计处理

企业所得税的应纳税额是指企业的应纳税所得额乘以适用税率，减除按照《企业所得税法》关于税收优惠的规定减免和抵免的税额后的余额。

应纳税额 = 应纳税所得额 × 适用税率 − 减免税额 − 抵免税额

减免税额和抵免税额是指依照《企业所得税法》和国务院的税收优惠规定减征、免征和抵免的应纳税额。

（1）企业计算当期应交的企业所得税时：

借：所得税费用

　贷：应交税费——应交所得税

（2）实际缴纳企业所得税时：

借：应交税费——应交所得税

　贷：银行存款

【例 5-8】某房地产开发企业 2020 年度实现利润总额 800 000 元，按税法有关规定调整后的应纳税所得额为 760 000 元，适用的所得税税率为 25%。根据上述经济业务，该房地产开发企业应编制如下会计分录。

（1）计算应交的企业所得税时：

应交所得税 = 760 000 × 25% = 190 000（元）

借：所得税费用　　190 000

　贷：应交税费——应交所得税　　190 000

（2）实际缴纳企业所得税时：

借：应交税费——应交所得税　　190 000

　贷：银行存款　　190 000

五、预缴企业所得税

房地产开发企业销售未完工开发产品取得的收入，应先按计税毛利率分季（或月）计算出预计毛利额，计入当期应纳税所得额。

1. 计税毛利率

对于预计计税毛利率的规定，应符合各地方税务局的规定。

2. 确认收入

（1）预售开发产品取得预售价款

预售开发产品取得预售价款时，由于房屋尚未交付，房地产开发企业未履行合同中的履约义务，客户也未取得开发产品的控制权，不符合会计收入确认条件，只能先在预收账款中进行核算，待开发产品竣工后具备收入确认条件时才可确认收入实现。预售开发产品完工必须符合下列条件之一。

① 开发产品竣工证明材料已报房地产管理部门备案。

② 开发产品已开始投入使用。

③ 开发产品已取得了初始产权证明。

（2）销售未完工开发产品取得的收入

企业销售未完工开发产品取得的收入，应先按预计计税毛利率分季（或月）计算出预计毛利额（计算公式为：预计毛利额 = 预售收入 × 预计计税毛利率），计入当期应纳税所得额。不同的销售方式，收入确认的金额和时间有所不同。

① 一次性全额收款方式

房地产开发企业应于实际收讫价款或取得索取价款凭据（权利）之日确认收入的实现。在这种方式下，预售房地产未实际收到预收款但根据合同等已经达到应收款时间的，企业应当确认企业所得税预计毛利。企业所得税确认收入的时间应当不晚于收到预收款的时间，所以计算预计毛利的基数应当大于等于实际收到的预收款。

② 分期收款方式

房地产开发企业应按销售合同或协议约定的价款和付款日确认收入的实现。付款方提前付款的，在实际付款日确认收入的实现。与一次性全额收款方式类似，分期收款方式以合同约定和实际收款孰早来确认企业所得税收入，计算预计毛利的基数也会大于等于实际收到的预收款。

③ 银行按揭方式

房地产开发企业应按销售合同或协议约定的价款确定收入额，其首付款应于实际收到日确认收入的实现，余款在银行按揭贷款办理转账之日确认收入的实现。

④ 委托销售方式

对于委托销售方式，基本的原则是在收到已销开发产品清单之日确认收入，而未考虑实际收款或合同约定，导致可能早于或晚于实际收到预收款时间。增值税的预缴义务发生时间应根据收到预收款和收到销售清单的时间分别进行判断。

在企业所得税确认计算毛利时，除上述不同销售方式的不同规定外，还应当注意是否可以扣除预缴增值税的问题。企业所得税确认的收入应当为不含税收入，这里所说的税应当是根据销售额计算的销项税额（一般计税方法）或应纳税额（简易计税方法）。而在预售阶段，增值税的纳税义务尚未发生，其销售额没有确定，根据销售额计算的销项税额或应纳税额也没有确定，所以在预售阶段计算预计毛利的基数应当是收到的预收款全额，不能扣除预缴的增值税。

【例 5-9】某房地产开发企业于 2020 年 1 月开始开发甲项目，2020 年 7 月开始预售。当地税务机关要求按季度预缴企业所得税。2020 年第三季度，甲项目共取得预售款 54 500 000 元；该季度的期间费用为 2 175 000 元。该季度企业的会计处理及增值税、土地增值税（预征率均为 2%）、企业所得税（预计毛利率 15%）处理如下。

提示：预收款是按全部预收房款还是扣除预缴的增值税后的余额计算，目前实务中尚存争议。部分地区仍坚持按预收款全额计算毛利，有些地区以不含增值税收入为计税依据预征企业所得税。

1. 土地增值税

预征土地增值税的计征额 = 54 500 000 − 1 500 000 = 53 000 000（元）

预征土地增值税额 = 53 000 000 × 2% = 1 060 000（元）

2. 企业所得税

当月企业所得税应当确认的预计毛利 = 54 500 000 × 15% = 8 175 000（元）

当月应纳所得税额 =（8 175 000 − 2 175 000）× 25% = 1 500 000（元）

3. 会计处理

（1）收到预收款：

借：银行存款　　54 500 000

　贷：预收账款　　54 500 000

（2）预交增值税：

预交增值税 = 54 500 000 ÷（1+9%）× 3% = 1 500 000（元）

借：应交税费——预交增值税　　1 500 000

　贷：银行存款　　1 500 000

（3）预缴土地增值税：

借：应交税费——应交土地增值税　　1 060 000

　贷：银行存款　　1 060 000

（4）预缴企业所得税：

借：递延所得税资产——预售房预缴所得税　　1 500 000

　贷：应交税费——应交所得税　　1 500 000

借：应交税费——应交所得税　　1 500 000

　贷：银行存款　　1 500 000

第四节　其他应交税费的核算

除了增值税、土地增值税、企业所得税外，房地产开发企业涉及的税种还有个人所得税、城市维护建设税、教育费附加、资源税、房产税、土地使用税、车船使用税、印花税等。

一、应交个人所得税的核算

按照《中华人民共和国个人所得税法》的规定，企业对职工个人应缴纳的个人所得税，实行代扣代缴办法。

（1）按规定计算应代扣代缴的职工个人所得税：

借：应付职工薪酬

　贷：应交税费——应交个人所得税

（2）缴纳个人所得税：

借：应交税费——应交个人所得税

　贷：银行存款

【例 5-10】1 月，某房地产开发企业根据税法规定计算出来的应代扣代缴的职工个人所得税共计 78 600 元。2 月 15 日，企业以银行存款缴纳了上述税款。根据上述经济业务，该房地产开发企业应编制如下会计分录。

（1）按规定计算应代扣代缴的职工个人所得税：

借：应付职工薪酬　　78 600

　贷：应交税费——应交个人所得税　　78 600

（2）缴纳个人所得税：

借：应交税费——应交个人所得税　　78 600

　贷：银行存款　　78 600

二、应交城市维护建设税的核算

城市维护建设税的税率是指纳税人应缴纳的城市维护建设税税额与纳税人实际缴纳的“三税”税额之间的比率，城市维护建设税按纳税人所在地的不同，设置了三档地区差别比例税率，除特殊规定外，即：

（1）纳税人所在地为市区的，税率为 7%；

（2）纳税人所在地为县城、镇的，税率为 5%；

（3）纳税人所在地不在市区、县城或者镇的，税率为 1%；开采海洋石油资源的中外合作油（气）田所在地在海上，其城市维护建设税适用 1% 的税率。

1. 城市维护建设税的计税依据与计算公式

城市维护建设税的计税依据是指纳税人实际缴纳的“二税”（增值税、消费税）税额。纳税人违反“二税”有关税法而加收的滞纳金和罚款，是税务机关对纳税人违法行为的经济制裁，不作为城市维护建设税的计税依据，但纳税人在被查补“二税”和被处以罚款时，应同时对其偷漏的城市维护建设税进行补税、征收滞纳金和罚款。

城市维护建设税应纳税额的大小是由纳税人实际缴纳的“二税”税额决定的，其计算公式如下。

应纳税额 = 纳税人实际缴纳的增值税、消费税税额 × 适用税率

2. 账务处理

由于城市维护建设税实行纳税人所在地差别比例税率，所以在计算应纳税额时，应注意根据纳税人所在地来确定适用税率。

（1）按规定计算应缴纳的城市维护建设税、教育费附加：

借：税金及附加

　贷：应交税费——应交城市维护建设税

（2）实际缴纳城市维护建设税：

借：应交税费——应交城市维护建设税

　贷：银行存款

【例 5-11】4 月 30 日，某房地产开发企业计提了当月应缴纳的城市维护建设税。其当月实际缴纳的增值税为 9 000 000 元，适用的城市维护建设税税率为 7%。5 月 10 日，企业以银行存款实际缴纳了 4 月的城市维护建设税。根据上述经济业务，该房地产开发企业应做如下账务处理。

（1）4 月 30 日计算应缴纳的城市维护建设税时：

应交城市维护建设税 = 9 000 000 × 7% = 630 000（元）

借：税金及附加　　630 000

　贷：应交税费——应交城市维护建设税　　630 000

（2）5 月 10 日实际上交城市维护建设税和教育费附加时：

借：应交税费——应交城市维护建设税　　630 000

　贷：银行存款　　630 000

三、应交教育费附加的核算

教育费附加是为加快地方教育事业发展，扩大地方教育经费的资金而征收的一项专用基金。教育费附加和地方教育费附加是对缴纳增值税、消费税的单位与个人，就其实际缴纳的税额为计算依据征收的一种附加费。

教育费附加和地方教育费附加对缴纳增值税、消费税的单位和个人征收，以其实际缴纳的增值税、消费税为计征依据，分别与增值税、消费税同时缴纳。

现行教育费附加征收率为3%，地方教育费附加征收率统一为2%。教育费附加和地方教育费附加的计算公式如下。

应纳教育费附加或地方教育费附加 = 实际缴纳的增值税、消费税 × 征收率（3% 或 2%）

（1）按规定计算应缴纳的城市维护建设税、教育费附加：

借：税金及附加

　贷：应交税费——应交教育费附加

（2）实际缴纳城市维护建设税：

借：应交税费——应交教育费附加

　贷：银行存款

【例 5-12】4 月 30 日，某房地产开发企业计提了当月应缴纳的教育费附加和地方教育费附加。其当月实际缴纳的增值税为 9 000 000 元，适用的教育费附加为 3%，地方教育费附加为 2%。5 月 10 日，企业以银行存款实际缴纳了 4 月的教育费附加和地方教育费附加。根据上述经济业务，该房地产开发企业应做如下账务处理。

（1）4 月 30 日计算应缴纳的城市维护建设税时：

应交教育费附加 = 9 000 000 × 3% = 270 000（元）

应交地方教育费附加 = 9 000 000 × 2% = 180 000（元）

借：税金及附加　450 000

　贷：应交税费——应交教育费附加　270 000

　　　　　　——应交地方教育费附加　180 000

（2）5 月 10 日实际上交城市维护建设税和教育费附加时：

借：应交税费——应交教育费附加　270 000

　　　　　——应交地方教育费附加　180 000

　贷：银行存款　450 000

第六章　一个完整的房地产会计实账操作演练

第一节　企业概况和期初数据

一、企业名称

× × 房地产开发有限公司。

二、职工总数

该公司的职工人数共计 78 人。

三、相关税率

企业属于增值税一般纳税人，除特别说明外，增值税税率均为 13%，城市维护建设税率为 7%、教育费附加为 3%、地方教育费附加为 2%，企业所得税税率为 25%。

四、相关期初数据

× × 房地产开发有限公司总账账户期初余额和明细账户期初余额如表 6-1 和表 6-2 所示。

表 6-1　总账账户期初余额

单位：元

总账账户	期初余额	总账账户	期初余额
库存现金	8 736.00	应付账款	48 767 440.00
银行存款	349 383 470.00	应交税费	－31 739 804.00
应收账款	9 136 000.00	应付职工薪酬	461 470.00

（续表）

总账账户	期初余额	总账账户	期初余额
应收票据	478 000.00	实收资本	380 000 000.00
开发成本	130 800 000.00	资本公积	3 836 000.00
固定资产	13 888 000.00	盈余公积	1 786 000.00
累计折旧	589 600.00	利润分配	100 349 500.00
其他应收款	6 000.00		
周转材料	350 000.00		

表 6-2　明细账户期初余额

单位：元

总账账户	明细账户	期初余额（借方）	总账账户	明细账户	期初余额（贷方）
应收账款	立古德公司	8 600 000.00	应付账款	拓达建设	390 000.00
	佳采公司	536 000.00		昌邑机电	30 471 840.00
周转材料	生产工具	350 000.00		光讯科技	5 351 000.00
固定资产	办公楼	13 150 000.00		吴化工程公司	138 600.00
	设备	738 000.00		鲁达公司	11 630 000.00
其他应收款	林恩达	6 000.00		奥克莱公司	786 000.00
应收票据	星星公司	478 000.00	应付职工薪酬	职工工资	387 380.00
实收资本	刘艳	200 000 000.00		社会保险费	52 250.00
	杨华林	100 000 000.00		住房公积金	21 840.00
	张海华	80 000 000.00	应交税费	应交印花税	876.00
开发成本	凯源新城二期——土地征用及拆迁补偿费——土地出让金	130 800 000.00		应交城镇土地使用税	35 860.00
				应交土地增值税	−35 471 840.00
				应交所得税	3 695 300.00
			盈余公积	法定盈余公积	1 786 000.00
			利润分配	未分配利润	100 349 500.00

第二节　企业发生的经济业务

一、2021 年 1 月发生的经济业务

1. 4 日，参与竞拍 301 号土地使用权，按土地储备中心的拍卖公告要求支付竞拍保证金 3 000 万元。

2. 5 日，取得 301 号土地使用权，出让金 10 900 万元。依据拍卖确认书规定，保证金 3 000 万元抵缴出让金。

3. 6 日，接受市政工程管理部门的委托，代为扩建开发小区旁边的一条道路，用银行存款先行支付拆迁补偿费 1 300 万元。

4. 6 日，签发现金支票向银行提取备用金 30 000 元。原始凭证：现金支票存根 1 张。

5. 7 日，企划部林恩达出差回来，报销差旅费 6 836 元，补付现金 836 元。其中，住宿费 3 180 元（已取得增值税专用发票，增值税额为 180 元）、火车票 1 090 元。

根据《财政部 税务总局 海关总署关于深化增值税改革有关政策的公告》（财政部税务总局海关总署公告 2019 年第 39 号，以下简称 39 号公告）：纳税人购进国内旅客运输服务，其进项税额允许从销项税额中抵扣。

纳税人未取得增值税专用发票的，暂按照以下规定确定进项税额：

（1）取得增值税电子普通发票的，为发票上注明的税额；

（2）取得注明旅客身份信息的航空运输电子客票行程单的，按照下列公式计算进项税额：

航空旅客运输进项税额 =（票价 + 燃油附加费）÷（1+9%）× 9%

（3）取得注明旅客身份信息的铁路车票的，按照下列公式计算进项税额：

铁路旅客运输进项税额 = 票面金额 ÷（1+9%）× 9%

（4）取得注明旅客身份信息的公路、水路等其他客票的，按照下列公式计算进项税额：

公路、水路等其他旅客运输进项税额 = 票面金额 ÷（1+3%）× 3%

火车票可抵扣的进项税额 = 1 090 ÷（1+9%）× 9% = 90（元）

6. 8 日，用银行存款偿还拓达建设公司款项 390 000 元。

7. 8 日，购买账簿，共计 904 元（含增值税 104 元），以现金支付。

8. 8 日，以银行存款支付广告费 371 000 元，其中增值税进项税额为 21 000 元。

9. 8 日，签发转账支票一张，金额为 325 830 元，委托银行代发工资。同时代扣个人承担的社保费 26 100 元、住房公积金 21 840 元和个人所得税 13 610 元。

10. 11 日，以银行存款支付 301 号土地剩余出让金 7 900 万元。

11．11 日，以银行存款缴纳个人所得税 13 610 元。

12．11 日，以银行存款缴纳印花税 876 元。

13．11 日，以银行存款缴纳社保费 78 350 元，其中单位承担的部分为 52 250 元，个人承担的部分为 26 100 元。

14．11 日，以银行存款缴纳住房公积金 43 680 元。其中单位和个人分别应承担 21 840 元。

15．12 日，支付九龙桂冠项目建设场地平整费 4 360 000 元（含增值税 360 000 元）。

16．14 日，购买文具等办公用品 1 695 元（含增值税 195 元），以银行存款支付。

17．15 日，收到施工方外福口建设公司发来的代建工程前期工程费发票，前期工程费 3 815 000 元（含增值税 315 000 元）。款项尚未支付。

18．15 日，以银行存款缴纳城镇土地使用税 35 860 元。

19．15 日，以银行存款缴纳企业所得税 3 695 300 元。

20．18 日，收到千龙设计院开来的九龙桂冠项目规划设计费发票，发票总金额 2 650 000 元，其中规划设计费 2 500 000 元，增值税 150 000 元。款项未支付。

21．19 日，九龙项目部从昌邑机电公司购入一套设备，收到的增值税专用发票上注明售价 300 000 元，增值税 39 000 元。设备已运抵企业但尚未安装，款项尚未支付。

22．19 日，九龙桂冠项目开始认购，收取诚意金 9 000 000 元。该项目尚未取得预售许可证。

解析：房地产企业与业主签订合同前，会以定金、意向金、诚意金、订金、VIP 会员费等名义收取一笔费用。在定金、订金、意向金、诚意金这些眼花缭乱的各种收费中，只有定金具有法律约束力，无论当事人是否违约，支付的款项均需返还。因此，收到订金、意向金、诚意金，不视同收到预收款。会计处理时记入“其他应付款”科目核算。因此，未取得预售许可证前，收取的意向金等不应预缴相应增值税。但各地方也有一些特殊规定，具体要求应参见当地主管税务机关的规定。

在房地产开发企业与客户签订预售合同之后，此时诚意金的性质已经发生转变，变为定金，其实质上属于预收账款，此时，应将其从“其他应付款”科目转入“预收账款”科目核算。

23．20 日，九龙桂冠项目部朱亚华报销招待费 5 360 元，以现金支付。原始凭证：费用支出报销凭证 1 张。

注：根据规定，业务招待费无论是否开具增值税专用发票，都不得抵扣进项税额。

24．20 日，收到九龙桂冠项目勘察设计费发票，发票总金额 318 000 元，其中勘察设计费 300 000 元，增值税 18 000 元。以银行存款支付全部款项。

25．20 日，支付九龙桂冠项目施工噪声管理费 31 800 元（含增值税 1 800 元）。

26．21 日，开出电汇凭证支付光讯科技公司货款，实付金额为 348 000 元，获得现金折扣 3 000 元。

27．21 日，支付九龙桂冠项目临时道路修建费 218 000 元（含增值税 18 000 元）。

28．22 日，以银行存款支付设备安装费用 56 500 元（含增值税 6 500 元）。

29．25 日，支付九龙桂冠前期工程招投标代理费 212 000 元（含增值税 12 000 元）

30．26 日，支付九龙桂冠项目报批报建费 350 000 元。该费用未取得增值税专用发票，不可抵扣增值税。

31．27 日，九龙桂冠项目营销设施建设完毕，施工方吴化工程公司开来的增值税专用发票上注明施工费 800 000 元，增值税 72 000 元。款项尚未支付。

32．28 日，将九龙桂冠项目建筑安装基础工程发包给开远工程公司，总金额 7 630 000 元。当日预付工程款 3 500 000 元。

33．28 日，收到苏州立古德公司前期欠款 8 600 000 元。

34．29 日，部分意向客户放弃购买，退回诚意金 280 000 元。

35．31 日，计提管理部门固定资产折旧 118 650 元。

36．31 日，根据职工薪酬表（见表 6-3）计提职工工资。

表 6-3　2021 年 1 月职工薪酬表

单位：元

所属部门	职工工资	单位负担社保费	单位负担住房公积金
管理部门	155 280.00	46 584.00	12 422.40
销售部门	176 800.00	53 040.00	14 144.00
九龙桂冠项目部	336 100.00	100 830.00	26 888.00
合计	668 180.00	200 454.00	53 454.40

37．31 日，根据职工薪酬表计提单位应负担的社保费。

38．31 日，根据职工薪酬表计提单位应负担的住房公积金。

39．31 日，九龙桂冠项目取得预售许可证，当日与客户签订协议，将 1 月收取的全部诚意金都转为购房定金。

解析：购房定金是指购房合同当事人的购房一方为保证购房合同的履行，在购房合同成立后、未履行前给付开发商的一定数额的款项。购房定金是保证购房合同履行的担保方式之一，也是一种约定购房违约责任的形式。

房地产开发企业收到的定金应视同收到预收款，需要预交增值税。

40．31日，计提当月合同应缴纳印花税8 965元。

41．31日，凯源新城一期土地增值税清算完毕，计提应补缴的土地增值税。凯源新城一期土地增值税清算资料如下。

（1）公司于2019年10月通过竞拍获得“凯源新城”项目的土地使用权，总占地面积35 600平方米，分两期开发，其中一期占地面积14 240平方米。支付的总土地出让金为218 000 000元。

（2）凯源新城项目一期开发的商品房业态为非普通住宅和商业用房，土地增值税清算分为非普通住宅和其他类型房地产。企业当地税务机关规定普通住宅预征率为3%，非普通住宅预征率为4%，其他类型房产预征率为5%。

（3）凯源新城一期可售建筑面积35 600平方米，其中，非普通住宅可售建筑面积为28 480平方米，商业用房可售建筑面积为7 120平方米。

（4）凯源新城一期于2020年5月开始预售，2020年12月竣工验收，并已销售完毕，2021年1月进行清算。

（5）凯源新城一期住宅总销售收入为620 864 000元，平均售价21 800元；商业用房232 824 000元，平均售价32 700元，具体如表6-4和表6-5所示。

表6-4　凯源新城一期项目基础资料

房产分类		建筑面积（平方米）	已销售面积（平方米）	平均单价（元）	销售收入（含税）总额（元）
可售面积	住宅	28 480	28 480	21 800	620 864 000
	商业用房	7 120	7 120	32 700	232 824 000
合计		35 600	35 600	—	853 688 000

表6-5　“开发成本——凯源新城”开发成本费用表

明细科目	金额（元）	备注
取得土地使用权支付的金额	218 000 000.00	土地总出让金，未分摊
土地征用及拆迁补偿款——青苗补偿费	54 500 000.00	一期支付的青苗补偿费
前期工程费	36 570 000.00	一期发生额，未按住宅、商业具体划分。经审核其中不规范票据为600 000元
建筑安装工程费	163 500 000.00	一期发生额，未按住宅、商业具体划分
基础设施费	43 600 000.00	一期发生额，未按住宅、商业具体划分
公共配套设施费	10 900 000.00	一期发生额，未按住宅、商业具体划分

（续表）

明细科目	金额（元）	备注
开发间接费	57 160 000.00	一期发生额，未按住宅、商业具体划分。经审核，其中利息支出 13 560 000 元为非金融机构利息。此外，企业将应属于期间费用的 6 540 000 元计入了开发间接费用

解析：凯源新城一期土地增值税清算过程如下。

一、收入额的确定

土地增值税应税收入＝含税销售额 ÷（1+ 增值税税率）

土地增值税应税收入（非普通住宅）＝620 864 000 ÷（1+9%）＝569 600 000（元）

土地增值税应税收入（商业用房）＝232 824 000 ÷（1+9%）＝213 600 000（元）

二、扣除项目金额

房地产开发企业扣除项目包括以下五种。

1. 取得土地使用权所支付的金额

由于项目是分期开发的，需要先分配各期取得土地使用权所支付的金额。首先按占地面积法分配一期的土地成本，然后按建筑面积法将一期的土地成本分摊到非普通住宅和商业（底商）用房（即土地成本的二次分摊）。

一期取得土地使用权所支付的金额＝14 240 ÷ 35 600 × 218 000 000

＝87 200 000（元）

二期取得土地使用权所支付的金额＝218 000 000－87 200 000

＝130 800 000（元）

一期非普通住宅分摊的土地成本＝28 480 ÷ 35 600 × 87 200 000

＝69 760 000（元）

一期商业用房分摊的土地成本＝7 120 ÷ 35 600 × 87 200 000

＝17 440 000（元）

2. 房屋开发成本

一期的开发产品是非普通住宅和商业用房（底商），因此一期开发成本应按建筑面积法进行分摊。

前期工程费中不规范票据的 600 000 元应剔除。

调整后的前期工程费＝36 570 000－600 000＝35 970 000（元）

开发间接费中，非金融机构利息应剔除，属于期间费用的应调整。

调整后的开发间接费＝57 160 000－13 560 000－6 540 000＝37 060 000（元）

一期开发成本调整分配表如表6-6所示。

表6-6 “开发成本——凯源新城（一期）”开发成本调整分配表

单位：元

明细科目	金额	调整后金额	住宅应分配金额	商业应分配金额
取得土地使用权支付的金额	218 000 000.00	87 200 000.00	69 760 000.00	17 440 000.00
土地征用及拆迁补偿款——青苗补偿费	54 500 000.00	54 500 000.00	43 600 000.00	10 900 000.00
前期工程费	36 570 000.00	35 970 000.00	28 776 000.00	7 194 000.00
建筑安装工程费	163 500 000.00	163 500 000.00	130 800 000.00	32 700 000.00
基础设施费	43 600 000.00	43 600 000.00	34 880 000.00	8 720 000.00
公共配套设施费	10 900 000.00	10 900 000.00	8 720 000.00	2 180 000.00
开发间接费	57 160 000.00	37 060 000.00	29 648 000.00	7 412 000.00
开发成本合计			346 184 000.00	86 546 000.00

3. 房地产开发费用

凯源新城一期计入“开发间接费”中的利息支出不符合土地增值税税前扣除的规定，不得作为土地增值税的扣除项目金额，只能按“取得土地使用权所支付的金额”与“房地产开发成本”金额之和的10%扣除。

非普通住宅的房地产开发费用 = 346 184 000 × 10% = 34 618 400（元）

商业用房的房地产开发费用 = 86 546 000 × 10% = 8 654 600（元）

4. 与转让房地产有关的税金及附加

凯源新城一期共取得销售收入853 688 000元，其中非普通住宅销售收入620 864 000元，商业用房销售收入232 824 000元。

（1）非普通住宅转让产生的税金及附加

不含税销售收入 = 620 864 000 ÷（1+9%）= 569 600 000（元）

增值税 = 569 600 000 × 9% = 51 264 000（元）

城市维护建设税 = 51 264 000 × 7% = 3 588 480（元）

教育费附加 = 51 264 000 × 3% = 1 537 920（元）

地方教育费附加 = 51 264 000 × 2% = 1 025 280（元）

印花税 = 620 864 000 × 0.005% = 310 432（元）

（2）商业用房转让产生的税金及附加

不含税销售收入 = 232 824 000 ÷（1+9%）= 213 600 000（元）

增值税 = 213 600 000 × 9% = 19 224 000（元）

城市维护建设税 = 19 224 000 × 7% = 1 345 680（元）

教育费附加 = 19 224 000 × 3% = 576 720（元）

地方教育费附加 = 19 224 000 × 2% = 384 480（元）

印花税 = 232 824 000 × 0.005% = 116 412（元）

与转让房地产有关的税金如表 6-7 所示。

表 6-7 与转让房地产有关的税金

单位：元

税种	非普通住宅实际缴纳金额	商业用房实际缴纳金额
城市维护建设税	3 588 480.00	1 345 680.00
教育费附加	1 537 920.00	576 720.00
地方教育附加	1 025 280.00	384 480.00
印花税（转让环节）	310 432.00	116 412.00
合计	6 462 112.00	2 423 292.00

5. 开发成本加计扣除

根据《土地增值税暂行条例》及其实施细则的规定，对从事房地产开发的纳税人可按取得土地使用权所支付的金额与房地产开发成本的金额之和，加计 20% 的扣除。

非普通住宅加计扣除金额 = 346 184 000 × 20% = 69 236 800（元）

商业用房加计扣除金额 = 86 546 000 × 20% = 17 309 200（元）

三、土地增值税预缴

为方便纳税人，简化土地增值税预征税款计算，房地产开发企业采取预收款方式销售自行开发的房地产项目的，可按照以下方法计算土地增值税预征计征依据。

土地增值税预征的计征依据 = 预收款—应预缴增值税税款

企业当地税务机关规定普通住宅预征率为 3%，非普通住宅预征率为 4%，商业房产预征率为 5%。这里要注意，计算预缴土地增值税预收款（或销售收入）时，应为含税金额。

预缴增值税（非普通住宅）= 620 864 000 ÷（1+9%）× 3% = 17 080 000（元）

预缴增值税（商业用房）= 232 824 000 ÷（1+9%）× 3% = 6 408 000（元）

非普通住宅预缴土地增值税 =（620 864 000 − 17 080 000）× 4% = 24 151 040（元）

商业用房预缴土地增值税 =（232 824 000 − 6 408 000）× 5% = 11 320 800（元）

综上，土地增值税纳税申报表如表 6-8 所示。

表 6-8　土地增值税纳税申报表

（从事房地产开发的纳税人适用）

税款所属时间：　　　　填报日期：　　　　金额单位：元

纳税人识别号：　　　　面积单位：平方米

纳税人名称		项目名称		项目编号		项目地址	
所属行业		经济性质		纳税人地址		邮政编码	
开户银行		银行账号		主管部门		电话	
总可售面积		35 600		自用和出租面积			
已售面积	35 600	其中：普通住宅已售面积		其中：非普通住宅已售面积	28 480	其中：其他类型房地产已售面积	7 120

项目		行次	普通住宅	非普通住宅	其他类型房地产	合计
一、转让房地产收入总额　1 = 2+3+4		1		569 600 000.00	213 600 000.00	783 200 000.00
其中	货币收入	2		569 600 000.00	213 600 000.00	783 200 000.00
	实物收入及其他收入	3				
	视同销售收入	4				
二、扣除项目金额合计　5 = 6+7+14+17+22+23		5		456 501 312.00	114 933 092.00	571 434 404.00
1. 取得土地使用权所支付的金额		6		69 760 000.00	17 440 000.00	87 200 000.00
2. 房地产开发成本　7 = 8+9+10+11+12+13		7		276 424 000.00	69 106 000.00	345 530 000.00
其中	土地征用及拆迁补偿费	8		43 600 000.00	10 900 000.00	54 500 000.00
	前期工程费	9		28 776 000.00	7 194 000.00	35 970 000.00
	建筑安装工程费	10		130 800 000.00	32 700 000.00	163 500 000.00
	基础设施费	11		34 880 000.00	8 720 000.00	43 600 000.00
	公共配套设施费	12		8 720 000.00	2 180 000.00	10 900 000.00
	开发间接费用	13		29 648 000.00	7 412 000.00	37 060 000.00
3. 房地产开发费用　14 = 15+16		14		34 618 400.00	8 654 600.00	43 273 000.00
其中	利息支出	15				—
	其他房地产开发费用	16				—
4. 与转让房地产有关的税金等　17 = 18+19+20+21		17		6 462 112.00	2 423 292.00	8 885 404.00

（续表）

其中	印花税		18		310 432.00	116 412.00	426 844.00
	城市维护建设税		19		3 588 480.00	1 345 680.00	4 934 160.00
	教育费附加		20		1 537 920.00	576 720.00	2 114 640.00
	地方教育费附加		21		1 025 280.00	384 480.00	1 409 760.00
5. 财政部规定的其他扣除项目			22		69 236 800.00	17 309 200.00	86 546 000.00
6. 代收费用			23				
三、增值额　24 = 1 − 5			24		113 098 688.00	98 666 908.00	211 765 596.00
四、增值额与扣除项目金额之比（%）25 = 24 ÷ 5			25		24.775%	85.847%	
五、适用税率（%）			26		30%	40.00%	
六、速算扣除系数（%）			27		–	5.00%	
七、应缴土地增值税税额　28 = 24 × 26 − 5 × 27			28		33 929 606.40	33 720 108.60	67 649 715.00
八、减免税额　29 = 30+32+34			29				
其中	减免税（1）	减免性质代码（1）	30				
		减免税额（1）	31				
	减免税（2）	减免性质代码（2）	32				
		减免税额（2）	33				
	减免税（3）	减免性质代码（3）	34				
		减免税额（3）	35				
九、已缴土地增值税税额			36		24 151 040.00	11 320 800.00	35 471 840.00
十、应补（退）土地增值税税额　37 = 28 − 29 − 36			37		9 778 566.40	22 399 308.60	32 177 875.00
以下由纳税人填写：							
纳税人声明	此纳税申报表是根据《中华人民共和国土地增值税暂行条例》及其实施细则和国家有关税收规定填报的，是真实的、可靠的、完整的						
纳税人签章		代理人签章			代理人身份证号		
以下由税务机关填写：							
受理人	接收人	受理日期		年　月　日	受理税务机关签章		

42．31 日，结转当月损益。

二、2021 年 2 月发生的经济业务

1．1 日，九龙桂冠项目部收到莱克工程咨询公司开来的工程咨询费发票，上面列明工程咨询费 200 000 元，增值税 12 000 元。款项未支付。

2．2 日，接银行委托收款付款通知，向电信公司支付电话费 5 559 元。其中，管理部门电话费 1 685 元（不含税），销售部电话费 1 955 元（不含税），九龙桂冠项目部电话费 1 460 元（不含税）。

3．3 日，九龙桂冠项目与青城建筑公司签订一期项目的建筑发包工程合同，总值 11 990 万元。按合同规定，开工前应预付备料款 3 000 万元，预付工程款 2 000 万元，均以银行存款支付完毕。

4．4 日，按照股东协议，股东刘艳追加投资 100 000 000 元，款项已存入公司银行账户。该笔投资所对应的股权价值为 85 000 000 元。

5．5 日，以银行存款购买一批价值 3 815 元（含增值税 315 元）的专业图书。

6．8 日，以银行存款缴纳上个月竞拍的 301 号地块（项目核算名称为九龙桂冠）的契税和印花税。契税税率为 3%。

解析：应交契税 = 109 000 000 × 3% = 3 270 000（元）

应交印花税 = 109 000 000 × 0.05% = 54 500（元）

契税是指以所有权发生转移变动的不动产为征税对象，向产权承受人征收的一种财产税。契税一般不通过“应交税费”科目进行核算，视取得土地使用权的用途记入不同的会计科目。

房地产企业为进行房地产开发而取得的土地使用权所缴纳的契税，在实际缴纳时依据契税完税凭证直接记入“开发成本”科目。为建造办公楼等自用而取得的土地使用权所缴纳的契税，在实际缴纳时依据契税完税凭证直接记入“无形资产”科目。

7．9 日，九龙桂冠项目样板房装修工程完工，支付工程价款 2 180 000（含增值税 180 000 元）。该样板房未来作为精装修房销售。

8．10 日，签发转账支票一张，金额为 462 739.60 元，委托银行代发工资。同时代扣个人承担的社保费 133 636 元、住房公积金 53 454.40 元和个人所得税 18 350 元。

9．10 日，以银行存款缴纳 1 月九龙桂冠项目应预交的增值税。

应预交增值税 = 预收款 ÷（1+ 适用税率或征收率）× 3%

= 8 720 000 ÷（1+9%）× 3%

= 240 000（元）

10. 10 日，计提九龙桂冠项目预交增值税对应的城市维护建设税（税率为 7%）、教育费附加（税率为 3%）、地方教育费附加（税率为 2%）。

解析：城市维护建设税、教育费附加、地方教育费附加以预交的增值税为计税依据。

应交城市维护建设税 = 240 000 × 7% = 16 800（元）

应交教育费附加 = 240 000 × 3% = 7 200（元）

应交地方教育费附加 = 240 000 × 2% = 4 800（元）

11. 10 日，以银行存款缴纳 1 月工资应代扣代缴的个人所得税 18 350 元。

12. 11 日，公司员工聚餐，开出转账支票支付餐饮费 13 780 元（含增值税 780 元）。

13. 12 日，取得一块自用土地使用权（编号 711 号土地），支付土地出让金 80 000 000 元。该土地计划用于自建办公楼。

14. 12 日，支付自用土地使用权拍卖佣金 212 000 元（含增值税 12 000 元）。

根据规定，房地产企业通过拍卖行竞拍取得土地使用权而支付给拍卖行的佣金，应计入开发产品计税成本；自用的土地使用权，应计入无形资产价值。

15. 12 日，公司举行工会活动，开出转账支票支付费用 8 480 元（含增值税 480 元）。

16. 15 日，缴纳九龙桂冠项目 1 月预售款应缴纳的城市维护建设税、教育费附加和地方教育费附加。

17. 15 日，缴纳 1 月社保费。

18. 15 日，缴纳 1 月住房公积金。

19. 15 日，预缴九龙桂冠项目 1 月预售款土地增值税。土地增值税的预征率为 3%。

解析：应预缴的土地增值税 =（预收金额 — 应预缴的增值税）× 预缴税率

=（8 720 000 — 240 000）× 3% = 254 400（元）

20. 15 日，缴纳 1 月合同印花税 8 965 元。

21. 16 日，缴纳凯源新城一期应补缴的土地增值税。

22. 18 日，九龙桂冠项目部用银行存款购买一批劳保用品，已发至项目部职工手中。收到的增值税专用发票上注明货款 80 000 元，增值税进项税额 10 400 元，合计 90 400 元。

23．19 日，九龙桂冠项目部用银行存款支付设备检测维修费 42 940 元（含增值税 4 940 元）。

24．22 日，九龙桂冠项目部支付工程保险费 265 000 元（含增值税 15 000 元）。

25．23 日，按与中国人民财产保险公司 ×× 分公司签订的保险合同，通过银行向其转账支付机动车辆保险费 16 960 元（含增值税 960 元）。

26．24 日，销售员宋立阳出差，预借差旅费 8 000 元，以现金支付。

27．25 日，收到佳采公司开出的一张汇票，票面金额为 536 000 元，以抵前期所欠款项。

28．25 日，以现金支付职工杨文生活困难补助金 2 000 元。

29．26 日，以银行存款购买一批商品发放给员工作为福利，合计价款 20 340 元（含增值税 2 340 元）。

30．26 日，九龙桂冠项目在 2 月取得销售定金 65 400 000 元。

31．28 日，九龙桂冠项目建筑安装基础工程完工并验收通过。开远工程公司开的增值税专用发票上列明工程总金额为 27 000 000 元，增值税为 2 430 000 元。剩余款项未支付。

32．28 日，711 号土地拆迁补偿完毕，共发生拆迁补偿费 19 800 000.00 元。土地出让合同规定拆迁补偿费由房地产企业负担。

33．28 日，根据职工薪酬表（见表 6-9）计提职工工资。

表 6-9　2021 年 2 月职工薪酬表

单位：元

所属部门	职工工资	单位负担社保费	单位负担住房公积金
管理部门	155 280.00	46 584.00	12 422.40
销售部门	176 800.00	53 040.00	14 144.00
九龙桂冠项目部	516 500.00	154 950.00	41 320.00
合计	848 580.00	254 574.00	67 886.40

34．28 日，根据职工薪酬表计提单位负担的社会保险费。

35．28 日，根据职工薪酬表计提职工单位负担的住房公积金。

36．28 日，计提固定资产折旧 118 500 元。

37．28 日，计提当月合同印花税 58 960 元。

38．28 日，结转当月损益。

三、2021 年 3 月发生的经济业务

1．3 日，九龙桂冠项目部与客户签订商品房预售合同。前期所收取的定金 74 120 000 元均于当日转为预售款。

2．4 日，宋立阳出差回来，报销差旅费 7 480 元，退回 520 元。其中住宿费 2 120 元（已取得增值税专用发票，增值税额为 120 元）、机票 2 180 元（含燃油附加，已取得增值税普通发票，增值税额为 180 元）。

3．5 日，开出转账支票支付展览费 265 000 元（含增值税 15 000 元）。

4．5 日，九龙桂冠项目部收取售房款 85 020 000 元。

5．10 日，签发转账支票一张，金额为 589 647.60 元，委托银行代发工资。同时代扣个人承担的社保费 169 716 元、公积金 67 886.40 元和个人所得税 21 330 元。

6．10 日，以银行存款缴纳九龙桂冠项目 2 月收取定金应预缴的增值税。

解析：应预交增值税=（8 720 000+65 400 000）÷（1+9%）×3%−240 000＝1 800 000（元）

因 1 月收取的诚意金 8 720 000 万元已于 2 月预交了增值税，因此这部分诚意金在转为销售定金后不再预缴增值税，或者说已预交的增值税需要扣除。

7．10 日，计提九龙桂冠项目预交增值税对应的城市维护建设税（税率为 7%）、教育费附加（税率为 3%）、地方教育费附加（税率为 2%）。

解析：城市维护建设税、教育费附加、地方教育费附加以预交的增值税为计税依据。

应交城市维护建设税＝1 800 000×7%＝126 000（元）

应交教育费附加＝1 800 000×3%＝54 000（元）

应交地方教育费附加＝1 800 000×2%＝36 000（元）

8．11 日，支付九龙桂冠项目工程监理费 477 000 元（含增值税 27 000 元）

9．12 日，市场部参展人员陈文令、严嵩报销参展花销 8 650 元，以现金支付。其中，住宿费 2 120 元（含增值税 120 元）、机票 2 180 元（含增值税 180 元）。

10．12 日，支付前期所欠鲁达公司货款 11 630 000 元。

11．12 日，购买一批工程物资（用于主体内的安装工程），收到供应方南浦科技公司开来的增值税专用发票，发票上注明物资款 15 000 000 元，增值税 1 950 000 元。物资已经验收入库，款项先行支付 1 000 000 元。

12．15 日，缴纳九龙桂冠项目 2 月预售款应缴纳的城市维护建设税、教育费附加和地方教育费附加。

13．15 日，以银行存款缴纳 2 月工资应代扣代缴的个人所得税。

14．15 日，缴纳 2 月社保费。

15．15 日，缴纳 2 月住房公积金。

16．15 日，预缴九龙桂冠项目 2 月预售款的土地增值税。

应预缴的土地增值税 =（预收金额 − 应预缴的增值税）× 预缴税率

=（65 400 000 − 1 800 000）× 3%

= 1 908 000（元）

17．15 日，缴纳上月合同印花税 58 960 元。

18．16 日，收到青城建筑公司提供的工程价款结算账单并确认完毕，列明已完工工程价值 4 360 万元（含增值税 360 万元）。款项尚未支付。

19．17 日，支付九龙桂冠项目供电供水供气基础设施费 3 270 000 元（含增值税 270 000 元）。

20．22 日，缴纳竞拍的自用土地使用权 711 号土地的契税，印花税 50 000 元。契税税率为 3%。

解析：应交契税 = 100 000 000 × 3% = 3 000 000（元）

应交印花税 = 100 000 000 × 0.05% = 50 000（元）

21．24 日，将九龙桂冠项目的主体室内安装工程（包工不包料）发包给奥克莱工程公司。同日将购买的工程物资（价值 15 000 000 元）发给奥克莱工程公司。

22．24 日，公司持有的星星公司应收票据（金额 478 000 元）到期，委托银行收款，已收到银行的收款通知。

23．25 日，新设备安装验收完毕并交付使用。用银行存款先行支付 200 000 元。

24．25 日，支付九龙桂冠项目住宅部分的环卫工程费 196 200 元（含增值税 16 200 元）。

25．30 日，九龙桂冠项目支付本季度清洁费用 6 360 元（含增值税 360 元）。

26．30 日，财务部报销会计人员继续教育培训费 3 816 元（含增值税 216 元），出纳以现金付讫。

27．30 日，九龙桂冠项目的按揭贷款 318 280 000 元到账。

28．30 日，以银行存款支付开源工程公司工程款 25 930 000 元。

29．31 日，根据职工薪酬表（见表 6-10）计提职工工资。

表 6-10　2021 年 3 月职工薪酬表

单位：元

所属部门	职工工资	单位负担社保费	单位负担住房公积金
管理部门	155 280.00	46 584.00	12 422.40
销售部门	176 800.00	53 040.00	14 144.00
九龙桂冠项目部	516 500.00	154 950.00	41 320.00
合计	848 580.00	254 574.00	67 886.40

30．31 日，根据职工薪酬表计提单位负担的社会保险费。

31．31 日，根据职工薪酬表计提职工单位负担的住房公积金。

32．31 日，行政部门报销汽车修理费 7 910 元（含增值税 910 元），出纳以现金付讫。

33．31 日，管理部门报销高速公路过路费 1 030 元（含增值税 30 元），出纳以现金付讫。

根据规定纳税人支付的高速公路通行费，如暂未能取得收费公路通行费增值税电子普通发票，可凭取得的通行费发票上注明的收费金额按照下列公式计算可抵扣的进项税额：高速公路通行费可抵扣进项税额＝高速公路通行费发票上注明的金额 ÷（1+3%）×3%。

企业发生通行费支出无法划分用于一般计税方法计税项目，以及简易计税方法计税项目、免征增值税项目、集体福利或者个人消费的，可以全额抵扣进项税额，仅企业发生通行费支出专用于简易计税方法计税项目、免征增值税项目、集体福利或者个人消费的不得抵扣进项税额。

34．31 日，销售部门报销通信费 2 180 元（含增值税 180 元，已取得符合规定的增值税专用发票），出纳以现金付讫。

35．31 日，接到银行利息回单，本季度银行存款利息收入 7 638 元已转入存款户。

36．31 日，摊销无形资产，本月应摊销土地使用权 171 666.66 元。

37．31 日，计提固定资产折旧，本月管理部门应计提折旧 123 500 元。

38．31 日，计提当月合同印花税 213 500 元。

39．31 日，计提本季度应预缴的企业所得税。

40．31 日，结转本月损益。

四、2021 年 4 月发生的经济业务

1．1 日，竞拍取得 760 号土地使用权，支付土地出让金 96 000 000 元。

2．2 日，九龙桂冠项目主体室内安装工程（包工不包料）完工并验收通过，施工方奥克莱工程公司开来的增值税专用发票上注明安装工程费总计 12 000 000 元，增值税 1 080 000 元。以银行存款先行支付 6 000 000 元。

3．5 日，支付工程质量鉴定费 159 000 元（含增值税 9 000 元），工程验收费 371 000 元（含增值税 21 000 元）。

4．6 日，公司发生盗窃事件，损失一套价值 30 000 元的生产工具。经查明后董事会批准做出如下处理：盗窃事件系职工严文林看管不严造成的，由其赔偿损失 3 000 元，其余 27 000 元转为营业外支出。

5．8 日，以银行存款支付报刊订阅费 3 924 元（含增值税 324 元）。

6．9 日，签发转账支票一张，金额为 589 647.60 元，委托银行代发工资。同时代扣个人承担的社保费 169 716 元、公积金 67 886.40 元和个人所得税 21 330 元。

7．9 日，以银行存款缴纳九龙桂冠项目 3 月预收款应预缴的增值税。

解析：3 月九龙桂冠项目共收取预收款 = 85 020 000+318 280 000

= 403 300 000（元）

应预交增值税 = 403 300 000 ÷（1+9%）× 3% = 11 100 000（元）

8．9 日，九龙桂冠项目照明基础设施工程完工，收到施工方章龙建筑公司开来的增值税专用发票，上面列明施工费 2 000 000 元，增值税 180 000 元。款项尚未支付。

9．12 日，计提九龙桂冠项目预交增值税对应的城市维护建设税（税率为 7%）、教育费附加（税率为 3%）、地方教育费附加（税率为 2%）。

解析：城市维护建设税、教育费附加、地方教育费附加以预交的增值税为计税依据。

应交城市维护建设税 = 11 100 000 × 7% = 777 000（元）

应交教育费附加 = 11 100 000 × 3% = 333 000（元）

应交地方教育费附加 = 11 100 000 × 2% = 222 000（元）

10．12 日，向市红十字会捐款 2 000 000 元。该款项按规定取得凭据可税前抵扣。

11．13 日，支付九龙桂冠项目（包含住宅和物业）人防工程配套设施费 3 597 000（含增值税 297 000 元）。

12．13 日，缴纳九龙桂冠项目 3 月预售款应缴纳的城市维护建设税、教育费附加和地方教育费附加。

13．13 日，缴纳 3 月合同印花税 213 500 元。

14．14 日，仓库盘点，盘亏一套价值 1 560 元的生产工具。经确认，系保管员张美珍保管不善造成的，由她赔偿 700 元，从她下个月的工资中扣回。

15．15 日，以银行存款缴纳 3 月工资应代扣代缴的个人所得税。

16．15 日，缴纳 3 月社保费。

17．15 日，缴纳 3 月住房公积金。

18．15 日，缴纳一季度应预缴的企业所得税。

19．16 日，九龙桂冠项目建筑安装主体工程完工，与青城建筑公司进行账目结算，共发生建筑安装工程费 11 990 万元（含增值税 990 万元），扣除 3 月结算的 4 360 万元，本期结算金额为 7 630 万元（含增值税 630 万元）。剩余工程款尚未支付。

20．16 日，预缴九龙桂冠项目 3 月预售款的土地增值税。

解析：应预缴的土地增值税 =（预收金额 − 应预缴的增值税）× 预缴税率

=（403 300 000 − 11 100 000）× 3%

= 11 766 000（元）

21．16 日，根据 760 号土地规划设计，公司计划开发房地产项目，项目核算名称为欧洲世家，分为住宅和商业两个部分，以占地面积法分配土地费用。该地块占地面积 20 000 平方米，其中住宅占地 16 000 平方米，商业占地 4 000 平方米。

22．19 日，九龙桂冠项目绿化基础设施工程完工，收到施工方桂林绿化工程公司开来的增值税专用发票，上面列明施工费 4 000 000 元，增值税 360 000 元。款项尚未支付。

23．20 日，九龙桂冠项目部收到银行转来的自来水公司委托收款通知单，价税合计 19 620 元，其中增值税 1 620 元。

24．20 日，九龙桂冠项目部收到银行转来的供电公司委托收款通知单，价税合计 29 380 元，其中增值税 3 380 元。

25．21 日，支付九龙桂冠项目非营利性公共配套设施费 654 000 元（含增值税

54 000 元）。

26．22 日，支付前期物业管理费 106 000 元（含增值税 6 000 元）。

27．26 日，支付尚欠青城建筑公司的工程款 69 900 000 元。

28．28 日，九龙桂冠项目交房，按规定确认销售收入。

29．28 日，结转九龙桂冠项目土地出让金抵减的销项税额。九龙桂冠项目可销售面积为 15 000 平方米，截至当月共销售了 13 500 平方米。

解析：当期允许扣除的土地价款 =（当期销售房地产项目建筑面积 ÷ 房地产项目可供销售建筑面积）× 支付的土地价款 =（13 500 ÷ 15 000）× 109 000 000 = 98 100 000（元）

当期土地出让金抵减的销项税额 = 98 100 000 ÷（1+9%）× 9% = 8 100 000（元）

30．29 日，根据职工薪酬表（见表 6-11）计提职工工资。

表 6-11　2021 年 4 月职工薪酬表

单位：元

所属部门	职工工资	单位负担社保费	单位负担住房公积金
管理部门	155 280.00	46 584.00	12 422.40
销售部门	176 800.00	53 040.00	14 144.00
九龙桂冠项目部	516 500.00	154 950.00	41 320.00
合计	848 580.00	254 574.00	67 886.40

31．29 日，根据职工薪酬表计提单位负担的社保费。

32．29 日，根据职工薪酬表计提职工单位负担的住房公积金。

33．29 日，将九龙桂冠项目所有预交的增值税转入未交增值税。

解析：一般企业预交增值税在月末即结转至未交增值税，房地产企业比较特殊，应直至纳税义务发生时（确认销售收入时）方才可以进行结转。

34．29 日，摊销无形资产，本月应摊销土地使用权 171 666.66 元。

35．29 日，计提固定资产折旧，本月管理部门应计提折旧 123 500 元。

36．29 日，计提当月合同印花税 115 650 元。

37．30 日，转出未交增值税。

38．30 日，计提应交的城市维护建设税、教育费附加、地方教育费附加。

解析：此处应计提的附加税，以转出的未交增值税为依据。

39．30 日，结转九龙桂冠项目完工成本。

40．30 日，结转九龙桂冠项目销售成本。

41．30 日，结转本月损益。

第三节 填制记账凭证

一、1 月记账凭证

记账凭证

附单据数：

单位：×× 房地产有限公司　　日期：2021-01-04　　凭证号：记 -1

摘要	科目	借方金额	贷方金额
支付竞拍土地保证金	其他应收款——竞拍保证金——301 号地块	30 000 000.00	
支付竞拍土地保证金	银行存款		30 000 000.00
合计：叁仟万元整		30 000 000.00	30 000 000.00

主管：　记账：　审核：　出纳：　制单：陈楠

记账凭证

附单据数：

单位：×× 房地产有限公司　　日期：2021-01-05　　凭证号：记 -2

摘要	科目	借方金额	贷方金额
保证金抵缴出让金	开发成本——九龙桂冠——土地征用及拆迁补偿费——土地出让金	30 000 000.00	
保证金抵缴出让金	其他应收款——竞拍保证金——301 号地块		30 000 000.00
合计：叁仟万元整		30 000 000.00	30 000 000.00

主管：　记账：　审核：　出纳：　制单：陈楠

记账凭证

附单据数：

单位：××房地产有限公司　　日期：2021-01-06　　凭证号：记-3

摘要	科目	借方金额	贷方金额
代建工程支付拆迁补偿费	开发成本——代建工程——拆迁补偿费	13 000 000.00	
代建工程支付拆迁补偿费	银行存款		13 000 000.00
合计：壹仟叁佰万元整		13 000 000.00	13 000 000.00

主管：　记账：　审核：　出纳：　制单：陈楠

记账凭证

附单据数：

单位：××房地产有限公司　　日期：2021-01-06　　凭证号：记-4

摘要	科目	借方金额	贷方金额
提取备用金	库存现金	30 000.00	
提取备用金	银行存款		30 000.00
合计：叁万元整		30 000.00	30 000.00

主管：　记账：　审核：　出纳：　制单：陈楠

记账凭证

附单据数：

单位：××房地产有限公司　　日期：2021-01-07　　凭证号：记-5

摘要	科目	借方金额	贷方金额
林恩达报销差旅费	管理费用——差旅费	6 566.00	
林恩达报销差旅费	应交税费——应交增值税——进项税额	270.00	
林恩达报销差旅费	其他应收款——林恩达		6 000.00
林恩达报销差旅费	库存现金		836.00
合计：陆仟捌佰叁拾陆元整		6 836.00	6 836.00

主管：　记账：　审核：　出纳：　制单：陈楠

记账凭证

附单据数：

单位：××房地产有限公司　　日期：2021-01-08　　凭证号：记-6

摘要	科目	借方金额	贷方金额
偿还拓达建设款项	应付账款——拓达建设	390 000.00	
偿还拓达建设款项	银行存款		390 000.00
合计：叁拾玖万元整		390 000.00	390 000.00

主管：　记账：　审核：　出纳：　制单：陈楠

记账凭证

附单据数：

单位：×× 房地产有限公司　　日期：2021-01-08　　凭证号：记 -7

摘要	科目	借方金额	贷方金额
购买账簿	管理费用——办公费	800.00	
购买账簿	应交税费——应交增值税——进项税额	104.00	
购买账簿	银行存款		904.00
合计：玖佰零肆元整		904.00	904.00

主管：　记账：　审核：　出纳：　制单：陈楠

记账凭证

附单据数：

单位：×× 房地产有限公司　　日期：2021-01-08　　凭证号：记 -8

摘要	科目	借方金额	贷方金额
支付广告费	销售费用——广告费	350 000.00	
支付广告费	应交税费——应交增值税——进项税额	21 000.00	
支付广告费	银行存款		371 000.00
合计：叁拾柒万壹仟元整		371 000.00	371 000.00

主管：　记账：　审核：　出纳：　制单：陈楠

记账凭证

附单据数：

单位：×× 房地产有限公司　　日期：2021-01-08　　凭证号：记 -9

摘要	科目	借方金额	贷方金额
发放工资	应付职工薪酬——职工工资	387 380.00	
发放工资	银行存款		325 830.00
代扣个人承担社保费	其他应收款——社保费		26 100.00
代扣个人承担住房公积金	其他应收款——住房公积金		21 840.00
代扣个人所得税	应交税费——应交个人所得税		13 610.00
合计：叁拾捌万柒仟叁佰捌拾元整		387 380.00	387 380.00

主管：　记账：　审核：　出纳：　制单：陈楠

记账凭证

附单据数：

单位：×× 房地产有限公司　　日期：2021-01-11　　凭证号：记 -10

摘要	科目	借方金额	贷方金额
支付剩余土地出让金	开发成本——九龙桂冠——土地征用及拆迁补偿费——土地出让金	79 000 000.00	
支付剩余土地出让金	银行存款		79 000 000.00
合计：柒仟玖佰万元整		79 000 000.00	79 000 000.00

主管：　记账：　审核：　出纳：　制单：陈楠

记账凭证

附单据数：

单位：××房地产有限公司　　日期：2021-01-11　　凭证号：记-11

摘要	科目	借方金额	贷方金额
缴纳个人所得税	应交税费——应交个人所得税	13 610.00	
缴纳个人所得税	银行存款		13 610.00
合计：壹万叁仟陆佰壹拾元整		13 610.00	13 610.00

主管：　记账：　审核：　出纳：　制单：陈楠

记账凭证

附单据数：

单位：××房地产有限公司　　日期：2021-01-11　　凭证号：记-12

摘要	科目	借方金额	贷方金额
缴纳印花税	应交税费——应交印花税	876.00	
缴纳印花税	银行存款		876.00
合计：捌佰柒拾陆元整		876.00	876.00

主管：　记账：　审核：　出纳：　制单：陈楠

记账凭证

附单据数：

单位：××房地产有限公司　　日期：2021-01-11　　凭证号：记-13

摘要	科目	借方金额	贷方金额
缴纳社保费	应付职工薪酬——社保费	52 250.00	
缴纳社保费	其他应收款——社保费	26 100.00	
缴纳社保费	银行存款		78 350.00
合计：柒万捌仟叁佰伍拾元整		78 350.00	78 350.00

主管：　记账：　审核：　出纳：　制单：陈楠

记账凭证

附单据数：

单位：××房地产有限公司　　日期：2021-01-11　　凭证号：记-14

摘要	科目	借方金额	贷方金额
缴纳住房公积金	应付职工薪酬——住房公积金	21 840.00	
缴纳住房公积金	其他应收款——住房公积金	21 840.00	
缴纳住房公积金	银行存款		43 680.00
合计：肆万叁仟陆佰捌拾元整		43 680.00	43 680.00

主管：　记账：　审核：　出纳：　制单：陈楠

记账凭证

附单据数：

单位：×× 房地产有限公司　　日期：2021-01-12　　凭证号：记 -15

摘要	科目	借方金额	贷方金额
支付九龙桂冠项目场地平整费	开发成本——九龙桂冠——前期工程费——场地平整费	4 000 000.00	
支付九龙桂冠项目场地平整费	应交税费——应交增值税——进项税额	360 000.00	
支付九龙桂冠项目场地平整费	银行存款		4 360 000.00
合计：肆佰叁拾陆万元整		4 360 000.00	4 360 000.00

主管：　记账：　审核：　出纳：　制单：陈楠

记账凭证

附单据数：

单位：×× 房地产有限公司　　日期：2021-01-14　　凭证号：记 -16

摘要	科目	借方金额	贷方金额
购买办公用品	管理费用——办公费	1 500.00	
购买办公用品	应交税费——应交增值税——进项税额	195.00	
购买办公用品	银行存款		1 695.00
合计：壹仟陆佰玖拾伍元整		1 695.00	1 695.00

主管：　记账：　审核：　出纳：　制单：陈楠

记账凭证

附单据数：

单位：×× 房地产有限公司　　日期：2021-01-15　　凭证号：记 -17

摘要	科目	借方金额	贷方金额
代建工程发生前期工程费	开发成本——代建工程——前期工程费	3 500 000.00	
代建工程发生前期工程费	应交税费——应交增值税——进项税额	315 000.00	
代建工程发生前期工程费	应付账款——外福口建设公司		3 815 000.00
合计：叁佰捌拾壹万伍仟元整		3 815 000.00	3 815 000.00

主管：　记账：　审核：　出纳：　制单：陈楠

记账凭证

附单据数：

单位：××房地产有限公司　日期：2021-01-15　凭证号：记-18

摘要	科目	借方金额	贷方金额
缴纳土地使用税	应交税费——应交城镇土地使用税	35 860.00	
缴纳土地使用税	银行存款		35 860.00
合计：叁万伍仟捌佰陆拾元整		35 860.00	35 860.00

主管：　记账：　审核：　出纳：　制单：陈楠

记账凭证

附单据数：

单位：××房地产有限公司　日期：2021-01-15　凭证号：记-19

摘要	科目	借方金额	贷方金额
缴纳所得税	应交税费——应交所得税	3 695 300.00	
缴纳所得税	银行存款		3 695 300.00
合计：叁佰陆拾玖万伍仟叁佰元整		3 695 300.00	3 695 300.00

主管：　记账：　审核：　出纳：　制单：陈楠

记账凭证

附单据数：

单位：××房地产有限公司　日期：2021-01-18　凭证号：记-20

摘要	科目	借方金额	贷方金额
九龙项目规划设计费	开发成本——九龙桂冠——前期工程费——规划设计费	2 500 000.00	
九龙项目规划设计费	应交税费——应交增值税——进项税额	150 000.00	
九龙项目规划设计费	应付账款——千龙设计院		2 650 000.00
合计：贰佰陆拾伍万元整		2 650 000.00	2 650 000.00

主管：　记账：　审核：　出纳：　制单：陈楠

记账凭证

附单据数：

单位：××房地产有限公司　日期：2021-01-19　凭证号：记-21

摘要	科目	借方金额	贷方金额
九龙桂冠项目购入设备	在建工程——设备	300 000.00	
九龙桂冠项目购入设备	应交税费——应交增值税——进项税额	39 000.00	
九龙桂冠项目购入设备	应付账款——昌邑机电公司		339 000.00
合计：叁拾叁万玖仟元整		339 000.00	339 000.00

主管：　记账：　审核：　出纳：　制单：陈楠

记账凭证　附单据数：

单位：× × 房地产有限公司　日期：2021-01-19　凭证号：记 -22

摘要	科目	借方金额	贷方金额
九龙收取诚意金	银行存款	9 000 000.00	
九龙收取诚意金	其他应付款——诚意金		9 000 000.00
合计：玖佰万元整		9 000 000.00	9 000 000.00

主管：　记账：　审核：　出纳：　制单：陈楠

记账凭证　附单据数：

单位：× × 房地产有限公司　日期：2021-01-20　凭证号：记 -23

摘要	科目	借方金额	贷方金额
九龙桂冠项目业务招待费	管理费用——业务招待费	5 360.00	
九龙桂冠项目业务招待费	库存现金		5 360.00
合计：伍仟叁佰陆拾元整		5 360.00	5 360.00

主管：　记账：　审核：　出纳：　制单：陈楠

记账凭证　附单据数：

单位：× × 房地产有限公司　日期：2021-01-20　凭证号：记 -24

摘要	科目	借方金额	贷方金额
九龙桂冠项目勘察设计费	开发成本——九龙桂冠——前期工程费——勘察设计费	300 000.00	
九龙桂冠项目勘察设计费	应交税费——应交增值税——进项税额	18 000.00	
九龙桂冠项目勘察设计费	银行存款		318 000.00
合计：叁拾壹万捌仟元整		318 000.00	318 000.00

主管：　记账：　审核：　出纳：　制单：陈楠

记账凭证

附单据数：

单位：××房地产有限公司　　日期：2021-01-20　　凭证号：记-25

摘要	科目	借方金额	贷方金额
九龙桂冠项目噪声管理费	开发成本——九龙桂冠——前期工程费——其他	30 000.00	
九龙桂冠项目噪声管理费	应交税费——应交增值税——进项税额	1 800.00	
九龙桂冠项目噪声管理费	银行存款		31 800.00
合计：叁万壹仟捌佰元整		31 800.00	31 800.00

主管：　记账：　审核：　出纳：　制单：陈楠

记账凭证

附单据数：

单位：××房地产有限公司　　日期：2021-01-21　　凭证号：记-26

摘要	科目	借方金额	贷方金额
支付光迅科技公司货款	应付账款——光迅科技公司	351 000.00	
支付光迅科技公司货款	银行存款		348 000.00
支付光迅科技公司货款	财务费用——现金折扣		3 000.00
合计：叁拾伍万壹仟元整		351 000.00	351 000.00

主管：　记账：　审核：　出纳：　制单：陈楠

记账凭证

附单据数：

单位：××房地产有限公司　　日期：2021-01-21　　凭证号：记-27

摘要	科目	借方金额	贷方金额
支付九龙桂冠项目临时道路修建费	开发成本——九龙桂冠——前期工程费——临时设施费	200 000.00	
支付九龙桂冠项目临时道路修建费	应交税费——应交增值税——进项税额	18 000.00	
支付九龙桂冠项目临时道路修建费	银行存款		218 000.00
合计：贰拾壹万捌仟元整		218 000.00	218 000.00

主管：　记账：　审核：　出纳：　制单：陈楠

记账凭证

附单据数：

单位：×× 房地产有限公司　　日期：2021-01-22　　凭证号：记 -28

摘要	科目	借方金额	贷方金额
支付设备安装费	在建工程——设备	50 000.00	
支付设备安装费	应交税费——应交增值税——进项税额	6 500.00	
支付设备安装费	银行存款		56 500.00
合计：伍万陆仟伍佰元整		56 500.00	56 500.00

主管：　记账：　审核：　出纳：　制单：陈楠

记账凭证

附单据数：

单位：×× 房地产有限公司　　日期：2021-01-25　　凭证号：记 -29

摘要	科目	借方金额	贷方金额
支付九龙桂冠项目前期工程招标代理费	开发成本——九龙桂冠——前期工程费——招标代理费	200 000.00	
支付九龙桂冠项目前期工程招标代理费	应交税费——应交增值税——进项税额	12 000.00	
支付九龙桂冠项目前期工程招标代理费	银行存款		212 000.00
合计：贰拾壹万贰仟元整		212 000.00	212 000.00

主管：　记账：　审核：　出纳：　制单：陈楠

记账凭证

附单据数：

单位：×× 房地产有限公司　　日期：2021-01-26　　凭证号：记 -30

摘要	科目	借方金额	贷方金额
支付九龙桂冠项目报批报建费	开发成本——九龙桂冠——前期工程费——报批报建费	350 000.00	
支付九龙桂冠项目报批报建费	银行存款		350 000.00
合计：叁拾伍万元整		350 000.00	350 000.00

主管：　记账：　审核：　出纳：　制单：陈楠

记账凭证

附单据数：

单位：×× 房地产有限公司　　日期：2021-01-27　　凭证号：记 -31

摘要	科目	借方金额	贷方金额
九龙桂冠项目营销设施完工	开发成本——九龙桂冠——开发间接费——营销设施建造费	800 000.00	
九龙桂冠项目营销设施完工	应交税费——应交增值税——进项税额	72 000.00	
九龙桂冠项目营销设施完工	应付账款——吴化工程公司		872 000.00
合计：捌拾柒万贰仟元整		872 000.00	872 000.00

主管：　记账：　审核：　出纳：　制单：陈楠

记账凭证

附单据数：

单位：×× 房地产有限公司　　日期：2021-01-28　　凭证号：记 -32

摘要	科目	借方金额	贷方金额
预付建筑安装基础工程款	预付账款——开远工程公司	3 500 000.00	
预付建筑安装基础工程款	银行存款		3 500 000.00
合计：叁佰伍拾万元整		3 500 000.00	3 500 000.00

主管：　记账：　审核：　出纳：　制单：陈楠

记账凭证

附单据数：

单位：×× 房地产有限公司　　日期：2021-01-29　　凭证号：记 -33

摘要	科目	借方金额	贷方金额
收到立古德公司欠款	银行存款	8 600 000.00	
收到立古德公司欠款	应收账款——立古德公司		8 600 000.00
合计：捌佰陆拾万元整		8 600 000.00	8 600 000.00

主管：　记账：　审核：　出纳：　制单：陈楠

记账凭证

附单据数：

单位：×× 房地产有限公司　　日期：2021-01-29　　凭证号：记 -34

摘要	科目	借方金额	贷方金额
九龙退回诚意金	其他应付款——诚意金	280 000.00	
九龙退回诚意金	银行存款		280 000.00
合计：贰拾捌万元整		280 000.00	280 000.00

主管：　记账：　审核：　出纳：　制单：陈楠

记账凭证

附单据数：

单位：×× 房地产有限公司　　日期：2021-01-31　　凭证号：记 -35

摘要	科目	借方金额	贷方金额
计提固定资产折旧	管理费用——折旧费	118 650.00	
计提固定资产折旧	累计折旧		118 650.00
合计：壹拾壹万捌仟陆佰伍拾元整		118 650.00	118 650.00

主管：　记账：　审核：　出纳：　制单：陈楠

记账凭证

附单据数：

单位：×× 房地产有限公司　　日期：2021-01-31　　凭证号：记 -36

摘要	科目	借方金额	贷方金额
计提职工工资	管理费用——管理人员职工薪酬	155 280.00	
计提职工工资	销售费用——销售人员职工薪酬	176 800.00	
计提职工工资	开发成本——九龙桂冠——开发间接费——项目管理人员职工薪酬	336 100.00	
计提职工工资	应付职工薪酬——职工工资		668 180.00
合计：陆拾陆万捌仟壹佰捌拾元整		668 180.00	668 180.00

主管：　记账：　审核：　出纳：　制单：陈楠

记账凭证

附单据数：

单位：×× 房地产有限公司　　日期：2021-01-31　　凭证号：记 -37

摘要	科目	借方金额	贷方金额
计提单位负担社保费	管理费用——管理人员职工薪酬	46 584.00	
计提单位负担社保费	销售费用——销售人员职工薪酬	53 040.00	
计提单位负担社保费	开发成本——九龙桂冠——开发间接费——项目管理人员职工薪酬	100 830.00	
计提单位负担社保费	应付职工薪酬——社保费		200 454.00
合计：贰拾万零肆佰伍拾肆元整		200 454.00	200 454.00

主管：　记账：　审核：　出纳：　制单：陈楠

记账凭证

附单据数：

单位：××房地产有限公司　　日期：2021-01-31　　凭证号：记-38

摘要	科目	借方金额	贷方金额
计提企业负担住房公积金	管理费用——管理人员职工薪酬	12 422.40	
计提企业负担住房公积金	销售费用——销售人员职工薪酬	14 144.00	
计提企业负担住房公积金	开发成本——九龙桂冠——开发间接费——项目管理人员职工薪酬	26 888.00	
计提企业负担住房公积金	应付职工薪酬——住房公积金		53 454.40
合计：伍万叁仟肆佰伍拾肆元肆角整		53 454.40	53 454.40

主管：　记账：　审核：　出纳：　制单：陈楠

记账凭证

附单据数：

单位：××房地产有限公司　　日期：2021-01-31　　凭证号：记-39

摘要	科目	借方金额	贷方金额
九龙项目诚意金转定金	其他应付款——诚意金	8 720 000.00	
九龙项目诚意金转定金	预收账款——销售定金		8 720 000.00
合计：捌佰柒拾贰万元整		8 720 000.00	8 720 000.00

主管：　记账：　审核：　出纳：　制单：陈楠

记账凭证

附单据数：

单位：××房地产有限公司　　日期：2021-01-31　　凭证号：记-40

摘要	科目	借方金额	贷方金额
计提当月合同印花税	税金及附加——印花税	8 965.00	
计提当月合同印花税	应交税费——应交印花税		8 965.00
合计：捌仟玖佰陆拾伍元整		8 965.00	8 965.00

主管：　记账：　审核：　出纳：　制单：陈楠

记账凭证

附单据数：

单位：××房地产有限公司　　日期：2021-01-31　　凭证号：记-41

摘要	科目	借方金额	贷方金额
凯源新城一期土地增值税结转	税金及附加——土地增值税	67 649 715.00	
凯源新城一期土地增值税结转	应交税费——应交土地增值税		67 649 715.00
合计：陆仟柒佰陆拾肆万玖仟柒佰壹拾伍元整		67 649 715.00	67 649 715.00

主管：　记账：　审核：　出纳：　制单：陈楠

记账凭证

附单据数：

单位：×× 房地产有限公司　　日期：2021-01-31　　凭证号：记 -42

摘要	科目	借方金额	贷方金额
1 月 结转损益	本年利润	68 596 826.40	
1 月 结转损益	税金及附加——印花税		8 965.00
1 月 结转损益	税金及附加——土地增值税		67 649 715.00
1 月 结转损益	销售费用——销售人员职工薪酬		243 984.00
1 月 结转损益	销售费用——广告费		350 000.00
1 月 结转损益	管理费用——管理人员职工薪酬		214 286.40
1 月 结转损益	管理费用——业务招待费		5 360.00
1 月 结转损益	管理费用——办公费		2 300.00
1 月 结转损益	管理费用——差旅费		6 566.00
1 月 结转损益	管理费用——折旧费		118 650.00
1 月 结转损益	财务费用——现金折扣		−3 000.00
合计：陆仟捌佰伍拾玖万陆仟捌佰贰拾陆元肆角整		68 596 826.40	68 596 826.40

主管：　　记账：　　审核：　　出纳：　　制单：陈楠

二、2 月记账凭证

记账凭证

附单据数：

单位：×× 房地产有限公司　　日期：2021-02-01　　凭证号：记 -1

摘要	科目	借方金额	贷方金额
九龙工程咨询费	开发成本——九龙桂冠——开发间接费——工程管 理费	200 000.00	
九龙工程咨询费	应交税费——应交增值税——进项税额	12 000.00	
九龙工程咨询费	应付账款——莱克工程咨询公司		212 000.00
合计：贰拾壹万贰仟元整		212 000.00	212 000.00

主管：　　记账：　　审核：　　出纳：　　制单：陈楠

记账凭证

附单据数：

单位：×× 房地产有限公司　　日期：2021-02-02　　凭证号：记 -2

摘要	科目	借方金额	贷方金额
缴纳电话费	管理费用——办公费	1 685.00	
缴纳电话费	销售费用——办公费	1 955.00	
缴纳电话费	开发成本——九龙桂冠——开发间接费——办公费	1 460.00	
缴纳电话费	应交税费——应交增值税——进项税额	459.00	
缴纳电话费	银行存款		5 559.00
合计：伍仟伍佰伍拾玖元整		5 559.00	5 559.00

主管：　　记账：　　审核：　　出纳：　　制单：陈楠

记账凭证

附单据数：

单位：×× 房地产有限公司　　日期：2021-02-03　　凭证号：记 -3

摘要	科目	借方金额	贷方金额
九龙预付工程备料款	预付账款——青城建筑公司	30 000 000.00	
九龙预付工程备料款	银行存款		30 000 000.00
九龙预付工程款	预付账款——青城建筑公司	20 000 000.00	
九龙预付工程款	银行存款		20 000 000.00
合计：伍仟万元整		50 000 000.00	50 000 000.00

主管：　　记账：　　审核：　　出纳：　　制单：陈楠

记账凭证

附单据数：

单位：×× 房地产有限公司　　日期：2021-02-04　　凭证号：记 -4

摘要	科目	借方金额	贷方金额
股东刘艳追加投资	银行存款	100 000 000.00	
股东刘艳追加投资	实收资本——刘艳		85 000 000.00
股东刘艳追加投资	资本公积		15 000 000.00
合计：壹亿元整		100 000 000.00	100 000 000.00

主管：　　记账：　　审核：　　出纳：　　制单：陈楠

记账凭证

附单据数：

单位：×× 房地产有限公司　　日期：2021-02-05　　凭证号：记 -5

摘要	科目	借方金额	贷方金额
购买图书	管理费用——办公费	3 500.00	
购买图书	应交税费——应交增值税——进项税额	315.00	
购买图书	银行存款		3 815.00
合计：叁仟捌佰壹拾伍元整		3 815.00	3 815.00

主管：　　记账：　　审核：　　出纳：　　制单：陈楠

记账凭证

附单据数：

单位：×× 房地产有限公司　　日期：2021-02-08　　凭证号：记 -6

摘要	科目	借方金额	贷方金额
01 缴纳九龙桂冠项目土地契税	开发成本——九龙桂冠——土地征用及拆迁补偿费——契税	3 270 000.00	
01 缴纳九龙桂冠项目土地契税	银行存款		3 270 000.00
01 缴纳九龙桂冠项目土地契税	税金及附加——印花税	54 500.00	
02 缴纳九龙桂冠项目土地契税	银行存款		54 500.00
合计：叁佰叁拾贰万肆仟伍佰元整		3 324 500.00	3 324 500.00

主管：　记账：　审核：　出纳：　制单：陈楠

记账凭证

附单据数：

单位：×× 房地产有限公司　　日期：2021-02-09　　凭证号：记 -7

摘要	科目	借方金额	贷方金额
支付九龙样板房装修费	开发成本——九龙桂冠——建筑安装工程费——装修工程费	2 000 000.00	
支付九龙样板房装修费	应交税费——应交增值税——进项税额	180 000.00	
支付九龙样板房装修费	银行存款		2 180 000.00
合计：贰佰壹拾捌万元整		2 180 000.00	2 180 000.00

主管：　记账：　审核：　出纳：　制单：陈楠

记账凭证

附单据数：

单位：×× 房地产有限公司　　日期：2021-02-10　　凭证号：记 -8

摘要	科目	借方金额	贷方金额
发放工资	应付职工薪酬——职工工资	668 180.00	
发放工资	银行存款		462 739.60
发放工资	其他应收款——社保费		133 636.00
代扣个人承担住房公积金	其他应收款——住房公积金		53 454.40
代扣个人所得税	应交税费——应交个人所得税		18 350.00
合计：陆拾陆万捌仟壹佰捌拾元整		668 180.00	668 180.00

主管：　记账：　审核：　出纳：　制单：陈楠

记账凭证

附单据数：

单位：×× 房地产有限公司　　日期：2021-02-10　　凭证号：记 -9

摘要	科目	借方金额	贷方金额
九龙桂冠项目预交增值税	应交税费——预交增值税	240 000.00	
九龙桂冠项目预交增值税	银行存款		240 000.00
合计：贰拾肆万元整		240 000.00	240 000.00

主管：　记账：　审核：　出纳：　制单：陈楠

记账凭证

附单据数：

单位：×× 房地产有限公司　　日期：2021-02-10　　凭证号：记 -10

摘要	科目	借方金额	贷方金额
计提城市维护建设税	税金及附加——城市维护建设税	16 800.00	
计提城市维护建设税	税金及附加——教育费附加	7 200.00	
计提城市维护建设税	税金及附加——地方教育费附加	4 800.00	
计提城市维护建设税	应交税费——应交城市维护建设税		16 800.00
计提城市维护建设税	应交税费——教育费附加		7 200.00
计提城市维护建设税	应交税费——地方教育费附加		4 800.00
合计：贰万捌仟捌佰元整		28 800.00	28 800.00

主管：　记账：　审核：　出纳：　制单：陈楠

记账凭证

附单据数：

单位：×× 房地产有限公司　　日期：2021-02-10　　凭证号：记 -11

摘要	科目	借方金额	贷方金额
缴纳个人所得税	应交税费——应交个人所得税	18 350.00	
缴纳个人所得税	银行存款		18 350.00
合计：壹万捌仟叁佰伍拾元整		18 350.00	18 350.00

主管：　记账：　审核：　出纳：　制单：陈楠

记账凭证

附单据数：

单位：×× 房地产有限公司　　日期：2021-02-11　　凭证号：记 -12

摘要	科目	借方金额	贷方金额
01 公司员工聚餐	应付职工薪酬——福利费	13 780.00	
公司员工聚餐	银行存款		13 780.00
02 公司员工聚餐	管理费用——福利费	13 780.00	
02 公司员工聚餐	应付职工薪酬——福利费		13 780.00
合计：贰万柒仟伍佰陆拾元整		27 560.00	27 560.00

主管：　记账：　审核：　出纳：　制单：陈楠

记账凭证

附单据数：

单位：×× 房地产有限公司　　日期：2021-02-12　　凭证号：记 -13

摘要	科目	借方金额	贷方金额
竞拍取得自用土地使用权	无形资产——土地使用权	80 000 000.00	
竞拍取得自用土地使用权	银行存款		80 000 000.00
合计：捌仟万元整		80 000 000.00	80 000 000.00

主管：　　记账：　　审核：　　出纳：　　制单：陈楠

记账凭证

附单据数：

单位：×× 房地产有限公司　　日期：2021-02-12　　凭证号：记 -14

摘要	科目	借方金额	贷方金额
支付自用土地使用权拍卖佣金	无形资产——土地使用权	200 000.00	
支付自用土地使用权拍卖佣金	应交税费——应交增值税——进项税额	12 000.00	
支付自用土地使用权拍卖佣金	银行存款		212 000.00
合计：贰拾壹万贰仟元整		212 000.00	212 000.00

主管：　　记账：　　审核：　　出纳：　　制单：陈楠

记账凭证

附单据数：

单位：×× 房地产有限公司　　日期：2021-02-12　　凭证号：记 -15

摘要	科目	借方金额	贷方金额
01 工会活动	应付职工薪酬——工会经费	8 000.00	
工会活动	应交税费——应交增值税——进项税额	480.00	
工会活动	银行存款		8 480.00
工会活动进项税额转出	应付职工薪酬——工会经费	480.00	
工会活动进项税额转出	应交税费——应交增值税——进项税额转出		480.00
工会活动转管理费用	管理费用——工会经费	8 480.00	
工会活动转管理费用	应付职工薪酬——工会经费		8 480.00
合计：壹万柒仟肆佰肆拾元整		17 440.00	17 440.00

主管：　　记账：　　审核：　　出纳：　　制单：陈楠

记账凭证

附单据数：

单位：××房地产有限公司　　日期：2021-02-15　　凭证号：记-16

摘要	科目	借方金额	贷方金额
缴纳九龙预售款城市维护建设税	应交税费——应交城市维护建设税	16 800.00	
缴纳九龙预售款教育费附加	应交税费——教育费附加	7 200.00	
缴纳九龙预售款地方教育费附加	应交税费——地方教育费附加	4 800.00	
缴纳九龙预售款城市维护建设税	银行存款		28 800.00
合计：贰万捌仟捌佰元整		28 800.00	28 800.00

主管：　记账：　审核：　出纳：　制单：陈楠

记账凭证

附单据数：

单位：××房地产有限公司　　日期：2021-02-15　　凭证号：记-17

摘要	科目	借方金额	贷方金额
缴纳社保费	应付职工薪酬——社保费	200 454.00	
缴纳社保费	其他应收款——社保费	133 636.00	
缴纳社保费	银行存款		334 090.00
合计：叁拾叁万肆仟零玖拾元整		334 090.00	334 090.00

主管：　记账：　审核：　出纳：　制单：陈楠

记账凭证

附单据数：

单位：××房地产有限公司　　日期：2021-02-15　　凭证号：记-18

摘要	科目	借方金额	贷方金额
缴纳住房公积金	应付职工薪酬——住房公积金	53 454.40	
缴纳住房公积金	其他应收款——住房公积金	53 454.40	
缴纳住房公积金	银行存款		106 908.80
合计：壹拾万陆仟玖佰零捌元捌角整		106 908.80	106 908.80

主管：　记账：　审核：　出纳：　制单：陈楠

记账凭证

附单据数：

单位：×× 房地产有限公司　　日期：2021-02-15　　凭证号：记 -19

摘要	科目	借方金额	贷方金额
预缴九龙桂冠项目土地增值税	应交税费——应交土地增值税	254 400.00	
预缴九龙桂冠项目土地增值税	银行存款		254 400.00
合计：贰拾伍万肆仟肆佰元整		254 400.00	254 400.00

主管：　记账：　审核：　出纳：　制单：陈楠

记账凭证

附单据数：

单位：×× 房地产有限公司　　日期：2021-02-15　　凭证号：记 -20

摘要	科目	借方金额	贷方金额
缴纳上月合同印花税	应交税费——应交印花税	8 965.00	
缴纳上月合同印花税	银行存款		8 965.00
合计：捌仟玖佰陆拾伍元整		8 965.00	8 965.00

主管：　记账：　审核：　出纳：　制单：陈楠

记账凭证

附单据数：

单位：×× 房地产有限公司　　日期：2021-02-16　　凭证号：记 -21

摘要	科目	借方金额	贷方金额
缴纳凯源新城一期土地增值税	应交税费——应交土地增值税	32 177 875.00	
缴纳凯源新城一期土地增值税	银行存款		32 177 875.00
合计：叁仟贰佰壹拾柒万柒仟捌佰柒拾伍元整		32 177 875.00	32 177 875.00

主管：　记账：　审核：　出纳：　制单：陈楠

记账凭证

附单据数：

单位：×× 房地产有限公司　　日期：2021-02-18　　凭证号：记 -22

摘要	科目	借方金额	贷方金额
购买劳保用品	开发成本——九龙桂冠——开发间接费——劳动保护费	80 000.00	
购买劳保用品	应交税费——应交增值税——进项税额	10 400.00	
购买劳保用品	银行存款		90 400.00
合计：玖万零肆佰元整		90 400.00	90 400.00

主管：　记账：　审核：　出纳：　制单：陈楠

记账凭证

附单据数：

单位：××房地产有限公司　　日期：2021-02-19　　凭证号：记-23

摘要	科目	借方金额	贷方金额
九龙桂冠项目部支付设备检测费	开发成本——九龙桂冠——开发间接费——修理费	38 000.00	
九龙桂冠项目部支付设备检测费	应交税费——应交增值税——进项税额	4 940.00	
九龙桂冠项目部支付设备检测费	银行存款		42 940.00
合计：肆万贰仟玖佰肆拾元整		42 940.00	42 940.00

主管：　记账：　审核：　出纳：　制单：陈楠

记账凭证

附单据数：

单位：××房地产有限公司　　日期：2021-02-22　　凭证号：记-24

摘要	科目	借方金额	贷方金额
支付工程保险费	开发成本——九龙桂冠——开发间接费——工程管理费	250 000.00	
支付工程保险费	应交税费——应交增值税——进项税额	15 000.00	
支付工程保险费	银行存款		265 000.00
合计：贰拾陆万伍仟元整		265 000.00	265 000.00

主管：　记账：　审核：　出纳：　制单：陈楠

记账凭证

附单据数：

单位：××房地产有限公司　　日期：2021-02-23　　凭证号：记-25

摘要	科目	借方金额	贷方金额
支付机动车保险费	管理费用——车辆费用	16 000.00	
支付机动车保险费	应交税费——应交增值税——进项税额	960.00	
支付机动车保险费	银行存款		16 960.00
合计：壹万陆仟玖佰陆拾元整		16 960.00	16 960.00

主管：　记账：　审核：　出纳：　制单：陈楠

记账凭证

附单据数：

单位：××房地产有限公司　　日期：2021-02-24　　凭证号：记-26

摘要	科目	借方金额	贷方金额
职工借支差旅费	其他应收款——宋立阳	8 000.00	
职工借支差旅费	库存现金		8 000.00
合计：捌仟元整		8 000.00	8 000.00

主管：　记账：　审核：　出纳：　制单：陈楠

记账凭证

附单据数：

单位：×× 房地产有限公司　　日期：2021-02-25　　凭证号：记 -27

摘要	科目	借方金额	贷方金额
收到应收票据抵欠款	应收票据——佳采公司	536 000.00	
收到应收票据抵欠款	应收账款——佳采公司		536 000.00
合计：伍拾叁万陆仟元整		536 000.00	536 000.00

主管：　记账：　审核：　出纳：　制单：陈楠

记账凭证

附单据数：

单位：×× 房地产有限公司　　日期：2021-02-25　　凭证号：记 -28

摘要	科目	借方金额	贷方金额
01 支付生活困难补助	应付职工薪酬——福利费	2 000.00	
支付生活困难补助	库存现金		2 000.00
02 结转管理费用	管理费用——福利费	2 000.00	
结转管理费用	应付职工薪酬——福利费		2 000.00
合计：肆仟元整		4 000.00	4 000.00

主管：　记账：　审核：　出纳：　制单：陈楠

记账凭证

附单据数：

单位：×× 房地产有限公司　　日期：2021-02-26　　凭证号：记 -29

摘要	科目	借方金额	贷方金额
01 发放福利用品	应付职工薪酬——福利费	18 000.00	
发放福利用品	应交税费——应交增值税——进项税额	2 340.00	
发放福利用品	银行存款		20 340.00
02 进项税额准出	应付职工薪酬——福利费	2 340.00	
进项税额准出	应交税费——应交增值税——进项税额转出		2 340.00
03 结转管理费用	管理费用——福利费	20 340.00	
结转管理费用	应付职工薪酬——福利费		20 340.00
合计：肆万叁仟零贰拾元整		43 020.00	43 020.00

主管：　记账：　审核：　出纳：　制单：陈楠

记账凭证

附单据数：

单位：×× 房地产有限公司　　日期：2021-02-26　　凭证号：记 -30

摘要	科目	借方金额	贷方金额
九龙桂冠项目收取销售定金	银行存款	65 400 000.00	
九龙桂冠项目收取销售定金	预收账款——销售定金		65 400 000.00
合计：陆仟伍佰肆拾万元整		65 400 000.00	65 400 000.00

主管：　记账：　审核：　出纳：　制单：陈楠

记账凭证

附单据数：

单位：×× 房地产有限公司　　日期：2021-02-28　　凭证号：记 -31

摘要	科目	借方金额	贷方金额
九龙桂冠建筑安装基础工程完工	开发成本——九龙桂冠——建筑安装工程费——基础工程费	27 000 000.00	
九龙桂冠建筑安装基础工程完工	应交税费——应交增值税——进项税额	2 430 000.00	
九龙桂冠建筑安装基础工程完工	预付账款——开远工程公司		29 430 000.00
合计：贰仟玖佰肆拾叁万元整		29 430 000.00	29 430 000.00

主管：　记账：　审核：　出纳：　制单：陈楠

记账凭证

附单据数：

单位：×× 房地产有限公司　　日期：2021-02-28　　凭证号：记 -32

摘要	科目	借方金额	贷方金额
支付自用土地使用权拆迁补偿费	无形资产——土地使用权	19 800 000.00	
支付自用土地使用权拆迁补偿费	银行存款		19 800 000.00
合计：壹仟玖佰捌拾万元整		19 800 000.00	19 800 000.00

主管：　记账：　审核：　出纳：　制单：陈楠

记账凭证

附单据数：

单位：××房地产有限公司　　日期：2021-02-28　　凭证号：记 -33

摘要	科目	借方金额	贷方金额
计提工资	管理费用——管理人员职工薪酬	155 280.00	
计提工资	销售费用——销售人员职工薪酬	176 800.00	
计提工资	开发成本——九龙桂冠——开发间接费——项目管理人员职工薪酬	516 500.00	
计提工资	应付职工薪酬——职工工资		848 580.00
合计：捌拾肆万捌仟伍佰捌拾元整		848 580.00	848 580.00

主管：　记账：　审核：　出纳：　制单：陈楠

记账凭证

附单据数：

单位：××房地产有限公司　　日期：2021-02-28　　凭证号：记 -34

摘要	科目	借方金额	贷方金额
计提单位负担社保费	管理费用——管理人员职工薪酬	46 584.00	
计提单位负担社保费	销售费用——销售人员职工薪酬	53 040.00	
计提单位负担社保费	开发成本——九龙桂冠——开发间接费——项目管理人员职工薪酬	154 950.00	
计提单位负担社保费	应付职工薪酬——社保费		254 574.00
合计：贰拾伍万肆仟伍佰柒拾肆元整		254 574.00	254 574.00

主管：　记账：　审核：　出纳：　制单：陈楠

记账凭证

附单据数：

单位：××房地产有限公司　　日期：2021-02-28　　凭证号：记 -35

摘要	科目	借方金额	贷方金额
计提单位负担住房公积金	管理费用——管理人员职工薪酬	12 422.40	
计提单位负担住房公积金	销售费用——销售人员职工薪酬	14 144.00	
计提单位负担住房公积金	开发成本——九龙桂冠——开发间接费——项目管理人员职工薪酬	41 320.00	
计提单位负担住房公积金	应付职工薪酬——住房公积金		67 886.40
合计：陆万柒仟捌佰捌拾陆元肆角整		67 886.40	67 886.40

主管：　记账：　审核：　出纳：　制单：陈楠

记账凭证

附单据数：

单位：××房地产有限公司　　日期：2021-02-28　　凭证号：记 -36

摘要	科目	借方金额	贷方金额
计提固定资产折旧	管理费用——折旧费	118 500.00	
计提固定资产折旧	累计折旧		118 500.00
合计：壹拾壹万捌仟伍佰元整		118 500.00	118 500.00

主管：　记账：　审核：　出纳：　制单：陈楠

记账凭证　　附单据数：

单位：××房地产有限公司　　日期：2021-02-28　　凭证号：记-37

摘要	科目	借方金额	贷方金额
计提当月合同印花税	税金及附加——印花税	58 960.00	
计提当月合同印花税	应交税费——应交印花税		58 960.00
合计：伍万捌仟玖佰陆拾元整		58 960.00	58 960.00

主管：　记账：　审核：　出纳：　制单：陈楠

记账凭证　　附单据数：

单位：××房地产有限公司　　日期：2021-02-28　　凭证号：记-38

摘要	科目	借方金额	贷方金额
2月结转损益	本年利润	786 770.40	
2月结转损益	税金及附加——印花税		113 460.00
2月结转损益	税金及附加——城市维护建设税		16 800.00
2月结转损益	税金及附加——教育费附加		7 200.00
2月结转损益	税金及附加——地方教育费附加		4 800.00
2月结转损益	销售费用——销售人员职工薪酬		243 984.00
2月结转损益	销售费用——办公费		1 955.00
2月结转损益	管理费用——管理人员职工薪酬		214 286.40
2月结转损益	管理费用——办公费		5 185.00
2月结转损益	管理费用——折旧费		118 500.00
2月结转损益	管理费用——福利费		36 120.00
2月结转损益	管理费用——工会经费		8 480.00
2月结转损益	管理费用——车辆费用		16 000.00
合计：柒拾捌万陆仟柒佰柒拾元肆角整		786 770.40	786 770.40

主管：　记账：　审核：　出纳：　制单：陈楠

三、3月记账凭证

记账凭证　　附单据数：

单位：××房地产有限公司　　日期：2021-03-03　　凭证号：记-1

摘要	科目	借方金额	贷方金额
九龙桂冠项目部签订预售合同	预收账款——销售定金	74 120 000.00	
九龙桂冠项目部签订预售合同	预收账款——销售房款		74 120 000.00
合计：柒仟肆佰壹拾贰万元整		74 120 000.00	74 120 000.00

主管：　记账：　审核：　出纳：　制单：陈楠

记账凭证

附单据数：

单位：×× 房地产有限公司　　日期：2021-03-04　　凭证号：记 -2

摘要	科目	借方金额	贷方金额
宋立阳报销差旅费	库存现金	520.00	
宋立阳报销差旅费	管理费用——差旅费	7 180.00	
宋立阳报销差旅费	应交税费——应交增值税——进项税额	300.00	
宋立阳报销差旅费	其他应收款——宋立阳		8 000.00
合计：捌仟元整		8 000.00	8 000.00

主管：　　记账：　　审核：　　出纳：　　制单：陈楠

记账凭证

附单据数：

单位：×× 房地产有限公司　　日期：2021-03-05　　凭证号：记 -3

摘要	科目	借方金额	贷方金额
支付参展费用	销售费用——展览费	250 000.00	
支付参展费用	应交税费——应交增值税——进项税额	15 000.00	
支付参展费用	银行存款		265 000.00
合计：贰拾陆万伍仟元整		265 000.00	265 000.00

主管：　　记账：　　审核：　　出纳：　　制单：陈楠

记账凭证

附单据数：

单位：×× 房地产有限公司　　日期：2021-03-05　　凭证号：记 -4

摘要	科目	借方金额	贷方金额
九龙桂冠项目收取售房款	银行存款	85 020 000.00	
九龙桂冠项目收取售房款	预收账款——销售房款		85 020 000.00
合计：捌仟伍佰零贰万元整		85 020 000.00	85 020 000.00

主管：　　记账：　　审核：　　出纳：　　制单：陈楠

记账凭证

附单据数：

单位：×× 房地产有限公司　　日期：2021-03-10　　凭证号：记 -5

摘要	科目	借方金额	贷方金额
发放工资	应付职工薪酬——职工工资	848 580.00	
发放工资	银行存款		589 647.60
发放工资	其他应收款——社保费		169 716.00
代扣个人承担住房公积金	其他应收款——住房公积金		67 886.40
代扣个人所得税	应交税费——应交个人所得税		21 330.00
合计：捌拾肆万捌仟伍佰捌拾元整		848 580.00	848 580.00

主管：　　记账：　　审核：　　出纳：　　制单：陈楠

记账凭证

附单据数：

单位：××房地产有限公司　　日期：2021-03-10　　凭证号：记-6

摘要	科目	借方金额	贷方金额
九龙桂冠项目预交增值税	应交税费——预交增值税	1 800 000.00	
九龙桂冠项目预交增值税	银行存款		1 800 000.00
合计：壹佰捌拾万元整		1 800 000.00	1 800 000.00

主管：　　记账：　　审核：　　出纳：　　制单：陈楠

记账凭证

附单据数：

单位：××房地产有限公司　　日期：2021-03-10　　凭证号：记-7

摘要	科目	借方金额	贷方金额
计提城市维护建设税	税金及附加——城市维护建设税	126 000.00	
计提教育费附加	税金及附加——教育费附加	54 000.00	
计提教育费附加	税金及附加——地方教育费附加	36 000.00	
计提城市维护建设税	应交税费——应交城市维护建设税		126 000.00
计提教育费附加	应交税费——教育费附加		54 000.00
计提地方教育费附加	应交税费——地方教育费附加		36 000.00
合计：贰拾壹万陆仟元整		216 000.00	216 000.00

主管：　　记账：　　审核：　　出纳：　　制单：陈楠

记账凭证

附单据数：

单位：××房地产有限公司　　日期：2021-03-11　　凭证号：记-8

摘要	科目	借方金额	贷方金额
支付工程监理费	开发成本——九龙桂冠——开发间接费——工程管理费	450 000.00	
支付工程监理费	应交税费——应交增值税——进项税额	27 000.00	
支付工程监理费	银行存款		477 000.00
合计：肆拾柒万柒仟元整		477 000.00	477 000.00

主管：　　记账：　　审核：　　出纳：　　制单：陈楠

记账凭证

附单据数：

单位：×× 房地产有限公司　　日期：2021-03-12　　凭证号：记 -9

摘要	科目	借方金额	贷方金额
市场部报销参展费用	销售费用——差旅费	8 350.00	
市场部报销参展费用	应交税费——应交增值税——进项税额	300.00	
市场部报销参展费用	银行存款		8 650.00
合计：捌仟陆佰伍拾元整		8 650.00	8 650.00

主管：　记账：　审核：　出纳：　制单：陈楠

记账凭证

附单据数：

单位：×× 房地产有限公司　　日期：2021-03-12　　凭证号：记 -10

摘要	科目	借方金额	贷方金额
支付鲁达公司货款	应付账款——鲁达公司	11 630 000.00	
支付鲁达公司货款	银行存款		11 630 000.00
合计：壹仟壹佰陆拾叁万元整		11 630 000.00	11 630 000.00

主管：　记账：　审核：　出纳：　制单：陈楠

记账凭证

附单据数：

单位：×× 房地产有限公司　　日期：2021-03-12　　凭证号：记 -11

摘要	科目	借方金额	贷方金额
九龙桂冠项目购买工程物资	工程物资	15 000 000.00	
九龙桂冠项目购买工程物资	应交税费——应交增值税——进项税额	1 950 000.00	
九龙桂冠项目购买工程物资	应付账款——浦南科技公司		15 950 000.00
九龙桂冠项目购买工程物资	银行存款		1 000 000.00
合计：壹仟陆佰玖拾伍万元整		16 950 000.00	16 950 000.00

主管：　记账：　审核：　出纳：　制单：陈楠

记账凭证

附单据数：

单位：×× 房地产有限公司　　日期：2021-03-15　　凭证号：记 -12

摘要	科目	借方金额	贷方金额
缴纳城市维护建设税	应交税费——应交城市维护建设税	126 000.00	
缴纳城市维护建设税	应交税费——教育费附加	54 000.00	
缴纳教育费附加	应交税费——地方教育费附加	36 000.00	
缴纳地方教育费附加	银行存款		216 000.00
合计：贰拾壹万陆仟元整		216 000.00	216 000.00

主管：　记账：　审核：　出纳：　制单：陈楠

记账凭证

附单据数：

单位：××房地产有限公司　　日期：2021-03-15　　凭证号：记-13

摘要	科目	借方金额	贷方金额
缴纳个人所得税	应交税费——应交个人所得税	21 330.00	
缴纳个人所得税	银行存款		21 330.00
合计：贰万壹仟叁佰叁拾元整		21 330.00	21 330.00

主管：　记账：　审核：　出纳：　制单：陈楠

记账凭证

附单据数：

单位：××房地产有限公司　　日期：2021-03-15　　凭证号：记-14

摘要	科目	借方金额	贷方金额
缴纳社保费	应付职工薪酬——社保费	254 574.00	
缴纳社保费	其他应收款——社保费	169 716.00	
缴纳社保费	银行存款		424 290.00
合计：肆拾贰万肆仟贰佰玖拾元整		424 290.00	424 290.00

主管：　记账：　审核：　出纳：　制单：陈楠

记账凭证

附单据数：

单位：××房地产有限公司　　日期：2021-03-15　　凭证号：记-15

摘要	科目	借方金额	贷方金额
缴纳住房公积金	应付职工薪酬——住房公积金	67 886.40	
缴纳住房公积金	其他应收款——住房公积金	67 886.40	
缴纳住房公积金	银行存款		135 772.80
合计：壹拾叁万伍仟柒佰柒拾贰元捌角整		135 772.80	135 772.80

主管：　记账：　审核：　出纳：　制单：陈楠

记账凭证

附单据数：

单位：××房地产有限公司　　日期：2021-03-15　　凭证号：记-16

摘要	科目	借方金额	贷方金额
预缴九龙桂冠项目土地增值税	应交税费——应交土地增值税	1 908 000.00	
预缴九龙桂冠项目土地增值税	银行存款		1 908 000.00
合计：壹佰玖拾万捌仟元整		1 908 000.00	1 908 000.00

主管：　记账：　审核：　出纳：　制单：陈楠

记账凭证

附单据数：

单位：×× 房地产有限公司　日期：2021-03-15　凭证号：记 -17

摘要	科目	借方金额	贷方金额
缴纳上月合同印花税	应交税费——应交印花税	58 960.00	
缴纳上月合同印花税	银行存款		58 960.00
合计：伍万捌仟玖佰陆拾元整		58 960.00	58 960.00

主管：　记账：　审核：　出纳：　制单：陈楠

记账凭证

附单据数：

单位：×× 房地产有限公司　日期：2021-03-16　凭证号：记 -18

摘要	科目	借方金额	贷方金额
与青城建筑公司结算主体工程费	开发成本——九龙桂冠——建筑安装工程费——主体工程费	40 000 000.00	
与青城建筑公司结算主体工程费	应交税费——应交增值税——进项税额	3 600 000.00	
与青城建筑公司结算主体工程费	预付账款——青城建筑公司		43 600 000.00
合计：肆仟叁佰陆拾万元整		43 600 000.00	43 600 000.00

主管：　记账：　审核：　出纳：　制单：陈楠

记账凭证

附单据数：

单位：×× 房地产有限公司　日期：2021-03-17　凭证号：记 -19

摘要	科目	借方金额	贷方金额
支付九龙桂冠项目基础设施费	开发成本——九龙桂冠——基础设施费——社区管网工程费	3 000 000.00	
支付九龙桂冠项目基础设施费	应交税费——应交增值税——进项税额	270 000.00	
支付九龙桂冠项目基础设施费	银行存款		3 270 000.00
合计：叁佰贰拾柒万元整		3 270 000.00	3 270 000.00

主管：　记账：　审核：　出纳：　制单：陈楠

记账凭证

附单据数：

单位：×× 房地产有限公司　　日期：2021-03-22　　凭证号：记 -20

摘要	科目	借方金额	贷方金额
01 缴纳自用土地契税	无形资产——土地使用权	3 000 000.00	
缴纳自用土地契税	银行存款		3 000 000.00
02 缴纳自用土地印花税	税金及附加——印花税	50 000.00	
缴纳自用土地印花税	银行存款		50 000.00
合计：叁佰零伍万元整		3 050 000.00	3 050 000.00

主管：　记账：　审核：　出纳：　制单：陈楠

记账凭证

附单据数：

单位：×× 房地产有限公司　　日期：2021-03-24　　凭证号：记 -21

摘要	科目	借方金额	贷方金额
发出工程物资	开发成本——九龙桂冠——建筑安装工程费——安装工程费	15 000 000.00	
发出工程物资	工程物资		15 000 000.00
合计：壹仟伍佰万元整		15 000 000.00	15 000 000.00

主管：　记账：　审核：　出纳：　制单：陈楠

记账凭证

附单据数：

单位：×× 房地产有限公司　　日期：2021-03-24　　凭证号：记 -22

摘要	科目	借方金额	贷方金额
汇票到期收取款项	银行存款	478 000.00	
汇票到期收取款项	应收票据——星星公司		478 000.00
合计：肆拾柒万捌仟元整		478 000.00	478 000.00

主管：　记账：　审核：　出纳：　制单：陈楠

记账凭证

附单据数：

单位：×× 房地产有限公司　　日期：2021-03-25　　凭证号：记 -23

摘要	科目	借方金额	贷方金额
01 设备安装验收交付使用	固定资产——设备	350 000.00	
设备安装验收交付使用	在建工程——设备		350 000.00
02 支付设备款项	应付账款——昌邑机电	200 000.00	
支付设备款项	银行存款		200 000.00
合计：伍拾伍万元整		550 000.00	550 000.00

主管：　记账：　审核：　出纳：　制单：陈楠

记账凭证

附单据数：

单位：×× 房地产有限公司　　日期：2021-03-25　　凭证号：记 -24

摘要	科目	借方金额	贷方金额
支付九龙桂冠项目环卫工程费	开发成本——九龙桂冠——基础设施费——环卫工程费	180 000.00	
支付九龙桂冠项目环卫工程费	应交税费——应交增值税——进项税额	16 200.00	
支付九龙桂冠项目环卫工程费	银行存款		196 200.00
合计：壹拾玖万陆仟贰佰元整		196 200.00	196 200.00

主管：　记账：　审核：　出纳：　制单：陈楠

记账凭证

附单据数：

单位：×× 房地产有限公司　　日期：2021-03-30　　凭证号：记 -25

摘要	科目	借方金额	贷方金额
支付九龙桂冠项目季度清洁费用	开发成本——九龙桂冠——开发间接费——其他	6 000.00	
支付九龙桂冠项目季度清洁费用	应交税费——应交增值税——进项税额	360.00	
支付九龙桂冠项目季度清洁费用	银行存款		6 360.00
合计：陆仟叁佰陆拾元整		6 360.00	6 360.00

主管：　记账：　审核：　出纳：　制单：陈楠

记账凭证

附单据数：

单位：×× 房地产有限公司　　日期：2021-03-30　　凭证号：记 -26

摘要	科目	借方金额	贷方金额
01 财务人员培训费	应付职工薪酬——职工教育经费	3 600.00	
财务人员培训费	应交税费——应交增值税——进项税额	216.00	
财务人员培训费	库存现金		3 816.00
02 结转管理费用	管理费用——职工教育经费	3 600.00	
结转管理费用	应付职工薪酬——职工教育经费		3 600.00
合计：柒仟肆佰壹拾陆元整		7 416.00	7 416.00

主管：　记账：　审核：　出纳：　制单：陈楠

记账凭证

附单据数：

单位：×× 房地产有限公司　　日期：2021-03-30　　凭证号：记 -27

摘要	科目	借方金额	贷方金额
九龙桂冠项目按揭贷款到账	银行存款	318 280 000.00	
九龙桂冠项目按揭贷款到账	预收账款——销售房款		318 280 000.00
合计：叁亿壹仟捌佰贰拾捌万元整		318 280 000.00	318 280 000.00

主管：　记账：　审核：　出纳：　制单：陈楠

记账凭证

附单据数：

单位：×× 房地产有限公司　　日期：2021-03-30　　凭证号：记 -28

摘要	科目	借方金额	贷方金额
支付开远工程款	预付账款——开远工程公司	25 930 000.00	
支付开远工程款	银行存款		25 930 000.00
合计：贰仟伍佰玖拾叁万元整		25 930 000.00	25 930 000.00

主管：　记账：　审核：　出纳：　制单：陈楠

记账凭证

附单据数：

单位：×× 房地产有限公司　　日期：2021-03-31　　凭证号：记 -29

摘要	科目	借方金额	贷方金额
计提工资	管理费用——管理人员职工薪酬	155 280.00	
计提工资	销售费用——销售人员职工薪酬	176 800.00	
计提工资	开发成本——九龙桂冠——开发间接费——项目管理人员职工薪酬	516 500.00	
计提工资	应付职工薪酬——职工工资		848 580.00
合计：捌拾肆万捌仟伍佰捌拾元整		848 580.00	848 580.00

主管：　记账：　审核：　出纳：　制单：陈楠

记账凭证

附单据数：

单位：×× 房地产有限公司　　日期：2021-03-31　　凭证号：记 -30

摘要	科目	借方金额	贷方金额
计提单位负担社保费	管理费用——管理人员职工薪酬	46 584.00	
计提单位负担社保费	销售费用——销售人员职工薪酬	53 040.00	
计提单位负担社保费	开发成本——九龙桂冠——开发间接费——项目管理人员职工薪酬	154 950.00	
计提单位负担社保费	应付职工薪酬——社保费		254 574.00
合计：贰拾伍万肆仟伍佰柒拾肆元整		254 574.00	254 574.00

主管：　记账：　审核：　出纳：　制单：陈楠

记账凭证

附单据数：

单位：×× 房地产有限公司　　日期：2021-03-31　　凭证号：记 -31

摘要	科目	借方金额	贷方金额
计提单位负担住房公积金	管理费用——管理人员职工薪酬	12 422.40	
计提单位负担住房公积金	销售费用——销售人员职工薪酬	14 144.00	
计提单位负担住房公积金	开发成本——九龙桂冠——开发间接费——项目管理人员职工薪酬	41 320.00	
计提单位负担住房公积金	应付职工薪酬——住房公积金		67 886.40
合计：陆万柒仟捌佰捌拾陆元肆角整		67 886.40	67 886.40

主管：　记账：　审核：　出纳：　制单：陈楠

记账凭证　　附单据数：

单位：× × 房地产有限公司　　日期：2021-03-31　　凭证号：记 -32

摘要	科目	借方金额	贷方金额
行政部门报销汽车修理费	管理费用——车辆费用	7 000.00	
行政部门报销汽车修理费	应交税费——应交增值税——进项税额	910.00	
行政部门报销汽车修理费	银行存款		7 910.00
合计：柒仟玖佰壹拾元整		7 910.00	7 910.00

主管：　记账：　审核：　出纳：　制单：陈楠

记账凭证　　附单据数：

单位：× × 房地产有限公司　　日期：2021-03-31　　凭证号：记 -33

摘要	科目	借方金额	贷方金额
管理部门报销高速公路过路费	管理费用——车辆费用	1 000.00	
管理部门报销高速公路过路费	应交税费——应交增值税——进项税额	30.00	
管理部门报销高速公路过路费	库存现金		1 030.00
合计：壹仟零叁拾元整		1 030.00	1 030.00

主管：　记账：　审核：　出纳：　制单：陈楠

记账凭证　　附单据数：

单位：× × 房地产有限公司　　日期：2021-03-31　　凭证号：记 -34

摘要	科目	借方金额	贷方金额
销售部门报销通信费	销售费用——通信费用	2 000.00	
销售部门报销通信费	应交税费——应交增值税——进项税额	180.00	
销售部门报销通信费	库存现金		2 180.00
合计：贰仟壹佰捌拾元整		2 180.00	2 180.00

主管：　记账：　审核：　出纳：　制单：陈楠

记账凭证　　附单据数：

单位：× × 房地产有限公司　　日期：2021-03-31　　凭证号：记 -35

摘要	科目	借方金额	贷方金额
结转利息收入	银行存款	7 638.00	
结转利息收入	财务费用——利息费用		7 638.00
合计：柒仟陆佰叁拾捌元整		7 638.00	7 638.00

主管：　记账：　审核：　出纳：　制单：陈楠

记账凭证　　附单据数：

单位：×× 房地产有限公司　　日期：2021-03-31　　凭证号：记 -36

摘要	科目	借方金额	贷方金额
摊销无形资产	管理费用——无形资产摊销	171 666.66	
摊销无形资产	累计摊销——无形资产摊销		171 666.66
合计：壹拾柒万壹仟陆佰陆拾陆元陆角陆分		171 666.66	171 666.66

主管：　　记账：　　审核：　　出纳：　　制单：陈楠

记账凭证　　附单据数：

单位：×× 房地产有限公司　　日期：2021-03-31　　凭证号：记 -37

摘要	科目	借方金额	贷方金额
计提折旧	管理费用——折旧费	123 500.00	
计提折旧	累计折旧		123 500.00
合计：壹拾贰万叁仟伍佰元整		123 500.00	123 500.00

主管：　　记账：　　审核：　　出纳：　　制单：陈楠

记账凭证　　附单据数：

单位：×× 房地产有限公司　　日期：2021-03-31　　凭证号：记 -38

摘要	科目	借方金额	贷方金额
计提当月合同印花税	税金及附加——印花税	213 500.00	
计提当月合同印花税	应交税费——应交印花税		213 500.00
合计：贰拾壹万叁仟伍佰元整		213 500.00	213 500.00

主管：　　记账：　　审核：　　出纳：　　制单：陈楠

记账凭证　　附单据数：

单位：×× 房地产有限公司　　日期：2021-03-31　　凭证号：记 -39

摘要	科目	借方金额	贷方金额
计提应预缴企业所得税	递延所得税资产——预售房款所得税	6 148 993.54	
计提应预缴企业所得税	应交税费——应交所得税		6 148 993.54
合计：陆佰壹拾肆万捌仟玖佰玖拾叁元伍角肆分		6 148 993.54	6 148 993.54

主管：　　记账：　　审核：　　出纳：　　制单：陈楠

记账凭证

附单据数：

单位：×× 房地产有限公司　　日期：2021-03-31　　凭证号：记 -40

摘要	科目	借方金额	贷方金额
3 月结转损益	本年利润	1 504 429.06	
3 月结转损益	税金及附加——印花税		263 500.00
3 月结转损益	税金及附加——城市维护建设税		126 000.00
3 月结转损益	税金及附加——教育费附加		54 000.00
3 月结转损益	税金及附加——地方教育费附加		36 000.00
3 月结转损益	销售费用——销售人员职工薪酬		243 984.00
3 月结转损益	销售费用——差旅费		8 350.00
3 月结转损益	销售费用——展览费		250 000.00
3 月结转损益	销售费用——通信费用		2 000.00
3 月结转损益	管理费用——管理人员职工薪酬		214 286.40
3 月结转损益	管理费用——差旅费		7 180.00
3 月结转损益	管理费用——折旧费		123 500.00
3 月结转损益	管理费用——车辆费用		8 000.00
3 月结转损益	管理费用——职工教育经费		3 600.00
3 月结转损益	管理费用——无形资产摊销		171 666.66
3 月结转损益	财务费用——利息费用		−7 638.00
合计：壹佰伍拾万肆仟肆佰贰拾玖元零陆分		1 504 429.06	1 504 429.06

主管：　　记账：　　审核：　　出纳：　　制单：陈楠

四、4 月记账凭证

记账凭证

附单据数：

单位：×× 房地产有限公司　　日期：2021-04-01　　凭证号：记 -1

摘要	科目	借方金额	贷方金额
取得 760 号土地使用权	开发成本——土地征用及拆迁补偿费——760 号土地	96 000 000.00	
取得 760 号土地使用权	银行存款		96 000 000.00
合计：玖仟陆佰万元整		96 000 000.00	96 000 000.00

主管：　　记账：　　审核：　　出纳：　　制单：陈楠

记账凭证

附单据数：

单位：××房地产有限公司　　日期：2021-04-02　　凭证号：记-2

摘要	科目	借方金额	贷方金额
九龙桂冠项目安装工程完工	开发成本——九龙桂冠——建筑安装工程费——安装工程费	12 000 000.00	
九龙桂冠项目安装工程完工	应交税费——应交增值税——进项税额	1 080 000.00	
九龙桂冠项目安装工程完工	银行存款		6 000 000.00
九龙桂冠项目安装工程完工	应付账款——奥克莱公司		7 080 000.00
合计：壹仟叁佰零捌万元整		13 080 000.00	13 080 000.00

主管：　记账：　审核：　出纳：　制单：陈楠

记账凭证

附单据数：

单位：××房地产有限公司　　日期：2021-04-05　　凭证号：记-3

摘要	科目	借方金额	贷方金额
支付九龙工程管理费	开发成本——九龙桂冠——开发间接费——工程管理费	500 000.00	
支付九龙工程管理费	应交税费——应交增值税——进项税额	30 000.00	
支付九龙工程管理费	银行存款		530 000.00
合计：伍拾叁万元整		530 000.00	530 000.00

主管：　记账：　审核：　出纳：　制单：陈楠

记账凭证

附单据数：

单位：××房地产有限公司　　日期：2021-04-06　　凭证号：记-4

摘要	科目	借方金额	贷方金额
01 发生盗窃损失	待处理财产损溢——待处理流动资产损溢	30 000.00	
发生盗窃损失	周转材料——生产工具		30 000.00
02 盗窃损失处理	其他应收款——严文林	3 000.00	
盗窃损失处理	营业外支出——存货毁损报废损失	27 000.00	
盗窃损失处理	待处理财产损溢——待处理流动资产损溢		30 000.00
合计：陆万元整		60 000.00	60 000.00

主管：　记账：　审核：　出纳：　制单：陈楠

记账凭证

附单据数：

单位：×× 房地产有限公司　　日期：2021-04-08　　凭证号：记 -5

摘要	科目	借方金额	贷方金额
支付报刊订阅费	管理费用——办公费	3 600.00	
支付报刊订阅费	应交税费——应交增值税——进项税额	324.00	
支付报刊订阅费	银行存款		3 924.00
合计：叁仟玖佰贰拾肆元整		3 924.00	3 924.00

主管：　记账：　审核：　出纳：　制单：陈楠

记账凭证

附单据数：

单位：×× 房地产有限公司　　日期：2021-04-09　　凭证号：记 -6

摘要	科目	借方金额	贷方金额
发放工资	应付职工薪酬——职工工资	848 580.00	
发放工资	银行存款		589 647.60
发放工资	其他应收款——社保费		169 716.00
代扣个人承担住房公积金	其他应收款——住房公积金		67 886.40
代扣个人承担住房公积金	应交税费——应交个人所得税		21 330.00
合计：捌拾肆万捌仟伍佰捌拾元整		848 580.00	848 580.00

主管：　记账：　审核：　出纳：　制单：陈楠

记账凭证

附单据数：

单位：×× 房地产有限公司　　日期：2021-04-09　　凭证号：记 -7

摘要	科目	借方金额	贷方金额
九龙预交增值税	应交税费——预交增值税	11 100 000.00	
九龙预交增值税	银行存款		11 100 000.00
合计：壹仟壹佰壹拾万元整		11 100 000.00	11 100 000.00

主管：　记账：　审核：　出纳：　制单：陈楠

记账凭证

附单据数：

单位：××房地产有限公司　　日期：2021-04-09　　凭证号：记-8

摘要	科目	借方金额	贷方金额
九龙照明基础设施工程完工	开发成本——九龙桂冠——基础设施费——社区管网工程费	2 000 000.00	
九龙照明基础设施工程完工	应交税费——应交增值税——进项税额	180 000.00	
九龙照明基础设施工程完工	应付账款——章龙建筑		2 180 000.00
合计：贰佰壹拾捌万元整		2 180 000.00	2 180 000.00

主管：　记账：　审核：　出纳：　制单：陈楠

记账凭证

附单据数：

单位：××房地产有限公司　　日期：2021-04-12　　凭证号：记-9

摘要	科目	借方金额	贷方金额
计提3月九龙预售款城市维护建设税	税金及附加——城市维护建设税	777 000.00	
计提3月九龙预售款教育费附加	税金及附加——教育费附加	333 000.00	
计提3月九龙预售款地方教育费附加	税金及附加——地方教育费附加	222 000.00	
计提3月九龙预售款城市维护建设税	应交税费——应交城市维护建设税		777 000.00
计提3月九龙预售款教育费附加	应交税费——教育费附加		333 000.00
计提3月九龙预售款地方教育费附加	应交税费——地方教育费附加		222 000.00
合计：壹佰叁拾叁万贰仟元整		1 332 000.00	1 332 000.00

主管：　记账：　审核：　出纳：　制单：陈楠

记账凭证

附单据数：

单位：××房地产有限公司　　日期：2021-04-12　　凭证号：记-10

摘要	科目	借方金额	贷方金额
捐赠支出	营业外支出——捐赠支出	2 000 000.00	
捐赠支出	银行存款		2 000 000.00
合计：贰佰万元整		2 000 000.00	2 000 000.00

主管：　记账：　审核：　出纳：　制单：陈楠

记账凭证　　附单据数：

单位：× × 房地产有限公司　　日期：2021-04-13　　凭证号：记 -11

摘要	科目	借方金额	贷方金额
支付九龙人防工程配套设施费	开发成本——九龙桂冠——公共配套设施费——其他配套设施	3 300 000.00	
支付九龙人防工程配套设施费	应交税费——应交增值税——进项税额	297 000.00	
支付九龙人防工程配套设施费	银行存款		3 597 000.00
合计：叁佰伍拾玖万柒仟元整		3 597 000.00	3 597 000.00

主管：　记账：　审核：　出纳：　制单：陈楠

记账凭证　　附单据数：

单位：× × 房地产有限公司　　日期：2021-04-13　　凭证号：记 -12

摘要	科目	借方金额	贷方金额
缴纳 3 月九龙预售款城市维护建设税	应交税费——应交城市维护建设税	777 000.00	
缴纳 3 月九龙预售款教育费附加	应交税费——教育费附加	333 000.00	
缴纳 3 月九龙预售款地方教育费附加	应交税费——地方教育费附加	222 000.00	
缴纳 3 月九龙预售款附加税	银行存款		1 332 000.00
合计：壹佰叁拾叁万贰仟元整		1 332 000.00	1 332 000.00

主管：　记账：　审核：　出纳：　制单：陈楠

记账凭证　　附单据数：

单位：× × 房地产有限公司　　日期：2021-04-13　　凭证号：记 -13

摘要	科目	借方金额	贷方金额
缴纳 3 月合同印花税	应交税费——应交印花税	213 500.00	
缴纳 3 月合同印花税	银行存款		213 500.00
合计：贰拾壹万叁仟伍佰元整		213 500.00	213 500.00

主管：　记账：　审核：　出纳：　制单：陈楠

记账凭证

附单据数：

单位：×× 房地产有限公司　　日期：2021-04-14　　凭证号：记 -14

摘要	科目	借方金额	贷方金额
01 盘亏生产工具	待处理财产损溢——待处理流动资产损溢	1 560.00	
盘亏生产工具	周转材料——生产工具		1 560.00
02 盘亏生产工具处理	其他应收款——张美珍	700.00	
盘亏生产工具处理	营业外支出——盘亏损失	860.00	
盘亏生产工具处理	待处理财产损溢——待处理流动资产损溢		1 560.00
合计：叁仟壹佰贰拾元整		3 120.00	3 120.00

主管：　记账：　审核：　出纳：　制单：陈楠

记账凭证

附单据数：

单位：×× 房地产有限公司　　日期：2021-04-14　　凭证号：记 -15

摘要	科目	借方金额	贷方金额
缴纳个人所得税	应交税费——应交个人所得税	21 330.00	
缴纳个人所得税	银行存款		21 330.00
合计：贰万壹仟叁佰叁拾元整		21 330.00	21 330.00

主管：　记账：　审核：　出纳：　制单：陈楠

记账凭证

附单据数：

单位：×× 房地产有限公司　　日期：2021-04-15　　凭证号：记 -16

摘要	科目	借方金额	贷方金额
缴纳社保费	应付职工薪酬——社保费	254 574.00	
缴纳社保费	其他应收款——社保费	169 716.00	
缴纳社保费	银行存款		424 290.00
合计：肆拾贰万肆仟贰佰玖拾元整		424 290.00	424 290.00

主管：　记账：　审核：　出纳：　制单：陈楠

记账凭证

附单据数：

单位：×× 房地产有限公司　　日期：2021-04-15　　凭证号：记 -17

摘要	科目	借方金额	贷方金额
缴纳住房公积金	应付职工薪酬——住房公积金	67 886.40	
缴纳住房公积金	其他应收款——住房公积金	67 886.40	
缴纳住房公积金	银行存款		135 772.80
合计：壹拾叁万伍仟柒佰柒拾贰元捌角整		135 772.80	135 772.80

主管：　记账：　审核：　出纳：　制单：陈楠

记账凭证

附单据数：

单位：×× 房地产有限公司　　日期：2021-04-15　　凭证号：记 -18

摘要	科目	借方金额	贷方金额
预缴企业所得税	应交税费——应交所得税	6 149 743.54	
预缴企业所得税	银行存款		6 149 743.54
合计：陆佰壹拾肆万玖仟柒佰肆拾叁元伍角肆分		6 149 743.54	6 149 743.54

主管：　记账：　审核：　出纳：　制单：陈楠

记账凭证

附单据数：

单位：×× 房地产有限公司　　日期：2021-04-16　　凭证号：记 -19

摘要	科目	借方金额	贷方金额
九龙建筑安装主体工程完工	开发成本——九龙桂冠——建筑安装工程费——主体工程费	70 000 000.00	
九龙建筑安装主体工程完工	应交税费——应交增值税——进项税额	6 300 000.00	
九龙建筑安装主体工程完工	预付账款——青城建筑		76 300 000.00
合计：柒仟陆佰叁拾万元整		76 300 000.00	76 300 000.00

主管：　记账：　审核：　出纳：　制单：陈楠

记账凭证

附单据数：

单位：××房地产有限公司　　日期：2021-04-16　　凭证号：记 -20

摘要	科目	借方金额	贷方金额
预缴九龙桂冠项目土地增值税	应交税费——应交土地增值税	11 766 000.00	
预缴九龙桂冠项目土地增值税	银行存款		11 766 000.00
合计：壹仟壹佰柒拾陆万陆仟元整		11 766 000.00	11 766 000.00

主管：　　记账：　　审核：　　出纳：　　制单：陈楠

记账凭证

附单据数：

单位：××房地产有限公司　　日期：2021-04-16　　凭证号：记 -21

摘要	科目	借方金额	贷方金额
分配欧洲世家土地成本	开发成本——欧洲世家——土地征用及拆迁补偿费——土地出让金——住宅	76 800 000.00	
分配欧洲世家土地成本	开发成本——欧洲世家——土地征用及拆迁补偿费——土地出让金——商业	19 200 000.00	
分配欧洲世家土地成本	开发成本——土地征用及拆迁补偿费——760 号土地		96 000 000.00
合计：玖仟陆佰万元整		96 000 000.00	96 000 000.00

主管：　　记账：　　审核：　　出纳：　　制单：陈楠

记账凭证

附单据数：

单位：××房地产有限公司　　日期：2021-04-19　　凭证号：记 -22

摘要	科目	借方金额	贷方金额
九龙桂冠项目绿化基础设施工程完工	开发成本——九龙桂冠——基础设施费——园林工程费	4 000 000.00	
九龙桂冠项目绿化基础设施工程完工	应交税费——应交增值税——进项税额	360 000.00	
九龙桂冠项目绿化基础设施工程完工	应付账款——桂林绿化		4 360 000.00
合计：肆佰叁拾陆万元整		4 360 000.00	4 360 000.00

主管：　　记账：　　审核：　　出纳：　　制单：陈楠

记账凭证

附单据数：

单位：× × 房地产有限公司　　日期：2021-04-20　　凭证号：记 -23

摘要	科目	借方金额	贷方金额
支付九龙桂冠项目部水费	开发成本——九龙桂冠——开发间接费——水电费	18 000.00	
支付九龙桂冠项目部水费	应交税费——应交增值税——进项税额	1 620.00	
支付九龙桂冠项目部水费	银行存款		19 620.00
合计：壹万玖仟陆佰贰拾元整		19 620.00	19 620.00

主管：　记账：　审核：　出纳：　制单：陈楠

记账凭证

附单据数：

单位：× × 房地产有限公司　　日期：2021-04-20　　凭证号：记 -24

摘要	科目	借方金额	贷方金额
支付九龙桂冠项目目电费	开发成本——九龙桂冠——开发间接费——水电费	26 000.00	
支付九龙桂冠项目目电费	应交税费——应交增值税——进项税额	3 380.00	
支付九龙桂冠项目目电费	银行存款		29 380.00
合计：贰万玖仟叁佰捌拾元整		29 380.00	29 380.00

主管：　记账：　审核：　出纳：　制单：陈楠

记账凭证

附单据数：

单位：× × 房地产有限公司　　日期：2021-04-21　　凭证号：记 -25

摘要	科目	借方金额	贷方金额
支付九龙桂冠项目公共配套设施费	开发成本——九龙桂冠——公共配套设施费——不可经营性配套设施	600 000.00	
支付九龙桂冠项目公共配套设施费	应交税费——应交增值税——进项税额	54 000.00	
支付九龙桂冠项目公共配套设施费	银行存款		654 000.00
合计：陆拾伍万肆仟元整		654 000.00	654 000.00

主管：　记账：　审核：　出纳：　制单：陈楠

记账凭证

附单据数：

单位：×× 房地产有限公司　　日期：2021-04-22　　凭证号：记 -26

摘要	科目	借方金额	贷方金额
支付九龙桂冠项目前期物管费	开发成本——九龙桂冠——开发间接费——物业管理完善费	100 000.00	
支付九龙桂冠项目前期物管费	应交税费——应交增值税——进项税额	6 000.00	
支付九龙桂冠项目前期物管费	银行存款		106 000.00
合计：壹拾万陆仟元整		106 000.00	106 000.00

主管：　记账：　审核：　出纳：　制单：陈楠

记账凭证

附单据数：

单位：×× 房地产有限公司　　日期：2021-04-26　　凭证号：记 -27

摘要	科目	借方金额	贷方金额
支付青城建筑公司工程款	预付账款——青城建筑公司	69 900 000.00	
支付青城建筑公司工程款	银行存款		69 900 000.00
合计：陆仟玖佰玖拾万元整		69 900 000.00	69 900 000.00

主管：　记账：　审核：　出纳：　制单：陈楠

记账凭证

附单据数：

单位：×× 房地产有限公司　　日期：2021-04-28　　凭证号：记 -28

摘要	科目	借方金额	贷方金额
九龙桂冠项目交房确认收入	预收账款——销售房款	477 420 000.00	
九龙桂冠项目交房确认收入	主营业务收入——九龙桂冠		438 000 000.00
九龙桂冠项目交房确认收入	应交税费——应交增值税——销项税额		39 420 000.00
合计：肆亿柒仟柒佰肆拾贰万元整		477 420 000.00	477 420 000.00

主管：　记账：　审核：　出纳：　制单：陈楠

记账凭证 附单据数：

单位：×× 房地产有限公司 日期：2021-04-28 凭证号：记 -29

摘要	科目	借方金额	贷方金额
土地出让金抵减销项税额	应交税费——应交增值税——销项税额抵减	8 100 000.00	
土地出让金抵减销项税额	主营业务成本——九龙桂冠		8 100 000.00
合计：捌佰壹拾万元整		8 100 000.00	8 100 000.00

主管： 记账： 审核： 出纳： 制单：陈楠

记账凭证 附单据数：

单位：×× 房地产有限公司 日期：2021-04-29 凭证号：记 -30

摘要	科目	借方金额	贷方金额
计提工资	管理费用——管理人员职工薪酬	155 280.00	
计提工资	销售费用——销售人员职工薪酬	176 800.00	
计提工资	开发成本——九龙桂冠——开发间接费——项目管理人员职工薪酬	516 500.00	
计提工资	应付职工薪酬——职工工资		848 580.00
合计：捌拾肆万捌仟伍佰捌拾元整		848 580.00	848 580.00

主管： 记账： 审核： 出纳： 制单：陈楠

记账凭证 附单据数：

单位：×× 房地产有限公司 日期：2021-04-29 凭证号：记 -31

摘要	科目	借方金额	贷方金额
计提单位负担社保费	管理费用——管理人员职工薪酬	46 584.00	
计提单位负担社保费	销售费用——销售人员职工薪酬	53 040.00	
计提单位负担社保费	开发成本——九龙桂冠——开发间接费——项目管理人员职工薪酬	154 950.00	
计提单位负担社保费	应付职工薪酬——社保费		254 574.00
合计：贰拾伍万肆仟伍佰柒拾肆元整		254 574.00	254 574.00

主管： 记账： 审核： 出纳： 制单：陈楠

记账凭证

附单据数：

单位：××房地产有限公司　　日期：2021-04-29　　凭证号：记-32

摘要	科目	借方金额	贷方金额
计提单位负担住房公积金	管理费用——管理人员职工薪酬	12 422.40	
计提单位负担住房公积金	销售费用——销售人员职工薪酬	14 144.00	
计提单位负担住房公积金	开发成本——九龙桂冠——开发间接费——项目管理人员职工薪酬	41 320.00	
计提单位负担住房公积金	应付职工薪酬——住房公积金		67 886.40
合计：陆万柒仟捌佰捌拾陆元肆角整		67 886.40	67 886.40

主管：　记账：　审核：　出纳：　制单：陈楠

记账凭证

附单据数：

单位：××房地产有限公司　　日期：2021-04-29　　凭证号：记-33

摘要	科目	借方金额	贷方金额
预交增值税转入未交增值税	应交税费——未交增值税	13 140 000.00	
预交增值税转入未交增值税	应交税费——预交增值税		13 140 000.00
合计：壹仟叁佰壹拾肆万元整		13 140 000.00	13 140 000.00

主管：　记账：　审核：　出纳：　制单：陈楠

记账凭证

附单据数：

单位：××房地产有限公司　　日期：2021-04-29　　凭证号：记-34

摘要	科目	借方金额	贷方金额
摊销无形资产	管理费用——无形资产摊销	171 666.66	
摊销无形资产	累计摊销——无形资产摊销		171 666.66
合计：壹拾柒万壹仟陆佰陆拾陆元陆角陆分		171 666.66	171 666.66

主管：　记账：　审核：　出纳：　制单：陈楠

记账凭证

附单据数：

单位：××房地产有限公司　　日期：2021-04-29　　凭证号：记-35

摘要	科目	借方金额	贷方金额
计提折旧	管理费用——折旧费	123 500.00	
计提折旧	累计折旧		123 500.00
合计：壹拾贰万叁仟伍佰元整		123 500.00	123 500.00

主管：　记账：　审核：　出纳：　制单：陈楠

记账凭证

附单据数：

单位：××房地产有限公司　　日期：2021-04-29　　凭证号：记-36

摘要	科目	借方金额	贷方金额
计提当月合同印花税	税金及附加——印花税	115 650.00	
计提当月合同印花税	应交税费——应交印花税		115 650.00
合计：壹拾壹万伍仟陆佰伍拾元整		115 650.00	115 650.00

主管：　记账：　审核：　出纳：　制单：陈楠

记账凭证

附单据数：

单位：××房地产有限公司　　日期：2021-04-30　　凭证号：记-37

摘要	科目	借方金额	贷方金额
转出未交增值税	应交税费——应交增值税——转出未交增值税	13 447 237.00	
转出未交增值税	应交税费——未交增值税		13 447 237.00
合计：壹仟叁佰肆拾肆万柒仟贰佰叁拾柒元整		13 447 237.00	13 447 237.00

主管：　记账：　审核：　出纳：　制单：陈楠

记账凭证

附单据数：

单位：××房地产有限公司　　日期：2021-04-30　　凭证号：记 -38

摘要	科目	借方金额	贷方金额
计提城市维护建设税	税金及附加——城市维护建设税	21 506.59	
计提教育费附加	税金及附加——教育费附加	9 217.11	
计提地方教育费附加	税金及附加——地方教育费附加	6 144.74	
计提城市维护建设税	应交税费——应交城市维护建设税		21 506.59
计提教育费附加	应交税费——教育费附加		9 217.11
计提教育费附加	应交税费——地方教育费附加		6 144.74
合计：叁万陆仟捌佰陆拾捌元肆角肆分		36 868.44	36 868.44

主管：　　记账：　　审核：　　出纳：　　制单：陈楠

记账凭证

附单据数：

单位：××房地产有限公司　　日期：2021-04-30　　凭证号：记 -39

摘要	科目	借方金额	贷方金额
结转九龙桂冠项目完工成本	开发产品——九龙桂冠	304 001 588.00	
结转九龙桂冠项目完工成本	开发成本——九龙桂冠——土地征用及拆迁补偿费——土地出让金		109 000 000.00
结转九龙桂冠项目完工成本	开发成本——九龙桂冠——土地征用及拆迁补偿费——契税		3 270 000.00
结转九龙桂冠项目完工成本	开发成本——九龙桂冠——前期工程费——场地平整费		4 000 000.00
结转九龙桂冠项目完工成本	开发成本——九龙桂冠——前期工程费——临时设施费		200 000.00
结转九龙桂冠项目完工成本	开发成本——九龙桂冠——前期工程费——规划设计费		2 500 000.00
结转九龙桂冠项目完工成本	开发成本——九龙桂冠——前期工程费——勘察设计费		300 000.00
结转九龙桂冠项目完工成本	开发成本——九龙桂冠——前期工程费——其他		30 000.00
结转九龙桂冠项目完工成本	开发成本——九龙桂冠——前期工程费——招标代理费		200 000.00
结转九龙桂冠项目完工成本	开发成本——九龙桂冠——前期工程费——报批报建费		350 000.00
结转九龙桂冠项目完工成本	开发成本——九龙桂冠——建筑安装工程费——装修工程费		2 000 000.00
结转九龙桂冠项目完工成本	开发成本——九龙桂冠——建筑安装工程费——基础工程费		27 000 000.00
结转九龙桂冠项目完工成本	开发成本——九龙桂冠——建筑安装工程费——主体工程费		110 000 000.00

（续）

摘要	科目	借方金额	贷方金额
结转九龙桂冠项目完工成本	开发成本——九龙桂冠——建筑安装工程费——安装工程费		27 000 000.00
结转九龙桂冠项目完工成本	开发成本——九龙桂冠——基础设施费——社区管网工程费		5 000 000.00
结转九龙桂冠项目完工成本	开发成本——九龙桂冠——基础设施费——环卫工程费		180 000.00
结转九龙桂冠项目完工成本	开发成本——九龙桂冠——基础设施费——园林工程费		4 000 000.00
结转九龙桂冠项目完工成本	开发成本——九龙桂冠——公共配套设施费——不可经营性配套设施		600 000.00
结转九龙桂冠项目完工成本	开发成本——九龙桂冠——公共配套设施费——其他配套设施		3 300 000.00
结转九龙桂冠项目完工成本	开发成本——九龙桂冠——开发间接费——办公费		1 460.00
结转九龙桂冠项目完工成本	开发成本——九龙桂冠——开发间接费——水电费		44 000.00
结转九龙桂冠项目完工成本	开发成本——九龙桂冠——开发间接费——修理费		38 000.00
结转九龙桂冠项目完工成本	开发成本——九龙桂冠——开发间接费——项目管理人员职工薪酬		2 602 128.00
结转九龙桂冠项目完工成本	开发成本——九龙桂冠——开发间接费——营销设施建造费		800 000.00
结转九龙桂冠项目完工成本	开发成本——九龙桂冠——开发间接费——劳动保护费		80 000.00
结转九龙桂冠项目完工成本	开发成本——九龙桂冠——开发间接费——工程管理费		1 400 000.00
结转九龙桂冠项目完工成本	开发成本——九龙桂冠——开发间接费——物业管理完善费		100 000.00
结转九龙桂冠项目完工成本	开发成本——九龙桂冠——开发间接费——其他		6 000.00
合计：叁亿零肆佰万壹仟伍佰捌拾捌元整		304 001 588.00	304 001 588.00

主管：　　记账：　　审核：　　出纳：　　制单：陈楠

记账凭证

附单据数：

单位：×× 房地产有限公司　　日期：2021-04-30　　凭证号：记 -40

摘要	科目	借方金额	贷方金额
结转九龙桂冠项目销售成本	主营业务成本——九龙桂冠	273 601 429.20	
结转九龙桂冠项目销售成本	开发产品——九龙桂冠		273 601 429.20
合计：贰亿柒仟叁佰陆拾万壹仟肆佰贰拾玖元贰角整		273 601 429.20	273 601 429.20

主管：　记账：　审核：　出纳：　制单：陈楠

记账凭证

附单据数：

单位：×× 房地产有限公司　　日期：2021-04-30　　凭证号：记 -41

摘要	科目	借方金额	贷方金额
4 月　结转损益	主营业务收入——九龙桂冠	438 000 000.00	
4 月　结转损益	本年利润		168 229 155.30
4 月　结转损益	主营业务成本——九龙桂冠		265 501 429.20
4 月　结转损益	税金及附加——印花税		115 650.00
4 月　结转损益	税金及附加——城市维护建设税		798 506.59
4 月　结转损益	税金及附加——教育费附加		342 217.11
4 月　结转损益	税金及附加——地方教育费附加		228 144.74
4 月　结转损益	销售费用——销售人员职工薪酬		243 984.00
4 月　结转损益	管理费用——管理人员职工薪酬		214 286.40
4 月　结转损益	管理费用——办公费		3 600.00
4 月　结转损益	管理费用——折旧费		123 500.00
4 月　结转损益	管理费用——无形资产摊销		171 666.66
4 月　结转损益	营业外支出——捐赠支出		2 000 000.00
4 月　结转损益	营业外支出——盘亏损失		860.00
4 月　结转损益	营业外支出——存货毁损报废损失		27 000.00
合计：肆亿叁仟捌佰万元整		438 000 000.00	438 000 000.00

主管：　记账：　审核：　出纳：　制单：陈楠

第四节 登记明细账

库存现金 明细账

科目：1001 库存现金　　2021 年 1 月至 2021 年 4 月　　单位：元

日期	凭证字号	科目	摘要	借方	贷方	方向	余额
2021-01-01		1001 库存现金	期初余额			借	8 736.00
2021-01-06	记 -4	1001 库存现金	提取备用金	30 000.00		借	38 736.00
2021-01-07	记 -5	1001 库存现金	林恩达报销差旅费		836.00	借	37 900.00
2021-01-20	记 -23	1001 库存现金	九龙桂冠项目业务招待费		5 360.00	借	32 540.00
2021-01-31		1001 库存现金	本期合计	30 000.00	6 196.00	借	32 540.00
2021-01-31		1001 库存现金	本年累计	30 000.00	6 196.00	借	32 540.00
2021-02-24	记 -26	1001 库存现金	职工借支差旅费		8 000.00	借	24 540.00
2021-02-25	记 -28	1001 库存现金	支付生活困难补助		2 000.00	借	22 540.00
2021-02-28		1001 库存现金	本期合计		10 000.00	借	22 540.00
2021-02-28		1001 库存现金	本年累计	30 000.00	16 196.00	借	22 540.00
2021-03-04	记 -2	1001 库存现金	宋立阳报销差旅费	520.00		借	23 060.00
2021-03-30	记 -26	1001 库存现金	财务人员培训费		3 816.00	借	19 244.00
2021-03-31	记 -33	1001 库存现金	管理部门报销高速公路过路费		1 030.00	借	18 214.00
2021-03-31	记 -34	1001 库存现金	销售部门报销通信费		2 180.00	借	16 034.00
2021-03-31		1001 库存现金	本期合计	520.00	7 026.00	借	16 034.00
2021-03-31		1001 库存现金	本年累计	30 520.00	23 222.00	借	16 034.00

编制单位：× × 房地产有限公司

银行存款 明细账

科目：1002 银行存款　　2021 年 1 月至 2021 年 4 月　　单位：元

日期	凭证字号	科目	摘要	借方	贷方	方向	余额
2021-01-01		1002 银行存款	期初余额			借	349 383 470.00
2021-01-04	记 -1	1002 银行存款	支付竞拍土地保证金		30 000 000.00	借	319 383 470.00
2021-01-06	记 -3	1002 银行存款	代建工程支付拆迁补偿费		13 000 000.00	借	306 383 470.00
2021-01-06	记 -4	1002 银行存款	提取备用金		30 000.00	借	306 353 470.00
2021-01-08	记 -6	1002 银行存款	偿还拓达建设款项		390 000.00	借	305 963 470.00
2021-01-08	记 -7	1002 银行存款	购买账簿		904.00	借	305 962 566.00
2021-01-08	记 -8	1002 银行存款	支付广告费		371 000.00	借	305 591 566.00
2021-01-08	记 -9	1002 银行存款	发放工资		325 830.00	借	305 265 736.00
2021-01-11	记 -10	1002 银行存款	支付剩余土地出让金		79 000 000.00	借	226 265 736.00
2021-01-11	记 -11	1002 银行存款	缴纳个人所得税		13 610.00	借	226 252 126.00

（续）

日期	凭证字号	科目	摘要	借方	贷方	方向	余额
2021-01-11	记 -12	1002 银行存款	缴纳印花税		876.00	借	226 251 250.00
2021-01-11	记 -13	1002 银行存款	缴纳社保费		78 350.00	借	226 172 900.00
2021-01-11	记 -14	1002 银行存款	缴纳住房公积金		43 680.00	借	226 129 220.00
2021-01-12	记 -15	1002 银行存款	支付九龙桂冠项目场地平整费		4 360 000.00	借	221 769 220.00
2021-01-14	记 -16	1002 银行存款	购买办公用品		1 695.00	借	221 767 525.00
2021-01-15	记 -18	1002 银行存款	缴纳土地使用税		35 860.00	借	221 731 665.00
2021-01-15	记 -19	1002 银行存款	缴纳所得税		3 695 300.00	借	218 036 365.00
2021-01-19	记 -22	1002 银行存款	九龙收取诚意金	9 000 000.00		借	227 036 365.00
2021-01-20	记 -24	1002 银行存款	九龙桂冠项目勘察设计费		318 000.00	借	226 718 365.00
2021-01-20	记 -25	1002 银行存款	九龙桂冠项目噪声管理费		31 800.00	借	226 686 565.00
2021-01-21	记 -26	1002 银行存款	支付光迅科技公司货款		348 000.00	借	226 338 565.00
2021-01-21	记 -27	1002 银行存款	支付九龙桂冠项目临时道路修建费		218 000.00	借	226 120 565.00
2021-01-22	记 -28	1002 银行存款	支付设备安装费		56 500.00	借	226 064 065.00
2021-01-25	记 -29	1002 银行存款	支付九龙桂冠项目前期工程招标代理费		212 000.00	借	225 852 065.00
2021-01-26	记 -30	1002 银行存款	支付九龙桂冠项目报批报建费		350 000.00	借	225 502 065.00
2021-01-28	记 -32	1002 银行存款	九龙桂冠项目预付建筑安装基础工程款		3 500 000.00	借	222 002 065.00
2021-01-29	记 -33	1002 银行存款	收到立古德公司欠款	8 600 000.00		借	230 602 065.00
2021-01-29	记 -34	1002 银行存款	九龙退回诚意金		280 000.00	借	230 322 065.00
2021-01-31		1002 银行存款	本期合计	17 600 000.00	136 661 405.00	借	230 322 065.00
2021-01-31		1002 银行存款	本年累计	17 600 000.00	136 661 405.00	借	230 322 065.00
2021-02-02	记 -2	1002 银行存款	缴纳电话费		5 559.00	借	230 316 506.00
2021-02-03	记 -3	1002 银行存款	九龙预付工程备料款		30 000 000.00	借	200 316 506.00
2021-02-03	记 -3	1002 银行存款	九龙预付工程款		20 000 000.00	借	180 316 506.00
2021-02-04	记 -4	1002 银行存款	股东刘艳追加投资	100 000 000.00		借	280 316 506.00
2021-02-05	记 -5	1002 银行存款	购买图书		3 815.00	借	280 312 691.00
2021-02-08	记 -6	1002 银行存款	01 缴纳九龙桂冠项目土地契税		3 270 000.00	借	277 042 691.00
2021-02-08	记 -6	1002 银行存款	02 缴纳九龙桂冠项目土地契税		54 500.00	借	276 988 191.00
2021-02-09	记 -7	1002 银行存款	支付九龙样板房装修费		2 180 000.00	借	274 808 191.00
2021-02-10	记 -8	1002 银行存款	发放工资		462 739.60	借	274 345 451.40
2021-02-10	记 -9	1002 银行存款	九龙桂冠项目预交增值税		240 000.00	借	274 105 451.40
2021-02-10	记 -11	1002 银行存款	缴纳个人所得税		18 350.00	借	274 087 101.40
2021-02-11	记 -12	1002 银行存款	公司员工聚餐		13 780.00	借	274 073 321.40
2021-02-12	记 -13	1002 银行存款	竞拍取得自用土地使用权		80 000 000.00	借	194 073 321.40

（续）

日期	凭证字号	科目	摘要	借方	贷方	方向	余额
2021-02-12	记 -14	1002 银行存款	支付自用土地使用权拍卖佣金		212 000.00	借	193 861 321.40
2021-02-12	记 -15	1002 银行存款	工会活动		8 480.00	借	193 852 841.40
2021-02-15	记 -16	1002 银行存款	缴纳九龙预售款城建税		28 800.00	借	193 824 041.40
2021-02-15	记 -17	1002 银行存款	缴纳社保费		334 090.00	借	193 489 951.40
2021-02-15	记 -18	1002 银行存款	缴纳住房公积金		106 908.80	借	193 383 042.60
2021-02-15	记 -19	1002 银行存款	预缴九龙桂冠项目土地增值税		254 400.00	借	193 128 642.60
2021-02-15	记 -20	1002 银行存款	缴纳上月合同印花税		8 965.00	借	193 119 677.60
2021-02-16	记 -21	1002 银行存款	缴纳凯源新城一期土地增值税		32 177 875.00	借	160 941 802.60
2021-02-18	记 -22	1002 银行存款	购买劳保用品		90 400.00	借	160 851 402.60
2021-02-19	记 -23	1002 银行存款	九龙桂冠项目部支付设备检测费		42 940.00	借	160 808 462.60
2021-02-22	记 -24	1002 银行存款	支付工程保险费		265 000.00	借	160 543 462.60
2021-02-23	记 -25	1002 银行存款	支付机动车保险费		16 960.00	借	160 526 502.60
2021-02-26	记 -29	1002 银行存款	发放福利用品		20 340.00	借	160 506 162.60
2021-02-26	记 -30	1002 银行存款	九龙桂冠项目收取销售定金	65 400 000.00		借	225 906 162.60
2021-02-28	记 -32	1002 银行存款	支付自用土地使用权拆迁补偿费		19 800 000.00	借	206 106 162.60
2021-02-28		1002 银行存款	本期合计	165 400 000.00	189 615 902.40	借	206 106 162.60
2021-02-28		1002 银行存款	本年累计	183 000 000.00	326 277 307.40	借	206 106 162.60
2021-03-05	记 -3	1002 银行存款	支付参展费用		265 000.00	借	205 841 162.60
2021-03-05	记 -4	1002 银行存款	九龙桂冠项目收取售房款	85 020 000.00		借	290 861 162.60
2021-03-10	记 -5	1002 银行存款	发放工资		589 647.60	借	290 271 515.00
2021-03-10	记 -6	1002 银行存款	九龙预交增值税		1 800 000.00	借	288 471 515.00
2021-03-11	记 -8	1002 银行存款	支付工程监理费		477 000.00	借	287 994 515.00
2021-03-12	记 -9	1002 银行存款	市场部报销参展费用		8 650.00	借	287 985 865.00
2021-03-12	记 -10	1002 银行存款	支付鲁达公司货款		11 630 000.00	借	276 355 865.00
2021-03-12	记 -11	1002 银行存款	九龙桂冠项目购买工程物资		1 000 000.00	借	275 355 865.00
2021-03-15	记 -12	1002 银行存款	缴纳地方教育费附加		216 000.00	借	275 139 865.00
2021-03-15	记 -13	1002 银行存款	缴纳个人所得税		21 330.00	借	275 118 535.00
2021-03-15	记 -14	1002 银行存款	缴纳社保费		424 290.00	借	274 694 245.00
2021-03-15	记 -15	1002 银行存款	缴纳住房公积金		135 772.80	借	274 558 472.20
2021-03-15	记 -16	1002 银行存款	预缴九龙桂冠项目土地增值税		1 908 000.00	借	272 650 472.20
2021-03-15	记 -17	1002 银行存款	缴纳 2 月合同印花税		58 960.00	借	272 591 512.20
2021-03-17	记 -19	1002 银行存款	支付九龙项目基础设施费		3 270 000.00	借	269 321 512.20
2021-03-22	记 -20	1002 银行存款	缴纳自用土地契税		3 000 000.00	借	266 321 512.20
2021-03-22	记 -20	1002 银行存款	缴纳自用土地印花税		50 000.00	借	266 271 512.20

（续）

日期	凭证字号	科目	摘要	借方	贷方	方向	余额
2021-03-24	记 -22	1002 银行存款	汇票到期收取款项	478 000.00		借	266 749 512.20
2021-03-25	记 -23	1002 银行存款	支付设备款项		200 000.00	借	266 549 512.20
2021-03-25	记 -24	1002 银行存款	支付九龙桂冠项目环卫工程费		196 200.00	借	266 353 312.20
2021-03-30	记 -25	1002 银行存款	支付九龙桂冠项目季度清洁费用		6 360.00	借	266 346 952.20
2021-03-30	记 -27	1002 银行存款	九龙桂冠项目按揭贷款到账	318 280 000.00		借	584 626 952.20
2021-03-30	记 -28	1002 银行存款	支付开远工程款		25 930 000.00	借	558 696 952.20
2021-03-31	记 -32	1002 银行存款	行政部门报销汽车修理费		7 910.00	借	558 689 042.20
2021-03-31	记 -35	1002 银行存款	结转利息收入	7 638.00		借	558 696 680.20
2021-03-31		1002 银行存款	本期合计	403 785 638.00	51 195 120.40	借	558 696 680.20
2021-03-31		1002 银行存款	本年累计	586 785 638.00	377 472 427.80	借	558 696 680.20
2021-04-01	记 -1	1002 银行存款	取得 760 号土地使用权		96 000 000.00	借	462 696 680.20
2021-04-02	记 -2	1002 银行存款	九龙桂冠项目安装工程完工		6 000 000.00	借	456 696 680.20
2021-04-05	记 -3	1002 银行存款	支付九龙工程管理费		530 000.00	借	456 166 680.20
2021-04-08	记 -5	1002 银行存款	支付报刊订阅费		3 924.00	借	456 162 756.20
2021-04-09	记 -6	1002 银行存款	发放工资		589 647.60	借	455 573 108.60
2021-04-09	记 -7	1002 银行存款	九龙预交增值税		11 100 000.00	借	444 473 108.60
2021-04-12	记 -10	1002 银行存款	捐赠支出		2 000 000.00	借	442 473 108.60
2021-04-13	记 -11	1002 银行存款	支付九龙人防工程配套设施费		3 597 000.00	借	438 876 108.60
2021-04-13	记 -12	1002 银行存款	缴纳 3 月九龙预售款附加税		1 332 000.00	借	437 544 108.60
2021-04-13	记 -13	1002 银行存款	缴纳 3 月合同印花税		213 500.00	借	437 330 608.60
2021-04-14	记 -15	1002 银行存款	缴纳个人所得税		21 330.00	借	437 309 278.60
2021-04-15	记 -16	1002 银行存款	缴纳社保费		424 290.00	借	436 884 988.60
2021-04-15	记 -17	1002 银行存款	缴纳住房公积金		135 772.80	借	436 749 215.80
2021-04-15	记 -18	1002 银行存款	预缴企业所得税		6 149 743.54	借	430 599 472.26
2021-04-16	记 -20	1002 银行存款	预缴九龙桂冠项目土地增值税		11 766 000.00	借	418 833 472.26
2021-04-20	记 -23	1002 银行存款	支付九龙桂冠项目部水费		19 620.00	借	418 813 852.26
2021-04-20	记 -24	1002 银行存款	支付九龙桂冠项目电费		29 380.00	借	418 784 472.26
2021-04-21	记 -25	1002 银行存款	支付九龙桂冠项目公共配套设施费		654 000.00	借	418 130 472.26
2021-04-22	记 -26	1002 银行存款	支付九龙桂冠项目前期物管费		106 000.00	借	418 024 472.26
2021-04-26	记 -27	1002 银行存款	支付青城建筑公司工程款		69 900 000.00	借	348 124 472.26
2021-04-30		1002 银行存款	本期合计		210 572 207.94	借	348 124 472.26
2021-04-30		1002 银行存款	本年累计	586 785 638.00	588 044 635.74	借	348 124 472.26

编制单位：× × 房地产有限公司

应收票据 明细账

科目：1121 应收票据　　2021 年 1 月至 2021 年 4 月　　单位：元

日期	凭证字号	科目	摘要	借方	贷方	方向	余额
2021-01-01		1121 应收票据	期初余额			借	478 000.00
2021-02-25	记 -27	1121001 应收票据——佳采公司	收到应收票据抵欠款	536 000.00		借	1 014 000.00
2021-02-28		1121 应收票据	本期合计	536 000.00		借	1 014 000.00
2021-02-28		1121 应收票据	本年累计	536 000.00		借	1 014 000.00
2021-03-24	记 -22	1121002 应收票据——星星公司	汇票到期收取款项		478 000.00	借	536 000.00
2021-03-31		1121 应收票据	本期合计		478 000.00	借	536 000.00
2021-03-31		1121 应收票据	本年累计	536 000.00	478 000.00	借	536 000.00

编制单位：× × 房地产有限公司

应收票据 明细账

科目：1121001 应收票据——佳采公司　　2021 年 1 月至 2021 年 4 月　　单位：元

日期	凭证字号	科目	摘要	借方	贷方	方向	余额
2021-01-01		1121001 应收票据——佳采公司	期初余额			平	
2021-02-25	记 -27	1121001 应收票据——佳采公司	收到应收票据抵欠款	536 000.00		借	536 000.00
2021-02-28		1121001 应收票据——佳采公司	本期合计	536 000.00		借	536 000.00
2021-02-28		1121001 应收票据——佳采公司	本年累计	536 000.00		借	536 000.00

编制单位：× × 房地产有限公司

其他应收款 明细账

科目：1121 其他应收款　　2021 年 1 月至 2021 年 4 月　　单位：元

日期	凭证字号	科目	摘要	借方	贷方	方向	余额
2021-01-01		1221 其他应收款	期初余额			借	6 000.00
2021-01-04	记 -1	122100102 其他应收款——竞拍保证金——301 号地块	支付竞拍土地保证金	30 000 000.00		借	30 006 000.00
2021-01-05	记 -2	122100102 其他应收款——竞拍保证金——301 号地块	保证金抵缴出让金		30 000 000.00	借	6 000.00
2021-01-07	记 -5	1221002 其他应收款——林恩达	林恩达报销差旅费		6 000.00	平	
2021-01-08	记 -9	1221003 其他应收款——社保费	代扣个人承担社保费		26 100.00	借	−26 100.00
2021-01-08	记 -9	1221004 其他应收款——住房公积金	代扣个人承担住房公积金		21 840.00	借	−47 940.00
2021-01-11	记 -13	1221003 其他应收款——社保费	缴纳社保费	26 100.00		借	−21 840.00
2021-01-11	记 -14	1221004 其他应收款——住房公积金	缴纳住房公积金	21 840.00		平	

（续）

日期	凭证字号	科目	摘要	借方	贷方	方向	余额
2021-01-31		1221 其他应收款	本期合计	30 047 940.00	30 053 940.00	平	
2021-01-31		1221 其他应收款	本年累计	30 047 940.00	30 053 940.00	平	
2021-02-10	记 -8	1221003 其他应收款——社保费	发放工资		133 636.00	借	－133 636.00
2021-02-10	记 -8	1221004 其他应收款——住房公积金	代扣个人承担住房公积金		53 454.40	借	－187 090.40
2021-02-15	记 -17	1221003 其他应收款——社保费	缴纳社保费	133 636.00		借	－53 454.40
2021-02-15	记 -18	1221004 其他应收款——住房公积金	缴纳住房公积金	53 454.40		平	
2021-02-24	记 -26	1221005 其他应收款——宋立阳	职工借支差旅费	8 000.00		借	8 000.00
2021-02-28		1221 其他应收款	本期合计	195 090.40	187 090.40	借	8 000.00
2021-02-28		1221 其他应收款	本年累计	30 243 030.40	30 241 030.40	借	8 000.00
2021-03-04	记 -2	1221005 其他应收款——宋立阳	宋立阳报销差旅费		8 000.00	平	
2021-03-10	记 -5	1221003 其他应收款——社保费	发放工资		169 716.00	借	－169 716.00
2021-03-10	记 -5	1221004 其他应收款——住房公积金	代扣个人承担住房公积金		67 886.40	借	－237 602.40
2021-03-15	记 -14	1221003 其他应收款——社保费	缴纳社保费	169 716.00		借	－67 886.40
2021-03-15	记 -15	1221004 其他应收款——住房公积金	缴纳住房公积金	67 886.40		平	
2021-03-31		1221 其他应收款	本期合计	237 602.40	245 602.40	平	
2021-03-31		1221 其他应收款	本年累计	30 480 632.80	30 486 632.80	平	
2021-04-06	记 -4	1221007 其他应收款——严文林	02 盗窃损失处理	3 000.00		借	3 000.00
2021-04-09	记 -6	1221003 其他应收款——社保费	发放工资		169 716.00	借	－166 716.00
2021-04-09	记 -6	1221004 其他应收款——住房公积金	代扣个人承担住房公积金		67 886.40	借	－234 602.40

编制单位：×× 房地产有限公司

其他应收款 明细账

科目：1121 其他应收款　　2021 年 1 月至 2021 年 4 月　　单位：元

日期	凭证字号	科目	摘要	借方	贷方	方向	余额
2021-04-14	记 -14	1221006 其他应收款——张美珍	02 盘亏生产工具处理	700.00		借	－233 902.40
2021-04-15	记 -16	1221003 其他应收款——社保费	缴纳社保费	169 716.00		借	－64 186.40
2021-04-15	记 -17	1221004 其他应收款——住房公积金	缴纳住房公积金	67 886.40		借	3 700.00
2021-04-30		1221 其他应收款	本期合计	241 302.40	237 602.40	借	3 700.00
2021-04-30		1221 其他应收款	本年累计	30 721 935.20	30 724 235.20	借	3 700.00

编制单位：×× 房地产有限公司

其他应收款 明细账

科目：1221006 其他应收款——张美珍　　2021 年 1 月至 2021 年 4 月　　单位：元

日期	凭证字号	科目	摘要	借方	贷方	方向	余额
2021-01-01		1221006 其他应收款——张美珍	期初余额			平	
2021-04-14	记 -14	1221006 其他应收款——张美珍	02 盘亏生产工具处理	700.00		借	700.00
2021-04-30		1221006 其他应收款——张美珍	本期合计	700.00		借	700.00
2021-04-30		1221006 其他应收款——张美珍	本年累计	700.00		借	700.00

编制单位：×× 房地产有限公司

其他应收款 明细账

科目：1221007 其他应收款——严文林　　2021 年 1 月至 2021 年 4 月　　单位：元

日期	凭证字号	科目	摘要	借方	贷方	方向	余额
2021-01-01		1221007 其他应收款——严文林	期初余额			平	
2021-04-06	记 -4	1221007 其他应收款——严文林	02 盗窃损失处理	3 000.00		借	3 000.00
2021-04-30		1221007 其他应收款——严文林	本期合计	3 000.00		借	3 000.00
2021-04-30		1221007 其他应收款——严文林	本年累计	3 000.00		借	3 000.00

编制单位：×× 房地产有限公司

周转材料 明细账

科目：1411 周转材料　　2021 年 1 月至 2021 年 4 月　　单位：元

日期	凭证字号	科目	摘要	借方	贷方	方向	余额
2021-01-01		1411 周转材料	期初余额			借	350 000.00
2021-04-06	记 -4	1411001 周转材料——生产工具	发生盗窃损失		30 000.00	借	320 000.00
2021-04-14	记 -14	1411001 周转材料——生产工具	盘亏生产工具		1 560.00	借	318 440.00
2021-04-30		1411 周转材料	本期合计		31 560.00	借	318 440.00
2021-04-30		1411 周转材料	本年累计		31 560.00	借	318 440.00

编制单位：×× 房地产有限公司

周转材料 明细账

科目：1411001 周转材料——生产工具　　2021 年 1 月至 2021 年 4 月　　单位：元

日期	凭证字号	科目	摘要	借方	贷方	方向	余额
2021-01-01		1411001 周转材料——生产工具	期初余额			借	350 000.00
2021-04-06	记 -4	1411001 周转材料——生产工具	发生盗窃损失		30 000.00	借	320 000.00
2021-04-14	记 -14	1411001 周转材料——生产工具	盘亏生产工具		1 560.00	借	318 440.00
2021-04-30		1411001 周转材料——生产工具	本期合计		31 560.00	借	318 440.00
2021-04-30		1411001 周转材料——生产工具	本年累计		31 560.00	借	318 440.00

编制单位：× × 房地产有限公司

固定资产 明细账

科目：1601 固定资产　　2021 年 1 月至 2021 年 4 月　　单位：元

日期	凭证字号	科目	摘要	借方	贷方	方向	余额
2021-01-01		1601 固定资产	期初余额			借	13 888 000.00
2021-03-25	记 -23	1601002 固定资产——设备	01 设备安装验收交付使用	350 000.00		借	14 238 000.00
2021-03-31		1601 固定资产	本期合计	350 000.00		借	14 238 000.00
2021-03-31		1601 固定资产	本年累计	350 000.00		借	14 238 000.00

编制单位：× × 房地产有限公司

固定资产 明细账

科目：1601001 固定资产——办公楼　　2021 年 1 月至 2021 年 4 月　　单位：元

日期	凭证字号	科目	摘要	借方	贷方	方向	余额
2021-01-01		1601001 固定资产——办公楼	期初余额			借	13 150 000.00

编制单位：× × 房地产有限公司

固定资产 明细账

科目：1601002 固定资产——设备　　2021 年 1 月至 2021 年 4 月　　单位：元

日期	凭证字号	科目	摘要	借方	贷方	方向	余额
2021-01-01		1601002 固定资产——设备	期初余额			借	738 000.00
2021-03-25	记 -23	1601002 固定资产——设备	01 设备安装验收交付使用	350 000.00		借	1 088 000.00
2021-03-31		1601002 固定资产——设备	本期合计	350 000.00		借	1 088 000.00
2021-03-31		1601002 固定资产——设备	本年累计	350 000.00		借	1 088 000.00

编制单位：× × 房地产有限公司

累计折旧 明细账

科目：1602 累计折旧　　2021 年 1 月至 2021 年 4 月　　单位：元

日期	凭证字号	科目	摘要	借方	贷方	方向	余额
2021-01-01		1602 累计折旧	期初余额			贷	589 600.00
2021-01-31	记 -35	1602 累计折旧	计提固定资产折旧		118 650.00	贷	708 250.00
2021-01-31		1602 累计折旧	本期合计		118 650.00	贷	708 250.00
2021-01-31		1602 累计折旧	本年累计		118 650.00	贷	708 250.00
2021-02-28	记 -36	1602 累计折旧	计提固定资产折旧		118 500.00	贷	826 750.00
2021-02-28		1602 累计折旧	本期合计		118 500.00	贷	826 750.00
2021-02-28		1602 累计折旧	本年累计		237 150.00	贷	826 750.00
2021-03-31	记 -37	1602 累计折旧	计提折旧		123 500.00	贷	950 250.00
2021-03-31		1602 累计折旧	本期合计		123 500.00	贷	950 250.00
2021-03-31		1602 累计折旧	本年累计		360 650.00	贷	950 250.00
2021-04-29	记 -35	1602 累计折旧	计提折旧		123 500.00	贷	1 073 750.00
2021-04-30		1602 累计折旧	本期合计		123 500.00	贷	1 073 750.00
2021-04-30		1602 累计折旧	本年累计		484 150.00	贷	1 073 750.00

编制单位：×× 房地产有限公司

无形资产 明细账

科目：1701 无形资产　　2021 年 1 月至 2021 年 4 月　　单位：元

日期	凭证字号	科目	摘要	借方	贷方	方向	余额
2021-01-01		1701 无形资产	期初余额			平	
2021-02-12	记 -13	1701001 无形资产——土地使用权	竞拍取得自用土地使用权	80 000 000.00		借	80 000 000.00
2021-02-12	记 -14	1701001 无形资产——土地使用权	支付自用土地使用权拍卖佣金	200 000.00		借	80 200 000.00
2021-02-28	记 -32	1701001 无形资产——土地使用权	支付自用土地使用权拆迁补偿费	19 800 000.00		借	100 000 000.00
2021-02-28		1701 无形资产	本期合计	100 000 000.00		借	100 000 000.00
2021-02-28		1701 无形资产	本年累计	100 000 000.00		借	100 000 000.00
2021-03-22	记 -20	1701001 无形资产——土地使用权	01 缴纳自用土地契税	3 000 000.00		借	103 000 000.00
2021-03-31		1701 无形资产	本期合计	3 000 000.00		借	103 000 000.00
2021-03-31		1701 无形资产	本年累计	103 000 000.00		借	103 000 000.00

编制单位：×× 房地产有限公司

无形资产 明细账

科目：1701001 无形资产——土地使用权　　2021 年 1 月至 2021 年 4 月　　单位：元

日期	凭证字号	科目	摘要	借方	贷方	方向	余额
2021-01-01		1701001 无形资产——土地使用权	期初余额			平	
2021-02-12	记 -13	1701001 无形资产——土地使用权	竞拍取得自用土地使用权	80 000 000.00		借	80 000 000.00
2021-02-12	记 -14	1701001 无形资产——土地使用权	支付自用土地使用权拍卖佣金	200 000.00		借	80 200 000.00

（续）

日期	凭证字号	科目	摘要	借方	贷方	方向	余额
2021-02-28	记 -32	1701001 无形资产——土地使用权	支付自用土地使用权拆迁补偿费	19 800 000.00		借	100 000 000.00
2021-02-28		1701001 无形资产——土地使用权	本期合计	100 000 000.00		借	100 000 000.00
2021-02-28		1701001 无形资产——土地使用权	本年累计	100 000 000.00		借	100 000 000.00
2021-03-22	记 -20	1701001 无形资产——土地使用权	01 缴纳自用土地契税	3 000 000.00		借	103 000 000.00
2021-03-31		1701001 无形资产——土地使用权	本期合计	3 000 000.00		借	103 000 000.00
2021-03-31		1701001 无形资产——土地使用权	本年累计	103 000 000.00		借	103 000 000.00

编制单位：× × 房地产有限公司

累计摊销 明细账

科目：1702 累计摊销　　　2021 年 1 月至 2021 年 4 月　　　单位：元

日期	凭证字号	科目	摘要	借方	贷方	方向	余额
2021-01-01		1702 累计摊销	期初余额			平	
2021-03-31	记 -36	1702001 累计摊销——无形资产摊销	摊销无形资产		171 666.66	贷	171 666.66
2021-03-31		1702 累计摊销	本期合计		171 666.66	贷	171 666.66
2021-03-31		1702 累计摊销	本年累计		171 666.66	贷	171 666.66
2021-04-29	记 -34	1702001 累计摊销——无形资产摊销	摊销无形资产		171 666.66	贷	343 333.32
2021-04-30		1702 累计摊销	本期合计		171 666.66	贷	343 333.32
2021-04-30		1702 累计摊销	本年累计		343 333.32	贷	343 333.32

编制单位：× × 房地产有限公司

累计摊销 明细账

科目：1702001 累计摊销——无形资产摊销　　　2021 年 1 月至 2021 年 4 月　　　单位：元

日期	凭证字号	科目	摘要	借方	贷方	方向	余额
2021-01-01		1702001 累计摊销——无形资产摊销	期初余额			平	
2021-03-31	记 -36	1702001 累计摊销——无形资产摊销	摊销无形资产		171 666.66	贷	171 666.66
2021-03-31		1702001 累计摊销——无形资产摊销	本期合计		171 666.66	贷	171 666.66
2021-03-31		1702001 累计摊销——无形资产摊销	本年累计		171 666.66	贷	171 666.66
2021-04-29	记 -34	1702001 累计摊销——无形资产摊销	摊销无形资产		171 666.66	贷	343 333.32
2021-04-30		1702001 累计摊销——无形资产摊销	本期合计		171 666.66	贷	343 333.32
2021-04-30		1702001 累计摊销——无形资产摊销	本年累计		343 333.32	贷	343 333.32

编制单位：× × 房地产有限公司

递延所得税资产 明细账

科目：1811 递延所得税资产　　2021 年 1 月至 2021 年 4 月　　单位：元

日期	凭证字号	科目	摘要	借方	贷方	方向	余额
2021-01-01		1811 递延所得税资产	期初余额			平	
2021-03-31	记 -39	1811001 递延所得税资产——预售房款所得税	计提应预缴企业所得税	6 148 993.54		借	6 148 993.54
2021-03-31		1811 递延所得税资产	本期合计	6 148 993.54		借	6 148 993.54
2021-03-31		1811 递延所得税资产	本年累计	6 148 993.54		借	6 148 993.54

编制单位：×× 房地产有限公司

递延所得税资产 明细账

科目：1811001 递延所得税资产——预售房款所得税　　2021 年 1 月至 2021 年 4 月　　单位：元

日期	凭证字号	科目	摘要	借方	贷方	方向	余额
2021-01-01		1811001 递延所得税资产——预售房款所得税	期初余额			平	
2021-03-31	记 -39	1811001 递延所得税资产——预售房款所得税	计提应预缴企业所得税	6 148 993.54		借	6 148 993.54
2021-03-31		1811001 递延所得税资产——预售房款所得税	本期合计	6 148 993.54		借	6 148 993.54
2021-03-31		1811001 递延所得税资产——预售房款所得税	本年累计	6 148 993.54		借	6 148 993.54

编制单位：×× 房地产有限公司

开发产品 明细账

科目：1902 开发产品　　2021 年 1 月至 2021 年 4 月　　单位：元

日期	凭证字号	科目	摘要	借方	贷方	方向	余额
2021-01-01		1902 开发产品	期初余额			平	
2021-04-30	记 -39	1902001 开发产品——九龙桂冠	结转九龙桂冠项目完工成本	304 001 588.00		借	304 001 588.00
2021-04-30	记 -40	1902001 开发产品——九龙桂冠	结转九龙桂冠项目销售成本		273 601 429.20	借	30 400 158.80
2021-04-30		1902 开发产品	本期合计	304 001 588.00	273 601 429.20	借	30 400 158.80
2021-04-30		1902 开发产品	本年累计	304 001 588.00	273 601 429.20	借	30 400 158.80

编制单位：×× 房地产有限公司

开发产品 明细账

科目：1902001 开发产品——九龙桂冠　　2021 年 1 月至 2021 年 4 月　　单位：元

日期	凭证字号	科目	摘要	借方	贷方	方向	余额
2021-01-01		1902001 开发产品——九龙桂冠	期初余额			平	
2021-04-30	记 -39	1902001 开发产品——九龙桂冠	结转九龙桂冠项目完工成本	304 001 588.00		借	304 001 588.00
2021-04-30	记 -40	1902001 开发产品——九龙桂冠	结转九龙桂冠项目销售成本		273 601 429.20	借	30 400 158.80
2021-04-30		1902001 开发产品——九龙桂冠	本期合计	304 001 588.00	273 601 429.20	借	30 400 158.80
2021-04-30		1902001 开发产品——九龙桂冠	本年累计	304 001 588.00	273 601 429.20	借	30 400 158.80

编制单位：×× 房地产有限公司

应付账款 明细账

科目：2202 应付账款　　2021 年 1 月至 2021 年 4 月　　单位：元

日期	凭证字号	科目	摘要	借方	贷方	方向	余额
2021-01-01		2202 应付账款	期初余额			贷	48 767 440.00
2021-01-08	记 -6	2202001 应付账款——拓达建设公司	偿还拓达建设款项	390 000.00		贷	48 377 440.00
2021-01-15	记 -17	2202002 应付账款——外福口建设公司	代建工程发生前期工程费		3 815 000.00	贷	52 192 440.00
2021-01-18	记 -20	2202003 应付账款——千龙设计院	九龙桂冠项目规划设计费		2 650 000.00	贷	54 842 440.00
2021-01-19	记 -21	2202004 应付账款——昌邑机电	九龙桂冠项目购入设备		339 000.00	贷	55 181 440.00
2021-01-21	记 -26	2202007 应付账款——光迅科技公司	支付光迅科技公司货款	351 000.00		贷	54 830 440.00
2021-01-27	记 -31	2202009 应付账款——吴化工程公司	九龙营销设施完工		872 000.00	贷	55 702 440.00
2021-01-31		2202 应付账款	本期合计	741 000.00	7 676 000.00	贷	55 702 440.00
2021-01-31		2202 应付账款	本年累计	741 000.00	7 676 000.00	贷	55 702 440.00
2021-02-01	记 -1	2202010 应付账款——莱克工程咨询公司	九龙工程咨询费		212 000.00	贷	55 914 440.00
2021-02-28		2202 应付账款	本期合计		212 000.00	贷	55 914 440.00
2021-02-28		2202 应付账款	本年累计	741 000.00	7 888 000.00	贷	55 914 440.00
2021-03-12	记 -10	2202011 应付账款——鲁达公司	支付鲁达公司货款	11 630 000.00		贷	44 284 440.00
2021-03-12	记 -11	2202012 应付账款——浦南科技公司	九龙桂冠项目购买工程物资		15 950 000.00	贷	60 234 440.00
2021-03-25	记 -23	2202004 应付账款——昌邑机电	02 支付设备款项	200 000.00		贷	60 034 440.00
2021-03-31		2202 应付账款	本期合计	11 830 000.00	15 950 000.00	贷	60 034 440.00
2021-03-31		2202 应付账款	本年累计	12 571 000.00	23 838 000.00	贷	60 034 440.00

（续）

日期	凭证字号	科目	摘要	借方	贷方	方向	余额
2021-04-02	记 -2	2202013 应付账款——奥克莱公司	九龙项目安装工程完工		7 080 000.00	贷	67 114 440.00
2021-04-09	记 -8	2202014 应付账款——章龙建筑公司	九龙照明基础设施工程完工		2 180 000.00	贷	69 294 440.00
2021-04-19	记 -22	2202015 应付账款——桂林绿化	九龙绿化基础设施工程完工		4 360 000.00	贷	73 654 440.00
2021-04-30		2202 应付账款	本期合计		13 620 000.00	贷	73 654 440.00
2021-04-30		2202 应付账款	本年累计	12 571 000.00	37 458 000.00	贷	73 654 440.00

编制单位：×× 房地产有限公司

应付账款 明细账

科目：2202002 应付账款——外福口建设　　2021 年 1 月至 2021 年 4 月　　单位：元

日期	凭证字号	科目	摘要	借方	贷方	方向	余额
2021-01-01		2202002 应付账款——外福口建设公司	期初余额			平	
2021-01-15	记 -17	2202002 应付账款——外福口建设公司	代建工程发生前期工程费		3 815 000.00	贷	3 815 000.00
2021-01-31		2202002 应付账款——外福口建设公司	本期合计		3 815 000.00	贷	3 815 000.00
2021-01-31		2202002 应付账款——外福口建设公司	本年累计		3 815 000.00	贷	3 815 000.00

编制单位：×× 房地产有限公司

应付账款 明细账

科目：2202003 应付账款——千龙设计院　　2021 年 1 月至 2021 年 4 月　　单位：元

日期	凭证字号	科目	摘要	借方	贷方	方向	余额
2021-01-01		2202003 应付账款——千龙设计院	期初余额			平	
2021-01-18	记 -20	2202003 应付账款——千龙设计院	九龙桂冠项目规划设计费		2 650 000.00	贷	2 650 000.00
2021-01-31		2202003 应付账款——千龙设计院	本期合计		2 650 000.00	贷	2 650 000.00
2021-01-31		2202003 应付账款——千龙设计院	本年累计		2 650 000.00	贷	2 650 000.00

编制单位：×× 房地产有限公司

应付账款 明细账

科目：2202004 应付账款——昌邑机电　　2021 年 1 月至 2021 年 4 月　　单位：元

日期	凭证字号	科目	摘要	借方	贷方	方向	余额
2021-01-01		2202004 应付账款——昌邑机电	期初余额			贷	30 471 840.00
2021-01-19	记 -21	2202004 应付账款——昌邑机电	九龙桂冠项目购入设备		339 000.00	贷	30 810 840.00
2021-01-31		2202004 应付账款——昌邑机电	本期合计		339 000.00	贷	30 810 840.00
2021-01-31		2202004 应付账款——昌邑机电	本年累计		339 000.00	贷	30 810 840.00
2021-03-25	记 -23	2202004 应付账款——昌邑机电	02 支付设备款项	200 000.00		贷	30 610 840.00
2021-03-31		2202004 应付账款——昌邑机电	本期合计	200 000.00		贷	30 610 840.00
2021-03-31		2202004 应付账款——昌邑机电	本年累计	200 000.00	339 000.00	贷	30 610 840.00

编制单位：× × 房地产有限公司

应付账款 明细账

科目：2202007 应付账款——光迅科技公司　　2021 年 1 月至 2021 年 4 月　　单位：元

日期	凭证字号	科目	摘要	借方	贷方	方向	余额
2021-01-01		2202007 应付账款——光迅科技公司	期初余额			贷	5 351 000.00
2021-01-21	记 -26	2202007 应付账款——光迅科技公司	支付光迅科技货款	351 000.00		贷	5 000 000.00
2021-01-31		2202007 应付账款——光迅科技公司	本期合计	351 000.00		贷	5 000 000.00
2021-01-31		2202007 应付账款——光迅科技公司	本年累计	351 000.00		贷	5 000 000.00

编制单位：× × 房地产有限公司

应付账款 明细账

科目：2202009 应付账款——吴化工程公司　　2021 年 1 月至 2021 年 4 月　　单位：元

日期	凭证字号	科目	摘要	借方	贷方	方向	余额
2021-01-01		2202009 应付账款——吴化工程公司	期初余额			贷	138 600.00
2021-01-27	记 -31	2202009 应付账款——吴化工程公司	九龙营销设施完工		872 000.00	贷	1 010 600.00
2021-01-31		2202009 应付账款——吴化工程公司	本期合计		872 000.00	贷	1 010 600.00
2021-01-31		2202009 应付账款——吴化工程公司	本年累计		872 000.00	贷	1 010 600.00

编制单位：× × 房地产有限公司

应付账款 明细账

科目：2202010 应付账款——莱克工程咨询　　2021 年 1 月至 2021 年 4 月　　单位：元

日期	凭证字号	科目	摘要	借方	贷方	方向	余额
2021-01-01		2202010 应付账款——莱克工程咨询公司	期初余额			平	
2021-02-01	记 -1	2202010 应付账款——莱克工程咨询公司	九龙工程咨询费		212 000.00	贷	212 000.00
2021-02-28		2202010 应付账款——莱克工程咨询公司	本期合计		212 000.00	贷	212 000.00
2021-02-28		2202010 应付账款——莱克工程咨询公司	本年累计		212 000.00	贷	212 000.00

编制单位：× × 房地产有限公司

应付账款 明细账

科目：2202012 应付账款——浦南科技公司　　2021 年 1 月至 2021 年 4 月　　单位：元

日期	凭证字号	科目	摘要	借方	贷方	方向	余额
2021-01-01		2202012 应付账款——浦南科技公司	期初余额			平	
2021-03-12	记 -11	2202012 应付账款——浦南科技公司	九龙项目购买工程物资		15 950 000.00	贷	15 950 000.00
2021-03-31		2202012 应付账款——浦南科技公司	本期合计		15 950 000.00	贷	15 950 000.00
2021-03-31		2202012 应付账款——浦南科技公司	本年累计		15 950 000.00	贷	15 950 000.00

编制单位：× × 房地产有限公司

应付账款 明细账

科目：2202013 应付账款——奥克莱公司　　2021 年 1 月至 2021 年 4 月　　单位：元

日期	凭证字号	科目	摘要	借方	贷方	方向	余额
2021-01-01		2202013 应付账款——奥克莱公司	期初余额			贷	786 000.00
2021-04-02	记 -2	2202013 应付账款——奥克莱公司	九龙桂冠项目安装工程完工		7 080 000.00	贷	7 866 000.00
2021-04-30		2202013 应付账款——奥克莱公司	本期合计		7 080 000.00	贷	7 866 000.00
2021-04-30		2202013 应付账款——奥克莱公司	本年累计		7 080 000.00	贷	7 866 000.00

编制单位：× × 房地产有限公司

应付账款 明细账

科目：2202014 应付账款——章龙建筑公司　　2021 年 1 月至 2021 年 4 月　　单位：元

日期	凭证字号	科目	摘要	借方	贷方	方向	余额
2021-01-01		2202014 应付账款——章龙建筑公司	期初余额			平	
2021-04-09	记 -8	2202014 应付账款——章龙建筑公司	九龙照明基础设施工程完工		2 180 000.00	贷	2 180 000.00

（续）

日期	凭证字号	科目	摘要	借方	贷方	方向	余额
2021-04-30		2202014 应付账款——章龙建筑公司	本期合计		2 180 000.00	贷	2 180 000.00
2021-04-30		2202014 应付账款——章龙建筑公司	本年累计		2 180 000.00	贷	2 180 000.00

编制单位：××房地产有限公司

应付账款 明细账

科目：2202015 应付账款——桂林绿化　　2021 年 1 月至 2021 年 4 月　　单位：元

日期	凭证字号	科目	摘要	借方	贷方	方向	余额
2021-01-01		2202015 应付账款——桂林绿化	期初余额			平	
2021-04-19	记 -22	2202015 应付账款——桂林绿化	九龙绿化基础设施工程完工		4 360 000.00	贷	4 360 000.00
2021-04-30		2202015 应付账款——桂林绿化	本期合计		4 360 000.00	贷	4 360 000.00
2021-04-30		2202015 应付账款——桂林绿化	本年累计		4 360 000.00	贷	4 360 000.00

编制单位：××房地产有限公司

应付职工薪酬 明细账

科目：2211 应付职工薪酬　　2021 年 1 月至 2021 年 4 月　　单位：元

日期	凭证字号	科目	摘要	借方	贷方	方向	余额
2021-01-01		2211 应付职工薪酬	期初余额			贷	461 470.00
2021-01-08	记 -9	2211001 应付职工薪酬——职工工资	发放工资	387 380.00		贷	74 090.00
2021-01-11	记 -13	2211002 应付职工薪酬——社保费	缴纳社保费	52 250.00		贷	21 840.00
2021-01-11	记 -14	2211003 应付职工薪酬——住房公积金	缴纳住房公积金	21 840.00		平	
2021-01-31	记 -36	2211001 应付职工薪酬——职工工资	计提职工工资		668 180.00	贷	668 180.00
2021-01-31	记 -37	2211002 应付职工薪酬——社保费	计提单位负担社保费		200 454.00	贷	868 634.00
2021-01-31	记 -38	2211003 应付职工薪酬——住房公积金	计提企业负担公积金		53 454.40	贷	922 088.40
2021-01-31		2211 应付职工薪酬	本期合计	461 470.00	922 088.40	贷	922 088.40
2021-01-31		2211 应付职工薪酬	本年累计	461 470.00	922 088.40	贷	922 088.40
2021-02-10	记 -8	2211001 应付职工薪酬——职工工资	发放工资	668 180.00		贷	253 908.40
2021-02-11	记 -12	2211004 应付职工薪酬——福利费	01 公司员工聚餐	13 780.00		贷	240 128.40
2021-02-11	记 -12	2211004 应付职工薪酬——福利费	02 公司员工聚餐		13 780.00	贷	253 908.40
2021-02-12	记 -15	2211005 应付职工薪酬——工会经费	01 工会活动	8 000.00		贷	245 908.40
2021-02-12	记 -15	2211005 应付职工薪酬——工会经费	工会活动进项税额转出	480.00		贷	245 428.40

（续）

日期	凭证字号	科目	摘要	借方	贷方	方向	余额
2021-02-12	记 -15	2211005 应付职工薪酬——工会经费	工会活动转管理费用		8 480.00	贷	253 908.40
2021-02-15	记 -17	2211002 应付职工薪酬——社保费	缴纳社保费	200 454.00		贷	53 454.40
2021-02-15	记 -18	2211003 应付职工薪酬——住房公积金	缴纳住房公积金	53 454.40		平	
2021-02-25	记 -28	2211004 应付职工薪酬——福利费	01 支付生活困难补助	2 000.00		贷	－2 000.00
2021-02-25	记 -28	2211004 应付职工薪酬——福利费	结转管理费用		2 000.00	平	
2021-02-26	记 -29	2211004 应付职工薪酬——福利费	01 发放福利用品	18 000.00		贷	－18 000.00
2021-02-26	记 -29	2211004 应付职工薪酬——福利费	02 进项税额准出	2 340.00		贷	－20 340.00
2021-02-26	记 -29	2211004 应付职工薪酬——福利费	结转管理费用		20 340.00	平	
2021-02-28	记 -33	2211001 应付职工薪酬——职工工资	计提工资		848 580.00	贷	848 580.00
2021-02-28	记 -34	2211002 应付职工薪酬——社保费	计提单位负担社保费		254 574.00	贷	1 103 154.00
2021-02-28	记 -35	2211003 应付职工薪酬——住房公积金	计提单位负担住房公积金		67 886.40	贷	1 171 040.40
2021-02-28		2211 应付职工薪酬	本期合计	966 688.40	1 215 640.40	贷	1 171 040.40
2021-02-28		2211 应付职工薪酬	本年累计	1 428 158.40	2 137 728.80	贷	1 171 040.40
2021-03-10	记 -5	2211001 应付职工薪酬——职工工资	发放工资	848 580.00		贷	322 460.40
2021-03-15	记 -14	2211002 应付职工薪酬——社保费	缴纳社保费	254 574.00		贷	67 886.40
2021-03-15	记 -15	2211003 应付职工薪酬——住房公积金	缴纳住房公积金	67 886.40		平	
2021-03-30	记 -26	2211006 应付职工薪酬——职工教育经费	01 财务人员培训费	3 600.00		贷	－3 600.00
2021-03-30	记 -26	2211006 应付职工薪酬——职工教育经费	结转管理费用		3 600.00	平	
2021-03-31	记 -29	2211001 应付职工薪酬——职工工资	计提工资		848 580.00	贷	848 580.00
2021-03-31	记 -30	2211002 应付职工薪酬——社保费	计提单位负担社保费		254 574.00	贷	1 103 154.00
2021-03-31	记 -31	2211003 应付职工薪酬——住房公积金	计提单位负担住房公积金		67 886.40	贷	1 171 040.40
2021-03-31		2211 应付职工薪酬	本期合计	1 174 640.40	1 174 640.40	贷	1 171 040.40
2021-03-31		2211 应付职工薪酬	本年累计	2 602 798.80	3 312 369.20	贷	1 171 040.40
2021-04-09	记 -6	2211001 应付职工薪酬——职工工资	发放工资	848 580.00		贷	322 460.40
2021-04-15	记 -16	2211002 应付职工薪酬——社保费	缴纳社保费	254 574.00		贷	67 886.40
2021-04-15	记 -17	2211003 应付职工薪酬——住房公积金	缴纳住房公积金	67 886.40		平	
2021-04-29	记 -30	2211001 应付职工薪酬——职工工资	计提工资		848 580.00	贷	848 580.00

（续）

日期	凭证字号	科目	摘要	借方	贷方	方向	余额
2021-04-29	记 -31	2211002 应付职工薪酬——社保费	计提单位负担社保费		254 574.00	贷	1 103 154.00
2021-04-29	记 -32	2211003 应付职工薪酬——住房公积金	计提单位负担住房公积金		67 886.40	贷	1 171 040.40
2021-04-30		2211 应付职工薪酬	本期合计	1 171 040.40	1 171 040.40	贷	1 171 040.40
2021-04-30		2211 应付职工薪酬	本年累计	3 773 839.20	4 483 409.60	贷	1 171 040.40

编制单位：×× 房地产有限公司

应付职工薪酬 明细账

科目：2211001 应付职工薪酬——职工工资　　2021 年 1 月至 2021 年 4 月　　单位：元

日期	凭证字号	科目	摘要	借方	贷方	方向	余额
2021-01-01		2211001 应付职工薪酬——职工工资	期初余额			贷	387 380.00
2021-01-08	记 -9	2211001 应付职工薪酬——职工工资	发放工资	387 380.00		平	
2021-01-31	记 -36	2211001 应付职工薪酬——职工工资	计提职工工资		668 180.00	贷	668 180.00
2021-01-31		2211001 应付职工薪酬——职工工资	本期合计	387 380.00	668 180.00	贷	668 180.00
2021-01-31		2211001 应付职工薪酬——职工工资	本年累计	387 380.00	668 180.00	贷	668 180.00
2021-02-10	记 -8	2211001 应付职工薪酬——职工工资	发放工资	668 180.00		平	
2021-02-28	记 -33	2211001 应付职工薪酬——职工工资	计提工资		848 580.00	贷	848 580.00
2021-02-28		2211001 应付职工薪酬——职工工资	本期合计	668 180.00	848 580.00	贷	848 580.00
2021-02-28		2211001 应付职工薪酬——职工工资	本年累计	1 055 560.00	1 516 760.00	贷	848 580.00
2021-03-10	记 -5	2211001 应付职工薪酬——职工工资	发放工资	848 580.00		平	
2021-03-31	记 -29	2211001 应付职工薪酬——职工工资	计提工资		848 580.00	贷	848 580.00
2021-03-31		2211001 应付职工薪酬——职工工资	本期合计	848 580.00	848 580.00	贷	848 580.00
2021-03-31		2211001 应付职工薪酬——职工工资	本年累计	1 904 140.00	2 365 340.00	贷	848 580.00
2021-04-09	记 -6	2211001 应付职工薪酬——职工工资	发放工资	848 580.00		平	
2021-04-29	记 -30	2211001 应付职工薪酬——职工工资	计提工资		848 580.00	贷	848 580.00
2021-04-30		2211001 应付职工薪酬——职工工资	本期合计	848 580.00	848 580.00	贷	848 580.00
2021-04-30		2211001 应付职工薪酬——职工工资	本年累计	2 752 720.00	3 213 920.00	贷	848 580.00

编制单位：×× 房地产有限公司

应付职工薪酬 明细账

科目：2211002 应付职工薪酬——社保费　　2021 年 1 月至 2021 年 4 月　　单位：元

日期	凭证字号	科目	摘要	借方	贷方	方向	余额
2021-01-01		2211002 应付职工薪酬——社保费	期初余额			贷	52 250.00
2021-01-11	记 -13	2211002 应付职工薪酬——社保费	缴纳社保费	52 250.00		平	
2021-01-31	记 -37	2211002 应付职工薪酬——社保费	计提单位负担社保费		200 454.00	贷	200 454.00
2021-01-31		2211002 应付职工薪酬——社保费	本期合计	52 250.00	200 454.00	贷	200 454.00
2021-01-31		2211002 应付职工薪酬——社保费	本年累计	52 250.00	200 454.00	贷	200 454.00
2021-02-15	记 -17	2211002 应付职工薪酬——社保费	缴纳社保费	200 454.00		平	
2021-02-28	记 -34	2211002 应付职工薪酬——社保费	计提单位负担社保费		254 574.00	贷	254 574.00
2021-02-28		2211002 应付职工薪酬——社保费	本期合计	200 454.00	254 574.00	贷	254 574.00
2021-02-28		2211002 应付职工薪酬——社保费	本年累计	252 704.00	455 028.00	贷	254 574.00
2021-03-15	记 -14	2211002 应付职工薪酬——社保费	缴纳社保费	254 574.00		平	
2021-03-31	记 -30	2211002 应付职工薪酬——社保费	计提单位负担社保费		254 574.00	贷	254 574.00
2021-03-31		2211002 应付职工薪酬——社保费	本期合计	254 574.00	254 574.00	贷	254 574.00
2021-03-31		2211002 应付职工薪酬——社保费	本年累计	507 278.00	709 602.00	贷	254 574.00
2021-04-15	记 -16	2211002 应付职工薪酬——社保费	缴纳社保费	254 574.00		平	
2021-04-29	记 -31	2211002 应付职工薪酬——社保费	计提单位负担社保费		254 574.00	贷	254 574.00
2021-04-30		2211002 应付职工薪酬——社保费	本期合计	254 574.00	254 574.00	贷	254 574.00
2021-04-30		2211002 应付职工薪酬——社保费	本年累计	761 852.00	964 176.00	贷	254 574.00

编制单位：×× 房地产有限公司

应付职工薪酬 明细账

科目：2211003 应付职工薪酬——住房公积金　　2021 年 1 月至 2021 年 4 月　　单位：元

日期	凭证字号	科目	摘要	借方	贷方	方向	余额
2021-01-01		2211003 应付职工薪酬——住房公积金	期初余额			贷	21 840.00
2021-01-11	记 -14	2211003 应付职工薪酬——住房公积金	缴纳住房公积金	21 840.00		平	
2021-01-31	记 -38	2211003 应付职工薪酬——住房公积金	计提企业负担公积金		53 454.40	贷	53 454.40
2021-01-31		2211003 应付职工薪酬——住房公积金	本期合计	21 840.00	53 454.40	贷	53 454.40
2021-01-31		2211003 应付职工薪酬——住房公积金	本年累计	21 840.00	53 454.40	贷	53 454.40

（续）

日期	凭证字号	科目	摘要	借方	贷方	方向	余额
2021-02-15	记 -18	2211003 应付职工薪酬——住房公积金	缴纳住房公积金	53 454.40		平	
2021-02-28	记 -35	2211003 应付职工薪酬——住房公积金	计提单位负担住房公积金		67 886.40	贷	67 886.40
2021-02-28		2211003 应付职工薪酬——住房公积金	本期合计	53 454.40	67 886.40	贷	67 886.40
2021-02-28		2211003 应付职工薪酬——住房公积金	本年累计	75 294.40	121 340.80	贷	67 886.40
2021-03-15	记 -15	2211003 应付职工薪酬——住房公积金	缴纳住房公积金	67 886.40		平	
2021-03-31	记 -31	2211003 应付职工薪酬——住房公积金	计提单位负担住房公积金		67 886.40	贷	67 886.40
2021-03-31		2211003 应付职工薪酬——住房公积金	本期合计	67 886.40	67 886.40	贷	67 886.40
2021-03-31		2211003 应付职工薪酬——住房公积金	本年累计	143 180.80	189 227.20	贷	67 886.40
2021-04-15	记 -17	2211003 应付职工薪酬——住房公积金	缴纳住房公积金	67 886.40		平	
2021-04-29	记 -32	2211003 应付职工薪酬——住房公积金	计提单位负担住房公积金		67 886.40	贷	67 886.40
2021-04-30		2211003 应付职工薪酬——住房公积金	本期合计	67 886.40	67 886.40	贷	67 886.40
2021-04-30		2211003 应付职工薪酬——住房公积金	本年累计	211 067.20	257 113.60	贷	67 886.40

编制单位：×× 房地产有限公司

应交税费 明细账

科目：2221 应交税费　　2021 年 1 月至 2021 年 4 月　　单位：元

日期	凭证字号	科目	摘要	借方	贷方	方向	余额
2021-01-01		2221 应交税费	期初余额			贷	－31 739 804.00
2021-01-07	记 -5	222100101 应交税费——应交增值税——进项税额	林恩达报销差旅费	270.00		贷	－31 740 074.00
2021-01-08	记 -7	222100101 应交税费——应交增值税——进项税额	购买账簿	104.00		贷	－31 740 178.00
2021-01-08	记 -8	222100101 应交税费——应交增值税——进项税额	支付广告费	21 000.00		贷	－31 761 178.00
2021-01-08	记 -9	2221012 应交税费——应交个人所得税	代扣个人所得税		13 610.00	贷	－31 747 568.00
2021-01-11	记 -11	2221012 应交税费——应交个人所得税	缴纳个人所得税	13 610.00		贷	－31 761 178.00
2021-01-11	记 -12	2221026 应交税费——应交印花税	缴纳印花税	876.00		贷	－31 762 054.00

（续）

日期	凭证字号	科目	摘要	借方	贷方	方向	余额
2021-01-12	记 -15	222100101 应交税费——应交增值税——进项税额	支付九龙桂冠项目场地平整费	360 000.00		贷	−32 122 054.00
2021-01-14	记 -16	222100101 应交税费——应交增值税——进项税额	购买办公用品	195.00		贷	−32 122 249.00
2021-01-15	记 -17	222100101 应交税费——应交增值税——进项税额	代建工程发生前期工程费	315 000.00		贷	−32 437 249.00
2021-01-15	记 -18	2221010 应交税费——应交城镇土地使用税	缴纳土地使用税	35 860.00		贷	−32 473 109.00
2021-01-15	记 -19	2221006 应交税费——应交所得税	缴纳所得税	3 695 300.00		贷	−36 168 409.00
2021-01-18	记 -20	222100101 应交税费——应交增值税——进项税额	九龙桂冠项目规划设计费	150 000.00		贷	−36 318 409.00
2021-01-19	记 -21	222100101 应交税费——应交增值税——进项税额	九龙桂冠项目购入设备	39 000.00		贷	−36 357 409.00
2021-01-20	记 -24	222100101 应交税费——应交增值税——进项税额	九龙桂冠项目勘察设计费	18 000.00		贷	−36 375 409.00
2021-01-20	记 -25	222100101 应交税费——应交增值税——进项税额	九龙桂冠项目噪声管理费	1 800.00		贷	−36 377 209.00
2021-01-21	记 -27	222100101 应交税费——应交增值税——进项税额	支付九龙临时道路修建费	18 000.00		贷	−36 395 209.00
2021-01-22	记 -28	222100101 应交税费——应交增值税——进项税额	支付设备安装费	6 500.00		贷	−36 401 709.00
2021-01-25	记 -29	222100101 应交税费——应交增值税——进项税额	支付九龙前期工程招标代理费	12 000.00		贷	−36 413 709.00
2021-01-27	记 -31	222100101 应交税费——应交增值税——进项税额	九龙营销设施完工	72 000.00		贷	−36 485 709.00
2021-01-31	记 -40	2221026 应交税费——应交印花税	计提当月合同印花税		8 965.00	贷	−36 476 744.00
2021-01-31	记 -41	2221007 应交税费——应交土地增值税	凯源新城一期土地增值税结转		67 649 715.00	贷	31 172 971.00

（续）

日期	凭证字号	科目	摘要	借方	贷方	方向	余额
2021-01-31		2221 应交税费	本期合计	4 759 515.00	67 672 290.00	贷	31 172 971.00
2021-01-31		2221 应交税费	本年累计	4 759 515.00	67 672 290.00	贷	31 172 971.00
2021-02-01	记 -1	222100101 应交税费——应交增值税——进项税额	九龙工程咨询费	12 000.00		贷	31 160 971.00
2021-02-02	记 -2	222100101 应交税费——应交增值税——进项税额	缴纳电话费	459.00		贷	31 160 512.00
2021-02-05	记 -5	222100101 应交税费——应交增值税——进项税额	购买图书	315.00		贷	31 160 197.00
2021-02-09	记 -7	222100101 应交税费——应交增值税——进项税额	支付九龙样板房装修费	180 000.00		贷	30 980 197.00
2021-02-10	记 -8	2221012 应交税费——应交个人所得税	代扣个人所得税		18 350.00	贷	30 998 547.00
2021-02-10	记 -9	2221018 应交税费——预交增值税	九龙项目预交增值税	240 000.00		贷	30 758 547.00
2021-02-10	记 -10	2221008 应交税费——应交城市维护建设税	计提城建税		16 800.00	贷	30 775 347.00
2021-02-10	记 -10	2221013 应交税费——教育费附加	计提城建税		7 200.00	贷	30 782 547.00
2021-02-10	记 -10	2221014 应交税费——地方教育费附加	计提城建税		4 800.00	贷	30 787 347.00
2021-02-10	记 -11	2221012 应交税费——应交个人所得税	缴纳个人所得税	18 350.00		贷	30 768 997.00
2021-02-12	记 -14	222100101 应交税费——应交增值税——进项税额	支付自用土地使用权拍卖佣金	12 000.00		贷	30 756 997.00
2021-02-12	记 -15	222100101 应交税费——应交增值税——进项税额	工会活动	480.00		贷	30 756 517.00
2021-02-12	记 -15	222100107 应交税费——应交增值税——进项税额转出	工会活动进项税额转出		480.00	贷	30 756 997.00
2021-02-15	记 -16	2221008 应交税费——应交城市维护建设税	缴纳九龙预售款城建税	16 800.00		贷	30 740 197.00
2021-02-15	记 -16	2221013 应交税费——教育费附加	缴纳九龙预售款教育费附加	7 200.00		贷	30 732 997.00

（续）

日期	凭证字号	科目	摘要	借方	贷方	方向	余额
2021-02-15	记 -16	2221014 应交税费——地方教育费附加	缴纳九龙预售款地方教育费附加	4 800.00		贷	30 728 197.00
2021-02-15	记 -19	2221007 应交税费——应交土地增值税	预缴九龙桂冠项目土地增值税	254 400.00		贷	30 473 797.00
2021-02-15	记 -20	2221026 应交税费——应交印花税	缴纳上月合同印花税	8 965.00		贷	30 464 832.00
2021-02-16	记 -21	2221007 应交税费——应交土地增值税	缴纳凯源新城一期土地增值税	32 177 875.00		贷	−1 713 043.00
2021-02-18	记 -22	222100101 应交税费——应交增值税——进项税额	购买劳保用品	10 400.00		贷	−1 723 443.00
2021-02-19	记 -23	222100101 应交税费——应交增值税——进项税额	九龙桂冠项目部支付设备检测费	4 940.00		贷	−1 728 383.00
2021-02-22	记 -24	222100101 应交税费——应交增值税——进项税额	支付九龙工程保险费	15 000.00		贷	−1 743 383.00
2021-02-23	记 -25	222100101 应交税费——应交增值税——进项税额	支付机动车保险费	960.00		贷	−1 744 343.00
2021-02-26	记 -29	222100101 应交税费——应交增值税——进项税额	发放福利用品	2 340.00		贷	−1 746 683.00
2021-02-26	记 -29	222100107 应交税费——应交增值税——进项税额转出	进项税额准出		2 340.00	贷	−1 744 343.00
2021-02-28	记 -31	222100101 应交税费——应交增值税——进项税额	九龙建筑安装基础工程完工	2 430 000.00		贷	−4 174 343.00
2021-02-28	记 -37	2221026 应交税费——应交印花税	计提当月合同印花税		58 960.00	贷	−4 115 383.00
2021-02-28		2221 应交税费	本期合计	35 397 284.00	108 930.00	贷	−4 115 383.00
2021-02-28		2221 应交税费	本年累计	40 156 799.00	67 781 220.00	贷	−4 115 383.00
2021-03-04	记 -2	222100101 应交税费——应交增值税——进项税额	宋立阳报销差旅费	300.00		贷	−4 115 683.00
2021-03-05	记 -3	222100101 应交税费——应交增值税——进项税额	支付参展费用	15 000.00		贷	−4 130 683.00

（续）

日期	凭证字号	科目	摘要	借方	贷方	方向	余额
2021-03-10	记 -5	2221012 应交税费——应交个人所得税	代扣个人所得税		21 330.00	贷	－4 109 353.00
2021-03-10	记 -6	2221018 应交税费——预交增值税	九龙预交增值税	1 800 000.00		贷	－5 909 353.00
2021-03-10	记 -7	2221008 应交税费——应交城市维护建设税	计提城建税		126 000.00	贷	－5 783 353.00
2021-03-10	记 -7	2221013 应交税费——教育费附加	计提教育费附加		54 000.00	贷	－5 729 353.00
2021-03-10	记 -7	2221014 应交税费——地方教育费附加	计提地方教育费附加		36 000.00	贷	－5 693 353.00
2021-03-11	记 -8	222100101 应交税费——应交增值税——进项税额	支付工程监理费	27 000.00		贷	－5 720 353.00
2021-03-12	记 -9	222100101 应交税费——应交增值税——进项税额	市场部报销参展费用	300.00		贷	－5 720 653.00
2021-03-12	记 -11	222100101 应交税费——应交增值税——进项税额	九龙项目购买工程物资	1 950 000.00		贷	－7 670 653.00
2021-03-15	记 -12	2221008 应交税费——应交城市维护建设税	缴纳城建税	126 000.00		贷	－7 796 653.00
2021-03-15	记 -12	2221013 应交税费——教育费附加	缴纳城建税	54 000.00		贷	－7 850 653.00
2021-03-15	记 -12	2221014 应交税费——地方教育费附加	缴纳教育费附加	36 000.00		贷	－7 886 653.00
2021-03-15	记 -13	2221012 应交税费——应交个人所得税	缴纳个人所得税	21 330.00		贷	－7 907 983.00
2021-03-15	记 -16	2221007 应交税费——应交土地增值税	预缴九龙项目土地增值税	1 908 000.00		贷	－9 815 983.00
2021-03-15	记 -17	2221026 应交税费——应交印花税	缴纳上月合同印花税	58 960.00		贷	－9 874 943.00
2021-03-16	记 -18	222100101 应交税费——应交增值税——进项税额	与青城建筑结算主体工程费	3 600 000.00		贷	－13 474 943.00
2021-03-17	记 -19	222100101 应交税费——应交增值税——进项税额	支付九龙桂冠项目基础设施费	270 000.00		贷	－13 744 943.00

（续）

日期	凭证字号	科目	摘要	借方	贷方	方向	余额
2021-03-25	记 -24	222100101 应交税费——应交增值税——进项税额	支付九龙桂冠项目环卫工程费	16 200.00		贷	－13 761 143.00
2021-03-30	记 -25	222100101 应交税费——应交增值税——进项税额	支付九龙项目季度清洁费用	360.00		贷	－13 761 503.00
2021-03-30	记 -26	222100101 应交税费——应交增值税——进项税额	财务人员培训费	216.00		贷	－13 761 719.00
2021-03-31	记 -32	222100101 应交税费——应交增值税——进项税额	行政部门报销汽车修理费	910.00		贷	－13 762 629.00
2021-03-31	记 -33	222100101 应交税费——应交增值税——进项税额	管理部门报销高速公路过路费	30.00		贷	－13 762 659.00
2021-03-31	记 -34	222100101 应交税费——应交增值税——进项税额	销售部门报销通信费	180.00		贷	－13 762 839.00
2021-03-31	记 -38	2221026 应交税费——应交印花税	计提当月合同印花税		213 500.00	贷	－13 549 339.00
2021-03-31	记 -39	2221006 应交税费——应交所得税	计提应预缴企业所得税		6 148 993.54	贷	－7 400 345.46
2021-03-31		2221 应交税费	本期合计	9 884 786.00	6 599 823.54	贷	－7 400 345.46
2021-03-31		2221 应交税费	本年累计	50 041 585.00	74 381 043.54	贷	－7 400 345.46
2021-04-02	记 -2	222100101 应交税费——应交增值税——进项税额	九龙桂冠项目安装工程完工	1 080 000.00		贷	－8 480 345.46
2021-04-05	记 -3	222100101 应交税费——应交增值税——进项税额	支付九龙工程管理费	30 000.00		贷	－8 510 345.46
2021-04-08	记 -5	222100101 应交税费——应交增值税——进项税额	支付报刊订阅费	324.00		贷	－8 510 669.46
2021-04-09	记 -6	2221012 应交税费——应交个人所得税	代扣个人承担住房公积金		21 330.00	贷	－8 489 339.46
2021-04-09	记 -7	2221018 应交税费——预交增值税	九龙预交增值税	11 100 000.00		贷	－19 589 339.46
2021-04-09	记 -8	222100101 应交税费——应交增值税——进项税额	九龙照明基础设施工程完工	180 000.00		贷	－19 769 339.46

（续）

日期	凭证字号	科目	摘要	借方	贷方	方向	余额
2021-04-12	记 -9	2221008 应交税费——应交城市维护建设税	计提 3 月九龙预售款城建税		777 000.00	贷	－18 992 339.46
2021-04-12	记 -9	2221013 应交税费——教育费附加	计提 3 月九龙预售款教育费附加		333 000.00	贷	－18 659 339.46
2021-04-12	记 -9	2221014 应交税费——地方教育费附加	计提 3 月九龙预售款地方教育费附加		222 000.00	贷	－18 437 339.46
2021-04-13	记 -11	222100101 应交税费——应交增值税——进项税额	支付九龙人防工程配套设施费	297 000.00		贷	－18 734 339.46
2021-04-13	记 -12	2221008 应交税费——应交城市维护建设税	缴纳 3 月九龙预售款城建税	777 000.00		贷	－19 511 339.46
2021-04-13	记 -12	2221013 应交税费——教育费附加	缴纳 3 月九龙预售款教育费附加	333 000.00		贷	－19 844 339.46
2021-04-13	记 -12	2221014 应交税费——地方教育费附加	缴纳 3 月九龙预售款地方教育费附加	222 000.00		贷	－20 066 339.46
2021-04-13	记 -13	2221026 应交税费——应交印花税	缴纳上月合同印花税	213 500.00		贷	－20 279 839.46
2021-04-14	记 -15	2221012 应交税费——应交个人所得税	缴纳个人所得税	21 330.00		贷	－20 301 169.46
2021-04-15	记 -18	2221006 应交税费——应交所得税	预缴企业所得税	6 149 743.54		贷	－26 450 913.00
2021-04-16	记 -19	222100101 应交税费——应交增值税——进项税额	九龙建筑安装主体工程完工	6 300 000.00		贷	－32 750 913.00
2021-04-16	记 -20	2221007 应交税费——应交土地增值税	预缴九龙桂冠项目土地增值税	11 766 000.00		贷	－44 516 913.00
2021-04-19	记 -22	222100101 应交税费——应交增值税——进项税额	九龙绿化基础设施工程完工	360 000.00		贷	－44 876 913.00
2021-04-20	记 -23	222100101 应交税费——应交增值税——进项税额	支付九龙桂冠项目部水费	1 620.00		贷	－44 878 533.00
2021-04-20	记 -24	222100101 应交税费——应交增值税——进项税额	支付九龙桂冠项目电费	3 380.00		贷	－44 881 913.00

（续）

日期	凭证字号	科目	摘要	借方	贷方	方向	余额
2021-04-21	记 -25	222100101 应交税费——应交增值税——进项税额	支付九龙桂冠项目公共配套设施费	54 000.00		贷	−44 935 913.00
2021-04-22	记 -26	222100101 应交税费——应交增值税——进项税额	支付九龙桂冠项目前期物管费	6 000.00		贷	−44 941 913.00
2021-04-28	记 -28	222100105 应交税费——应交增值税——销项税额	九龙桂冠项目交房确认收入		39 420 000.00	贷	−5 521 913.00
2021-04-28	记 -29	222100110 应交税费——应交增值税——销项税额抵减	土地出让金抵减销项税额	8 100 000.00		贷	−13 621 913.00
2021-04-29	记 -33	2221002 应交税费——未交增值税	预交增值税转入未交增值税	13 140 000.00		贷	−26 761 913.00
2021-04-29	记 -33	2221018 应交税费——预交增值税	预交增值税转入未交增值税		13 140 000.00	贷	−13 621 913.00
2021-04-29	记 -36	2221026 应交税费——应交印花税	计提当月合同印花税		115 650.00	贷	−13 506 263.00
2021-04-30	记 -37	222100103 应交税费——应交增值税——转出未交增值税	转出未交增值税	13 447 237.00		贷	−26 953 500.00
2021-04-30	记 -37	2221002 应交税费——未交增值税	转出未交增值税		13 447 237.00	贷	−13 506 263.00
2021-04-30	记 -38	2221008 应交税费——应交城市维护建设税	计提城建税		21 506.59	贷	−13 484 756.41
2021-04-30	记 -38	2221013 应交税费——教育费附加	计提教育费附加		9 217.11	贷	−13 475 539.30
2021-04-30	记 -38	2221014 应交税费——地方教育费附加	计提教育费附加		6 144.74	贷	−13 469 394.56

编制单位：× × 房地产有限公司

应交税费 明细账

科目：2221 应交税费　　　　2021 年 1 月至 2021 年 4 月　　　　单位：元

日期	凭证字号	科目	摘要	借方	贷方	方向	余额
2021-04-30		2221 应交税费	本期合计	73 582 134.54	67 513 085.44	贷	−13 469 394.56
2021-04-30		2221 应交税费	本年累计	123 623 719.54	141 894 128.98	贷	−13 469 394.56

编制单位：× × 房地产有限公司

应交税费 明细账

科目：222100101 应交税费——应交增值税——进项税额　　2021 年 1 月至 2021 年 4 月　　单位：元

日期	凭证字号	科目	摘要	借方	贷方	方向	余额
2021-01-01		222100101 应交税费——应交增值税——进项税额	期初余额			平	
2021-01-07	记 -5	222100101 应交税费——应交增值税——进项税额	林恩达报销差旅费	270.00		借	270.00
2021-01-08	记 -7	222100101 应交税费——应交增值税——进项税额	购买账簿	104.00		借	374.00
2021-01-08	记 -8	222100101 应交税费——应交增值税——进项税额	支付广告费	21 000.00		借	21 374.00
2021-01-12	记 -15	222100101 应交税费——应交增值税——进项税额	支付九龙项目场地平整费	360 000.00		借	381 374.00
2021-01-14	记 -16	222100101 应交税费——应交增值税——进项税额	购买办公用品	195.00		借	381 569.00
2021-01-15	记 -17	222100101 应交税费——应交增值税——进项税额	代建工程发生前期工程费	315 000.00		借	696 569.00
2021-01-18	记 -20	222100101 应交税费——应交增值税——进项税额	九龙桂冠项目规划设计费	150 000.00		借	846 569.00
2021-01-19	记 -21	222100101 应交税费——应交增值税——进项税额	九龙桂冠项目购入设备	39 000.00		借	885 569.00
2021-01-20	记 -24	222100101 应交税费——应交增值税——进项税额	九龙桂冠项目勘察设计费	18 000.00		借	903 569.00
2021-01-20	记 -25	222100101 应交税费——应交增值税——进项税额	九龙桂冠项目噪声管理费	1 800.00		借	905 369.00
2021-01-21	记 -27	222100101 应交税费——应交增值税——进项税额	支付九龙临时道路修建费	18 000.00		借	923 369.00
2021-01-22	记 -28	222100101 应交税费——应交增值税——进项税额	支付设备安装费	6 500.00		借	929 869.00
2021-01-25	记 -29	222100101 应交税费——应交增值税——进项税额	支付九龙前期工程招标代理费	12 000.00		借	941 869.00
2021-01-27	记 -31	222100101 应交税费——应交增值税——进项税额	九龙营销设施完工	72 000.00		借	1 013 869.00
2021-01-31		222100101 应交税费——应交增值税——进项税额	本期合计	1 013 869.00		借	1 013 869.00
2021-01-31		222100101 应交税费——应交增值税——进项税额	本年累计	1 013 869.00		借	1 013 869.00

（续）

日期	凭证字号	科目	摘要	借方	贷方	方向	余额
2021-02-01	记 -1	222100101 应交税费——应交增值税——进项税额	九龙工程咨询费	12 000.00		借	1 025 869.00
2021-02-02	记 -2	222100101 应交税费——应交增值税——进项税额	缴纳电话费	459.00		借	1 026 328.00
2021-02-05	记 -5	222100101 应交税费——应交增值税——进项税额	购买图书	315.00		借	1 026 643.00
2021-02-09	记 -7	222100101 应交税费——应交增值税——进项税额	支付九龙样板房装修费	180 000.00		借	1 206 643.00
2021-02-12	记 -14	222100101 应交税费——应交增值税——进项税额	支付自用土地使用权拍卖佣金	12 000.00		借	1 218 643.00
2021-02-12	记 -15	222100101 应交税费——应交增值税——进项税额	工会活动	480.00		借	1 219 123.00
2021-02-18	记 -22	222100101 应交税费——应交增值税——进项税额	购买劳保用品	10 400.00		借	1 229 523.00
2021-02-19	记 -23	222100101 应交税费——应交增值税——进项税额	九龙桂冠项目部支付设备检测费	4 940.00		借	1 234 463.00
2021-02-22	记 -24	222100101 应交税费——应交增值税——进项税额	支付九龙工程保险费	15 000.00		借	1 249 463.00
2021-02-23	记 -25	222100101 应交税费——应交增值税——进项税额	支付机动车保险费	960.00		借	1 250 423.00
2021-02-26	记 -29	222100101 应交税费——应交增值税——进项税额	发放福利用品	2 340.00		借	1 252 763.00
2021-02-28	记 -31	222100101 应交税费——应交增值税——进项税额	九龙建筑安装基础工程完工	2 430 000.00		借	3 682 763.00
2021-02-28		222100101 应交税费——应交增值税——进项税额	本期合计	2 668 894.00		借	3 682 763.00
2021-02-28		222100101 应交税费——应交增值税——进项税额	本年累计	3 682 763.00		借	3 682 763.00
2021-03-04	记 -2	222100101 应交税费——应交增值税——进项税额	宋立阳报销差旅费	300.00		借	3 683 063.00
2021-03-05	记 -3	222100101 应交税费——应交增值税——进项税额	支付参展费用	15 000.00		借	3 698 063.00
2021-03-11	记 -8	222100101 应交税费——应交增值税——进项税额	支付工程监理费	27 000.00		借	3 725 063.00
2021-03-12	记 -9	222100101 应交税费——应交增值税——进项税额	市场部报销参展费用	300.00		借	3 725 363.00

（续）

日期	凭证字号	科目	摘要	借方	贷方	方向	余额
2021-03-12	记 -11	222100101 应交税费——应交增值税——进项税额	九龙桂冠项目购买工程物资	1 950 000.00		借	5 675 363.00
2021-03-16	记 -18	222100101 应交税费——应交增值税——进项税额	与青城建筑结算主体工程费	3 600 000.00		借	9 275 363.00
2021-03-17	记 -19	222100101 应交税费——应交增值税——进项税额	支付九龙桂冠项目基础设施费	270 000.00		借	9 545 363.00
2021-03-25	记 -24	222100101 应交税费——应交增值税——进项税额	支付九龙桂冠项目环卫工程费	16 200.00		借	9 561 563.00
2021-03-30	记 -25	222100101 应交税费——应交增值税——进项税额	支付九龙桂冠项目季度清洁费用	360.00		借	9 561 923.00
2021-03-30	记 -26	222100101 应交税费——应交增值税——进项税额	财务人员培训费	216.00		借	9 562 139.00
2021-03-31	记 -32	222100101 应交税费——应交增值税——进项税额	行政部门报销汽车修理费	910.00		借	9 563 049.00
2021-03-31	记 -33	222100101 应交税费——应交增值税——进项税额	管理部门报销高速公路过路费	30.00		借	9 563 079.00
2021-03-31	记 -34	222100101 应交税费——应交增值税——进项税额	销售部门报销通信费	180.00		借	9 563 259.00
2021-03-31		222100101 应交税费——应交增值税——进项税额	本期合计	5 880 496.00		借	9 563 259.00
2021-03-31		222100101 应交税费——应交增值税——进项税额	本年累计	9 563 259.00		借	9 563 259.00
2021-04-02	记 -2	222100101 应交税费——应交增值税——进项税额	九龙桂冠项目安装工程完工	1 080 000.00		借	10 643 259.00
2021-04-05	记 -3	222100101 应交税费——应交增值税——进项税额	支付九龙工程管理费	30 000.00		借	10 673 259.00
2021-04-08	记 -5	222100101 应交税费——应交增值税——进项税额	支付报刊订阅费	324.00		借	10 673 583.00
2021-04-09	记 -8	222100101 应交税费——应交增值税——进项税额	九龙照明基础设施工程完工	180 000.00		借	10 853 583.00
2021-04-13	记 -11	222100101 应交税费——应交增值税——进项税额	支付九龙人防工程配套设施费	297 000.00		借	11 150 583.00
2021-04-16	记 -19	222100101 应交税费——应交增值税——进项税额	九龙建筑安装主体工程完工	6 300 000.00		借	17 450 583.00
2021-04-19	记 -22	222100101 应交税费——应交增值税——进项税额	九龙绿化基础设施工程完工	360 000.00		借	17 810 583.00

（续）

日期	凭证字号	科目	摘要	借方	贷方	方向	余额
2021-04-20	记 -23	222100101 应交税费——应交增值税——进项税额	支付九龙桂冠项目部水费	1 620.00		借	17 812 203.00
2021-04-20	记 -24	222100101 应交税费——应交增值税——进项税额	支付九龙桂冠项目电费	3 380.00		借	17 815 583.00
2021-04-21	记 -25	222100101 应交税费——应交增值税——进项税额	支付九龙桂冠项目公共配套设施费	54 000.00		借	17 869 583.00
2021-04-22	记 -26	222100101 应交税费——应交增值税——进项税额	支付九龙桂冠项目前期物管费	6 000.00		借	17 875 583.00
2021-04-30		222100101 应交税费——应交增值税——进项税额	本期合计	8 312 324.00		借	17 875 583.00
2021-04-30		222100101 应交税费——应交增值税——进项税额	本年累计	17 875 583.00		借	17 875 583.00

编制单位：×× 房地产有限公司

应交税费 明细账

科目：222100103 应交税费——应交增值税——转出未交增值税　　2021 年 1 月至 2021 年 4 月　　单位：元

日期	凭证字号	科目	摘要	借方	贷方	方向	余额
2021-01-01		222100103 应交税费——应交增值税——转出未交增值税	期初余额			平	
2021-04-30	记 -37	222100103 应交税费——应交增值税——转出未交增值税	转出未交增值税	13 447 237.00		借	13 447 237.00
2021-04-30		222100103 应交税费——应交增值税——转出未交增值税	本期合计	13 447 237.00		借	13 447 237.00
2021-04-30		222100103 应交税费——应交增值税——转出未交增值税	本年累计	13 447 237.00		借	13 447 237.00

编制单位：×× 房地产有限公司

应交税费 明细账

科目：222100105 应交税费——应交增值税——销项税额　　2021 年 1 月至 2021 年 4 月　　单位：元

日期	凭证字号	科目	摘要	借方	贷方	方向	余额
2021-01-01		222100105 应交税费——应交增值税——销项税额	期初余额			平	

（续）

日期	凭证字号	科目	摘要	借方	贷方	方向	余额
2021-04-28	记 -28	222100105 应交税费——应交增值税——销项税额	九龙桂冠项目交房确认收入		39 420 000.00	贷	39 420 000.00
2021-04-30		222100105 应交税费——应交增值税——销项税额	本期合计		39 420 000.00	贷	39 420 000.00
2021-04-30		222100105 应交税费——应交增值税——销项税额	本年累计		39 420 000.00	贷	39 420 000.00

编制单位：×× 房地产有限公司

应交税费 明细账

科目：222100107 应交税费——应交增值税——进项税额转出　　2021 年 1 月至 2021 年 4 月　　单位：元

日期	凭证字号	科目	摘要	借方	贷方	方向	余额
2021-01-01		222100107 应交税费——应交增值税——进项税额转出	期初余额			平	
2021-02-12	记 -15	222100107 应交税费——应交增值税——进项税额转出	工会活动进项税额转出		480.00	贷	480.00
2021-02-26	记 -29	222100107 应交税费——应交增值税——进项税额转出	进项税额准出		2 340.00	贷	2 820.00
2021-02-28		222100107 应交税费——应交增值税——进项税额转出	本期合计		2 820.00	贷	2 820.00
2021-02-28		222100107 应交税费——应交增值税——进项税额转出	本年累计		2 820.00	贷	2 820.00

编制单位：×× 房地产有限公司

应交税费 明细账

科目：222100110 应交税费——应交增值税——销项税额抵减　　2021 年 1 月至 2021 年 4 月　　单位：元

日期	凭证字号	科目	摘要	借方	贷方	方向	余额
2021-01-01		222100110 应交税费——应交增值税——销项税额抵减	期初余额			平	
2021-04-28	记 -29	222100110 应交税费——应交增值税——销项税额抵减	土地出让金抵减销项税额	8 100 000.00		借	8 100 000.00

（续）

日期	凭证字号	科目	摘要	借方	贷方	方向	余额
2021-04-30		222100110 应交税费——应交增值税——销项税额抵减	本期合计	8 100 000.00		借	8 100 000.00
2021-04-30		222100110 应交税费——应交增值税——销项税额抵减	本年累计	8 100 000.00		借	8 100 000.00

编制单位：×× 房地产有限公司

应交税费 明细账

科目：2221002 应交税费——未交增值税　　2021 年 1 月至 2021 年 4 月　　单位：元

日期	凭证字号	科目	摘要	借方	贷方	方向	余额
2021-01-01		2221002 应交税费——未交增值税	期初余额			平	
2021-04-29	记 -33	2221002 应交税费——未交增值税	预交增值税转入未交增值税	13 140 000.00		贷	－13 140 000.00
2021-04-30	记 -37	2221002 应交税费——未交增值税	转出未交增值税		13 447 237.00	贷	307 237.00
2021-04-30		2221002 应交税费——未交增值税	本期合计	13 140 000.00	13 447 237.00	贷	307 237.00
2021-04-30		2221002 应交税费——未交增值税	本年累计	13 140 000.00	13 447 237.00	贷	307 237.00

编制单位：×× 房地产有限公司

应交税费 明细账

科目：2221006 应交税费——应交所得税　　2021 年 1 月至 2021 年 4 月　　单位：元

日期	凭证字号	科目	摘要	借方	贷方	方向	余额
2021-01-01		2221006 应交税费——应交所得税	期初余额			贷	3 695 300.00
2021-01-15	记 -19	2221006 应交税费——应交所得税	缴纳所得税	3 695 300.00		平	
2021-01-31		2221006 应交税费——应交所得税	本期合计	3 695 300.00		平	
2021-01-31		2221006 应交税费——应交所得税	本年累计	3 695 300.00		平	
2021-03-31	记 -39	2221006 应交税费——应交所得税	计提应预缴企业所得税		6 148 993.54	贷	6 148 993.54

（续）

日期	凭证字号	科目	摘要	借方	贷方	方向	余额
2021-03-31		2221006 应交税费——应交所得税	本期合计		6 148 993.54	贷	6 148 993.54
2021-03-31		2221006 应交税费——应交所得税	本年累计	3 695 300.00	6 148 993.54	贷	6 148 993.54
2021-04-15	记 -18	2221006 应交税费——应交所得税	预缴企业所得税	6 149 743.54		贷	−750.00
2021-04-30		2221006 应交税费——应交所得税	本期合计	6 149 743.54		贷	−750.00
2021-04-30		2221006 应交税费——应交所得税	本年累计	9 845 043.54	6 148 993.54	贷	−750.00

编制单位：×× 房地产有限公司

应交税费 明细账

科目：2221007 应交税费——应交土地增值税　　2021 年 1 月至 2021 年 4 月　　单位：元

日期	凭证字号	科目	摘要	借方	贷方	方向	余额
2021-01-01		2221007 应交税费——应交土地增值税	期初余额			贷	−35 471 840.00
2021-01-31	记 -41	2221007 应交税费——应交土地增值税	凯源新城一期土地增值税结转		67 649 715.00	贷	32 177 875.00
2021-01-31		2221007 应交税费——应交土地增值税	本期合计		67 649 715.00	贷	32 177 875.00
2021-01-31		2221007 应交税费——应交土地增值税	本年累计		67 649 715.00	贷	32 177 875.00
2021-02-15	记 -19	2221007 应交税费——应交土地增值税	预缴九龙桂冠项目土地增值税	254 400.00		贷	31 923 475.00
2021-02-16	记 -21	2221007 应交税费——应交土地增值税	缴纳凯源新城一期土地增值税	32 177 875.00		贷	−254 400.00
2021-02-28		2221007 应交税费——应交土地增值税	本期合计	32 432 275.00		贷	−254 400.00
2021-02-28		2221007 应交税费——应交土地增值税	本年累计	32 432 275.00	67 649 715.00	贷	−254 400.00
2021-03-15	记 -16	2221007 应交税费——应交土地增值税	预缴九龙项目土地增值税	1 908 000.00		贷	−2 162 400.00
2021-03-31		2221007 应交税费——应交土地增值税	本期合计	1 908 000.00		贷	−2 162 400.00

（续）

日期	凭证字号	科目	摘要	借方	贷方	方向	余额
2021-03-31		2221007 应交税费——应交土地增值税	本年累计	34 340 275.00	67 649 715.00	贷	−2 162 400.00
2021-04-16	记 -20	2221007 应交税费——应交土地增值税	预缴九龙桂冠项目土地增值税	11 766 000.00		贷	−13 928 400.00
2021-04-30		2221007 应交税费——应交土地增值税	本期合计	11 766 000.00		贷	−13 928 400.00
2021-04-30		2221007 应交税费——应交土地增值税	本年累计	46 106 275.00	67 649 715.00	贷	−13 928 400.00

编制单位：×× 房地产有限公司

应交税费 明细账

科目：2221008 应交税费——应交城市维护建设税　　2021 年 1 月至 2021 年 4 月　　单位：元

日期	凭证字号	科目	摘要	借方	贷方	方向	余额
2021-01-01		2221008 应交税费——应交城市维护建设税	期初余额			平	
2021-02-10	记 -10	2221008 应交税费——应交城市维护建设税	计提城建税		16 800.00	贷	16 800.00
2021-02-15	记 -16	2221008 应交税费——应交城市维护建设税	缴纳九龙预售款城建税	16 800.00		平	
2021-02-28		2221008 应交税费——应交城市维护建设税	本期合计	16 800.00	16 800.00	平	
2021-02-28		2221008 应交税费——应交城市维护建设税	本年累计	16 800.00	16 800.00	平	
2021-03-10	记 -7	2221008 应交税费——应交城市维护建设税	计提城建税		126 000.00	贷	126 000.00
2021-03-15	记 -12	2221008 应交税费——应交城市维护建设税	缴纳城建税	126 000.00		平	
2021-03-31		2221008 应交税费——应交城市维护建设税	本期合计	126 000.00	126 000.00	平	
2021-03-31		2221008 应交税费——应交城市维护建设税	本年累计	142 800.00	142 800.00	平	
2021-04-12	记 -9	2221008 应交税费——应交城市维护建设税	计提 3 月九龙预售款城建税		777 000.00	贷	777 000.00
2021-04-13	记 -12	2221008 应交税费——应交城市维护建设税	缴纳 3 月九龙预售款城建税	777 000.00		平	

（续）

日期	凭证字号	科目	摘要	借方	贷方	方向	余额
2021-04-30	记 -38	2221008 应交税费——应交城市维护建设税	计提城建税		21 506.59	贷	21 506.59
2021-04-30		2221008 应交税费——应交城市维护建设税	本期合计	777 000.00	798 506.59	贷	21 506.59
2021-04-30		2221008 应交税费——应交城市维护建设税	本年累计	919 800.00	941 306.59	贷	21 506.59

编制单位：× × 房地产有限公司

应交税费 明细账

科目：2221013 应交税费——教育费附加　　2021 年 1 月至 2021 年 4 月　　单位：元

日期	凭证字号	科目	摘要	借方	贷方	方向	余额
2021-01-01		2221013 应交税费——教育费附加	期初余额			平	
2021-02-10	记 -10	2221013 应交税费——教育费附加	计提城建税		7 200.00	贷	7 200.00
2021-02-15	记 -16	2221013 应交税费——教育费附加	缴纳九龙预售款教育费附加	7 200.00		平	
2021-02-28		2221013 应交税费——教育费附加	本期合计	7 200.00	7 200.00	平	
2021-02-28		2221013 应交税费——教育费附加	本年累计	7 200.00	7 200.00	平	
2021-03-10	记 -7	2221013 应交税费——教育费附加	计提教育费附加		54 000.00	贷	54 000.00
2021-03-15	记 -12	2221013 应交税费——教育费附加	缴纳城建税	54 000.00		平	
2021-03-31		2221013 应交税费——教育费附加	本期合计	54 000.00	54 000.00	平	
2021-03-31		2221013 应交税费——教育费附加	本年累计	61 200.00	61 200.00	平	
2021-04-12	记 -9	2221013 应交税费——教育费附加	计提 3 月九龙预售款教育费附加		333 000.00	贷	333 000.00
2021-04-13	记 -12	2221013 应交税费——教育费附加	缴纳 3 月九龙预售款教育费附加	333 000.00		平	
2021-04-30	记 -38	2221013 应交税费——教育费附加	计提教育费附加		9 217.11	贷	9 217.11

（续）

日期	凭证字号	科目	摘要	借方	贷方	方向	余额
2021-04-30		2221013 应交税费——教育费附加	本期合计	333 000.00	342 217.11	贷	9 217.11
2021-04-30		2221013 应交税费——教育费附加	本年累计	394 200.00	403 417.11	贷	9 217.11

编制单位：×× 房地产有限公司

应交税费 明细账

科目：2221014 应交税费——地方教育费附加　　2021 年 1 月至 2021 年 4 月　　单位：元

日期	凭证字号	科目	摘要	借方	贷方	方向	余额
2021-01-01		2221014 应交税费——地方教育费附加	期初余额			平	
2021-02-10	记 -10	2221014 应交税费——地方教育费附加	计提城建税		4 800.00	贷	4 800.00
2021-02-15	记 -16	2221014 应交税费——地方教育费附加	缴纳九龙预售款地方教育费附加	4 800.00		平	
2021-02-28		2221014 应交税费——地方教育费附加	本期合计	4 800.00	4 800.00	平	
2021-02-28		2221014 应交税费——地方教育费附加	本年累计	4 800.00	4 800.00	平	
2021-03-10	记 -7	2221014 应交税费——地方教育费附加	计提地方教育费附加		36 000.00	贷	36 000.00
2021-03-15	记 -12	2221014 应交税费——地方教育费附加	缴纳教育费附加	36 000.00		平	
2021-03-31		2221014 应交税费——地方教育费附加	本期合计	36 000.00	36 000.00	平	
2021-03-31		2221014 应交税费——地方教育费附加	本年累计	40 800.00	40 800.00	平	
2021-04-12	记 -9	2221014 应交税费——地方教育费附加	计提 3 月九龙预售款地方教育费附加		222 000.00	贷	222 000.00
2021-04-13	记 -12	2221014 应交税费——地方教育费附加	缴纳 3 月九龙预售款地方教育费附加	222 000.00		平	
2021-04-30	记 -38	2221014 应交税费——地方教育费附加	计提教育费附加		6 144.74	贷	6 144.74
2021-04-30		2221014 应交税费——地方教育费附加	本期合计	222 000.00	228 144.74	贷	6 144.74

（续）

日期	凭证字号	科目	摘要	借方	贷方	方向	余额
2021-04-30		2221014 应交税费——地方教育费附加	本年累计	262 800.00	268 944.74	贷	6 144.74

编制单位：×× 房地产有限公司

应交税费 明细账

科目：2221026 应交税费——应交印花税　　2021 年 1 月至 2021 年 4 月　　单位：元

日期	凭证字号	科目	摘要	借方	贷方	方向	余额
2021-01-01		2221026 应交税费——应交印花税	期初余额			贷	876.00
2021-01-11	记 -12	2221026 应交税费——应交印花税	缴纳印花税	876.00		平	
2021-01-31	记 -40	2221026 应交税费——应交印花税	计提当月合同印花税		8 965.00	贷	8 965.00
2021-01-31		2221026 应交税费——应交印花税	本期合计	876.00	8 965.00	贷	8 965.00
2021-01-31		2221026 应交税费——应交印花税	本年累计	876.00	8 965.00	贷	8 965.00
2021-02-15	记 -20	2221026 应交税费——应交印花税	缴纳上月合同印花税	8 965.00		平	
2021-02-28	记 -37	2221026 应交税费——应交印花税	计提当月合同印花税		58 960.00	贷	58 960.00
2021-02-28		2221026 应交税费——应交印花税	本期合计	8 965.00	58 960.00	贷	58 960.00
2021-02-28		2221026 应交税费——应交印花税	本年累计	9 841.00	67 925.00	贷	58 960.00
2021-03-15	记 -17	2221026 应交税费——应交印花税	缴纳上月合同印花税	58 960.00		平	
2021-03-31	记 -38	2221026 应交税费——应交印花税	计提当月合同印花税		213 500.00	贷	213 500.00
2021-03-31		2221026 应交税费——应交印花税	本期合计	58 960.00	213 500.00	贷	213 500.00
2021-03-31		2221026 应交税费——应交印花税	本年累计	68 801.00	281 425.00	贷	213 500.00
2021-04-13	记 -13	2221026 应交税费——应交印花税	缴纳上月合同印花税	213 500.00		平	

（续）

日期	凭证字号	科目	摘要	借方	贷方	方向	余额
2021-04-29	记 -36	2221026 应交税费——应交印花税	计提当月合同印花税		115 650.00	贷	115 650.00
2021-04-30		2221026 应交税费——应交印花税	本期合计	213 500.00	115 650.00	贷	115 650.00
2021-04-30		2221026 应交税费——应交印花税	本年累计	282 301.00	397 075.00	贷	115 650.00

编制单位：×× 房地产有限公司

实收资本 明细账

科目：4001 实收资本　　2021 年 1 月至 2021 年 4 月　　单位：元

日期	凭证字号	科目	摘要	借方	贷方	方向	余额
2021-01-01		4001 实收资本	期初余额			贷	380 000 000.00
2021-02-04	记 -4	4001001 实收资本——刘艳	股东刘艳追加投资		85 000 000.00	贷	465 000 000.00
2021-02-28		4001 实收资本	本期合计		85 000 000.00	贷	465 000 000.00
2021-02-28		4001 实收资本	本年累计		85 000 000.00	贷	465 000 000.00

编制单位：×× 房地产有限公司

实收资本 明细账

科目：4001001 实收资本——刘艳　　2021 年 1 月至 2021 年 4 月　　单位：元

日期	凭证字号	科目	摘要	借方	贷方	方向	余额
2021-01-01		4001001 实收资本——刘艳	期初余额			贷	200 000 000.00
2021-02-04	记 -4	4001001 实收资本——刘艳	股东刘艳追加投资		85 000 000.00	贷	285 000 000.00
2021-02-28		4001001 实收资本——刘艳	本期合计		85 000 000.00	贷	285 000 000.00
2021-02-28		4001001 实收资本——刘艳	本年累计		85 000 000.00	贷	285 000 000.00

编制单位：×× 房地产有限公司

实收资本 明细账

科目：4001002 实收资本——杨华林　　2021 年 1 月至 2021 年 4 月　　单位：元

日期	凭证字号	科目	摘要	借方	贷方	方向	余额
2021-01-01		4001002 实收资本——杨华林	期初余额			贷	100 000 000.00

编制单位：×× 房地产有限公司

实收资本 明细账

科目：4001003 实收资本——张海华　2021 年 1 月至 2021 年 4 月　单位：元

日期	凭证字号	科目	摘要	借方	贷方	方向	余额
2021-01-01		4001003 实收资本——张海华	期初余额			贷	80 000 000.00

编制单位：× × 房地产有限公司

资本公积 明细账

科目：4002 资本公积　2021 年 1 月至 2021 年 4 月　单位：元

日期	凭证字号	科目	摘要	借方	贷方	方向	余额
2021-01-01		4002 资本公积	期初余额			贷	3 836 000.00
2021-02-04	记 -4	4002 资本公积	股东刘艳追加投资		15 000 000.00	贷	18 836 000.00
2021-02-28		4002 资本公积	本期合计		15 000 000.00	贷	18 836 000.00
2021-02-28		4002 资本公积	本年累计		15 000 000.00	贷	18 836 000.00

编制单位：× × 房地产有限公司

盈余公积 明细账

科目：4101 盈余公积　2021 年 1 月至 2021 年 4 月　单位：元

日期	凭证字号	科目	摘要	借方	贷方	方向	余额
2021-01-01		4101 盈余公积	期初余额			贷	1 786 000.00

编制单位：× × 房地产有限公司

盈余公积 明细账

科目：4101001 盈余公积——法定盈余公积　2021 年 1 月至 2021 年 4 月　单位：元

日期	凭证字号	科目	摘要	借方	贷方	方向	余额
2021-01-01		4101001 盈余公积——法定盈余公积	期初余额			贷	1 786 000.00

编制单位：× × 房地产有限公司

本年利润 明细账

科目：4103 本年利润　2021 年 1 月至 2021 年 4 月　单位：元

日期	凭证字号	科目	摘要	借方	贷方	方向	余额
2021-01-01		4103 本年利润	期初余额			平	
2021-01-31	记 -42	4103 本年利润	1 月 结转损益	68 596 826.40		贷	−68 596 826.40
2021-01-31		4103 本年利润	本期合计	68 596 826.40		贷	−68 596 826.40
2021-01-31		4103 本年利润	本年累计	68 596 826.40		贷	−68 596 826.40
2021-02-28	记 -38	4103 本年利润	2 月 结转损益	786 770.40		贷	−69 383 596.80

（续）

日期	凭证字号	科目	摘要	借方	贷方	方向	余额
2021-02-28		4103 本年利润	本期合计	786 770.40		贷	−69 383 596.80
2021-02-28		4103 本年利润	本年累计	69 383 596.80		贷	−69 383 596.80
2021-03-31	记 -40	4103 本年利润	3 月 结转损益	1 504 429.06		贷	−70 888 025.86
2021-03-31		4103 本年利润	本期合计	1 504 429.06		贷	−70 888 025.86
2021-03-31		4103 本年利润	本年累计	70 888 025.86		贷	−70 888 025.86
2021-04-30	记 -41	4103 本年利润	4 月 结转损益		168 229 155.30	贷	97 341 129.44
2021-04-30		4103 本年利润	本期合计		168 229 155.30	贷	97 341 129.44
2021-04-30		4103 本年利润	本年累计	70 888 025.86	168 229 155.30	贷	97 341 129.44

编制单位：× × 房地产有限公司

利润分配 明细账

科目：4104 利润分配　　2021 年 1 月至 2021 年 4 月　　单位：元

日期	凭证字号	科目	摘要	借方	贷方	方向	余额
2021-01-01		4104 利润分配	期初余额			贷	100 349 500.00

编制单位：× × 房地产有限公司

利润分配 明细账

科目：4104006 利润分配——未分配利润　　2021 年 1 月至 2021 年 4 月　　单位：元

日期	凭证字号	科目	摘要	借方	贷方	方向	余额
2021-01-01		4104006 利润分配——未分配利润	期初余额			贷	100 349 500.00

编制单位：× × 房地产有限公司

开发成本 明细账

科目：5404 开发成本　　2021 年 1 月至 2021 年 4 月　　单位：元

日期	凭证字号	科目	摘要	借方	贷方	方向	余额
2021-01-01		5404 开发成本	期初余额			借	130 800 000.00
2021-01-05	记 -2	54040100101 开发成本——九龙桂冠——土地征用及拆迁补偿费——土地出让金	保证金抵缴出让金	30 000 000.00		借	160 800 000.00
2021-01-06	记 -3	540400701 开发成本——代建工程——拆迁补偿费	代建工程支付拆迁补偿费	13 000 000.00		借	173 800 000.00

（续）

日期	凭证字号	科目	摘要	借方	贷方	方向	余额
2021-01-11	记 -10	54040100101 开发成本——九龙桂冠——土地征用及拆迁补偿费——土地出让金	支付剩余土地出让金	79 000 000.00		借	252 800 000.00
2021-01-12	记 -15	54040100201 开发成本——九龙桂冠——前期工程费——场地平整费	支付九龙项目场地平整费	4 000 000.00		借	256 800 000.00
2021-01-15	记 -17	540400702 开发成本——代建工程——前期工程费	代建工程发生前期工程费	3 500 000.00		借	260 300 000.00
2021-01-18	记 -20	54040100203 开发成本——九龙桂冠——前期工程费——规划设计费	九龙桂冠桂冠项目规划设计费	2 500 000.00		借	262 800 000.00
2021-01-20	记 -24	54040100204 开发成本——九龙桂冠——前期工程费——勘察设计费	九龙桂冠项目勘察设计费	300 000.00		借	263 100 000.00
2021-01-20	记 -25	54040100205 开发成本——九龙桂冠——前期工程费——其他	九龙桂冠项目噪声管理费	30 000.00		借	263 130 000.00
2021-01-21	记 -27	54040100202 开发成本——九龙桂冠——前期工程费——临时设施费	支付九龙临时道路修建费	200 000.00		借	263 330 000.00
2021-01-25	记 -29	54040100206 开发成本——九龙桂冠——前期工程费——招标代理费	支付九龙前期工程招标代理费	200 000.00		借	263 530 000.00
2021-01-26	记 -30	54040100207 开发成本——九龙桂冠——前期工程费——报批报建费	支付九龙报批报建费	350 000.00		借	263 880 000.00
2021-01-27	记 -31	54040100605 开发成本——九龙桂冠——开发间接费——营销设施建造费	九龙营销设施完工	800 000.00		借	264 680 000.00
2021-01-31	记 -36	54040100604 开发成本——九龙桂冠——开发间接费——项目管理人员职工薪酬	计提职工工资	336 100.00		借	265 016 100.00

（续）

日期	凭证字号	科目	摘要	借方	贷方	方向	余额
2021-01-31	记 -37	54040100604 开发成本——九龙桂冠——开发间接费——项目管理人员职工薪酬	计提单位负担社保费	100 830.00		借	265 116 930.00
2021-01-31	记 -38	54040100604 开发成本——九龙桂冠——开发间接费—— 项目管理人员职工薪酬	计提企业负担公积金	26 888.00		借	265 143 818.00
2021-01-31		5404 开发成本	本期合计	134 343 818.00		借	265 143 818.00
2021-01-31		5404 开发成本	本年累计	134 343 818.00		借	265 143 818.00
2021-02-01	记 -1	54040100607 开发成本——九龙桂冠——开发间接费——工程管理费	九龙工程咨询费	200 000.00		借	265 343 818.00
2021-02-02	记 -2	54040100601 开发成本——九龙桂冠——开发间接费——办公费	缴纳电话费	1 460.00		借	265 345 278.00
2021-02-08	记 -6	54040100102 开发成本——九龙桂冠——土地征用及拆迁补偿费——契税	01 缴纳九龙项目土地契税	3 270 000.00		借	268 615 278.00
2021-02-09	记 -7	54040100301 开发成本——九龙桂冠——建筑安装工程费——装修工程费	支付九龙样板房装修费	2 000 000.00		借	270 615 278.00
2021-02-18	记 -22	54040100606 开发成本——九龙桂冠——开发间接费——劳动保护费	购买劳保用品	80 000.00		借	270 695 278.00
2021-02-19	记 -23	54040100603 开发成本——九龙桂冠——开发间接费——修理费	九龙项目部支付设备检测费	38 000.00		借	270 733 278.00
2021-02-22	记 -24	54040100607 开发成本——九龙桂冠——开发间接费——工程管理费	支付九龙工程保险费	250 000.00		借	270 983 278.00
2021-02-28	记 -31	54040100302 开发成本——九龙桂冠——建筑安装工程费——基础工程费	九龙建筑安装基础工程完工	27 000 000.00		借	297 983 278.00
2021-02-28	记 -33	54040100604 开发成本——九龙桂冠——开发间接费——项目管理人员职工薪酬	计提工资	516 500.00		借	298 499 778.00

（续）

日期	凭证字号	科目	摘要	借方	贷方	方向	余额
2021-02-28	记 -34	54040100604 开发成本——九龙桂冠——开发间接费——项目管理人员职工薪酬	计提单位负担社保费	154 950.00		借	298 654 728.00
2021-02-28	记 -35	54040100604 开发成本——九龙桂冠——开发间接费——项目管理人员职工薪酬	计提单位负担住房公积金	41 320.00		借	298 696 048.00
2021-02-28		5404 开发成本	本期合计	33 552 230.00		借	298 696 048.00
2021-02-28		5404 开发成本	本年累计	167 896 048.00		借	298 696 048.00
2021-03-11	记 -8	54040100607 开发成本——九龙桂冠——开发间接费——工程管理费	支付工程监理费	450 000.00		借	299 146 048.00
2021-03-16	记 -18	54040100303 开发成本——九龙桂冠——建筑安装工程费——主体工程费	与青城建筑结算主体工程费	40 000 000.00		借	339 146 048.00
2021-03-17	记 -19	54040100401 开发成本——九龙桂冠——基础设施费——社区管网工程费	支付九龙桂冠项目基础设施费	3 000 000.00		借	342 146 048.00
2021-03-24	记 -21	54040100304 开发成本——九龙桂冠——建筑安装工程费——安装工程费	发出工程物资	15 000 000.00		借	357 146 048.00
2021-03-25	记 -24	54040100402 开发成本——九龙桂冠——基础设施费——环卫工程费	支付九龙桂冠项目环卫工程费	180 000.00		借	357 326 048.00
2021-03-30	记 -25	54040100609 开发成本——九龙桂冠——开发间接费——其他	支付九龙桂冠项目季度清洁费用	6 000.00		借	357 332 048.00
2021-03-31	记 -29	54040100604 开发成本——九龙桂冠——开发间接费——项目管理人员职工薪酬	计提工资	516 500.00		借	357 848 548.00
2021-03-31	记 -30	54040100604 开发成本——九龙桂冠——开发间接费——项目管理人员职工薪酬	计提单位负担社保费	154 950.00		借	358 003 498.00
2021-03-31	记 -31	54040100604 开发成本——九龙桂冠——开发间接费——项目管理人员职工薪酬	计提单位负担住房公积金	41 320.00		借	358 044 818.00

（续）

日期	凭证字号	科目	摘要	借方	贷方	方向	余额
2021-03-31		5404 开发成本	本期合计	59 348 770.00		借	358 044 818.00
2021-03-31		5404 开发成本	本年累计	227 244 818.00		借	358 044 818.00
2021-04-01	记 -1	540401101 开发成本——土地征用及拆迁补偿费——760 土地	取得 760 号土地使用权	96 000 000.00		借	454 044 818.00
2021-04-02	记 -2	54040100304 开发成本——九龙桂冠——建筑安装工程费——安装工程费	九龙项目安装工程完工	12 000 000.00		借	466 044 818.00
2021-04-05	记 -3	54040100607 开发成本——九龙桂冠——开发间接费——工程管理费	支付九龙工程管理费	500 000.00		借	466 544 818.00
2021-04-09	记 -8	54040100401 开发成本——九龙桂冠——基础设施费——社区管网工程费	九龙照明基础设施工程完工	2 000 000.00		借	468 544 818.00
2021-04-13	记 -11	54040100502 开发成本——九龙桂冠——公共配套设施费——其他配套设施	支付九龙人防工程配套设施费	3 300 000.00		借	471 844 818.00
2021-04-16	记 -19	54040100303 开发成本——九龙桂冠——建筑安装工程费——主体工程费	九龙建筑安装主体工程完工	70 000 000.00		借	541 844 818.00
2021-04-16	记 -21	540401101 开发成本——土地征用及拆迁补偿费——760 土地	分配欧洲世家土地成本		96 000 000.00	借	445 844 818.00
2021-04-16	记 -21	54040120101 开发成本——欧洲世家——土地征用及拆迁补偿费——土地出让金	分配欧洲世家土地成本	76 800 000.00		借	522 644 818.00
2021-04-16	记 -21	54040120101 开发成本——欧洲世家——土地征用及拆迁补偿费——土地出让金	分配欧洲世家土地成本	19 200 000.00		借	541 844 818.00
2021-04-19	记 -22	54040100403 开发成本——九龙桂冠——基础设施费——园林工程费	九龙绿化基础设施工程完工	4 000 000.00		借	545 844 818.00
2021-04-20	记 -23	54040100602 开发成本——九龙桂冠——开发间接费——水电费	支付九龙桂冠项目部水费	18 000.00		借	545 862 818.00

（续）

日期	凭证字号	科目	摘要	借方	贷方	方向	余额
2021-04-20	记 -24	54040100602 开发成本——九龙桂冠——开发间接费——水电费	支付九龙项目桂冠电费	26 000.00		借	545 888 818.00
2021-04-21	记 -25	54040100501 开发成本——九龙桂冠——公共配套设施费——不可经营性配套设施	支付九龙桂冠项目公共配套设施费	600 000.00		借	546 488 818.00
2021-04-22	记 -26	54040100608 开发成本——九龙桂冠——开发间接费——物业管理完善费	支付九龙桂冠项目前期物管费	100 000.00		借	546 588 818.00
2021-04-29	记 -30	54040100604 开发成本——九龙桂冠——开发间接费——项目管理人员职工薪酬	计提工资	516 500.00		借	547 105 318.00
2021-04-29	记 -31	54040100604 开发成本——九龙桂冠——开发间接费——项目管理人员职工薪酬	计提单位负担社保费	154 950.00		借	547 260 268.00
2021-04-29	记 -32	54040100604 开发成本——九龙桂冠——开发间接费——项目管理人员职工薪酬	计提单位负担住房公积金	41 320.00		借	547 301 588.00
2021-04-30	记 -39	54040100101 开发成本——九龙桂冠——土地征用及拆迁补偿费——土地出让金	结转九龙桂冠项目完工成本		109 000 000.00	借	438 301 588.00
2021-04-30	记 -39	54040100102 开发成本——九龙桂冠——土地征用及拆迁补偿费——契税	结转九龙桂冠项目完工成本		3 270 000.00	借	435 031 588.00
2021-04-30	记 -39	54040100201 开发成本——九龙桂冠——前期工程费——场地平整费	结转九龙桂冠项目完工成本		4 000 000.00	借	431 031 588.00
2021-04-30	记 -39	54040100202 开发成本——九龙桂冠——前期工程费——临时设施费	结转九龙桂冠项目完工成本		200 000.00	借	430 831 588.00
2021-04-30	记 -39	54040100203 开发成本——九龙桂冠——前期工程费——规划设计费	结转九龙桂冠项目完工成本		2 500 000.00	借	428 331 588.00

（续）

日期	凭证字号	科目	摘要	借方	贷方	方向	余额
2021-04-30	记 -39	54040100204 开发成本——九龙桂冠——前期工程费——勘察设计费	结转九龙桂冠项目完工成本		300 000.00	借	428 031 588.00
2021-04-30	记 -39	54040100205 开发成本——九龙桂冠——前期工程费——其他	结转九龙桂冠项目完工成本		30 000.00	借	428 001 588.00
2021-04-30	记 -39	54040100206 开发成本——九龙桂冠——前期工程费——招标代理费	结转九龙桂冠项目完工成本		200 000.00	借	427 801 588.00
2021-04-30	记 -39	54040100207 开发成本——九龙桂冠——前期工程费——报批报建费	结转九龙桂冠项目完工成本		350 000.00	借	427 451 588.00
2021-04-30	记 -39	54040100301 开发成本——九龙桂冠——建筑安装工程费——装修工程费	结转九龙桂冠项目完工成本		2 000 000.00	借	425 451 588.00
2021-04-30	记 -39	54040100302 开发成本——九龙桂冠——建筑安装工程费——基础工程费	结转九龙桂冠项目完工成本		27 000 000.00	借	398 451 588.00
2021-04-30	记 -39	54040100303 开发成本——九龙桂冠——建筑安装工程费——主体工程费	结转九龙桂冠项目完工成本		110 000 000.00	借	288 451 588.00
2021-04-30	记 -39	54040100304 开发成本——九龙桂冠——建筑安装工程费——安装工程费	结转九龙桂冠项目完工成本		27 000 000.00	借	261 451 588.00
2021-04-30	记 -39	54040100401 开发成本——九龙桂冠——基础设施费——社区管网工程费	结转九龙桂冠项目完工成本		5 000 000.00	借	256 451 588.00
2021-04-30	记 -39	54040100402 开发成本——九龙桂冠——基础设施费——环卫工程费	结转九龙桂冠项目完工成本		180 000.00	借	256 271 588.00
2021-04-30	记 -39	54040100403 开发成本——九龙桂冠——基础设施费——园林工程费	结转九龙桂冠项目完工成本		4 000 000.00	借	252 271 588.00

（续）

日期	凭证字号	科目	摘要	借方	贷方	方向	余额
2021-04-30	记 -39	54040100501 开发成本——九龙桂冠——公共配套设施费——不可经营性配套设施	结转九龙桂冠项目完工成本		600 000.00	借	251 671 588.00
2021-04-30	记 -39	54040100502 开发成本——九龙桂冠——公共配套设施费——其他配套设施	结转九龙桂冠项目完工成本		3 300 000.00	借	248 371 588.00
2021-04-30	记 -39	54040100601 开发成本——九龙桂冠——开发间接费——办公费	结转九龙桂冠项目完工成本		1 460.00	借	248 370 128.00
2021-04-30	记 -39	54040100602 开发成本——九龙桂冠——开发间接费——水电费	结转九龙桂冠项目完工成本		44 000.00	借	248 326 128.00
2021-04-30	记 -39	54040100603 开发成本——九龙桂冠——开发间接费——修理费	结转九龙桂冠项目完工成本		38 000.00	借	248 288 128.00
2021-04-30	记 -39	54040100604 开发成本——九龙桂冠——开发间接费——项目管理人员职工薪酬	结转九龙桂冠项目完工成本		2 602 128.00	借	245 686 000.00
2021-04-30	记 -39	54040100605 开发成本——九龙桂冠——开发间接费——营销设施建造费	结转九龙桂冠项目完工成本		800 000.00	借	244 886 000.00
2021-04-30	记 -39	54040100606 开发成本——九龙桂冠——开发间接费——劳动保护费	结转九龙桂冠项目完工成本		80 000.00	借	244 806 000.00
2021-04-30	记 -39	54040100607 开发成本——九龙桂冠——开发间接费——工程管理费	结转九龙桂冠项目完工成本		1 400 000.00	借	243 406 000.00
2021-04-30	记 -39	54040100608 开发成本——九龙桂冠——开发间接费——物业管理完善费	结转九龙桂冠项目完工成本		100 000.00	借	243 306 000.00
2021-04-30	记 -39	54040100609 开发成本——九龙桂冠——开发间接费——其他	结转九龙桂冠项目完工成本		6 000.00	借	243 300 000.00
2021-04-30		5404 开发成本	本期合计	285 256 770.00	400 001 588.00	借	243 300 000.00
2021-04-30		5404 开发成本	本年累计	512 501 588.00	400 001 588.00	借	243 300 000.00

编制单位：× × 房地产有限公司

开发成本 明细账

科目：5404007 开发成本——代建工程　　2021 年 1 月至 2021 年 4 月　　单位：元

日期	凭证字号	科目	摘要	借方	贷方	方向	余额
2021-01-01		5404007 开发成本——代建工程	期初余额			平	
2021-01-06	记 -3	540400701 开发成本——代建工程——拆迁补偿费	代建工程支付拆迁补偿费	13 000 000.00		借	13 000 000.00
2021-01-15	记 -17	540400702 开发成本——代建工程——前期工程费	代建工程发生前期工程费	3 500 000.00		借	16 500 000.00
2021-01-31		5404007 开发成本——代建工程	本期合计	16 500 000.00		借	16 500 000.00
2021-01-31		5404007 开发成本——代建工程	本年累计	16 500 000.00		借	16 500 000.00

编制单位：×× 房地产有限公司

开发成本 明细账

科目：540400701 开发成本——代建工程——拆迁补偿费　　2021 年 1 月至 2021 年 4 月　　单位：元

日期	凭证字号	科目	摘要	借方	贷方	方向	余额
2021-01-01		540400701 开发成本——代建工程——拆迁补偿费	期初余额			平	
2021-01-06	记 -3	540400701 开发成本——代建工程——拆迁补偿费	代建工程支付拆迁补偿费	13 000 000.00		借	13 000 000.00
2021-01-31		540400701 开发成本——代建工程——拆迁补偿费	本期合计	13 000 000.00		借	13 000 000.00
2021-01-31		540400701 开发成本——代建工程——拆迁补偿费	本年累计	13 000 000.00		借	13 000 000.00

编制单位：×× 房地产有限公司

开发成本 明细账

科目：540400702 开发成本——代建工程——前期工程费　　2021 年 1 月至 2021 年 4 月　　单位：元

日期	凭证字号	科目	摘要	借方	贷方	方向	余额
2021-01-01		540400702 开发成本——代建工程——前期工程费	期初余额			平	

（续）

日期	凭证字号	科目	摘要	借方	贷方	方向	余额
2021-01-15	记 -17	540400702 开发成本——代建工程——前期工程费	代建工程发生前期工程费	3 500 000.00		借	3 500 000.00
2021-01-31		540400702 开发成本——代建工程——前期工程费	本期合计	3 500 000.00		借	3 500 000.00
2021-01-31		540400702 开发成本——代建工程——前期工程费	本年累计	3 500 000.00		借	3 500 000.00

编制单位：×× 房地产有限公司

开发成本 明细账

科目：5404012 开发成本——欧洲世家　　2021 年 1 月至 2021 年 4 月　　单位：元

日期	凭证字号	科目	摘要	借方	贷方	方向	余额
2021-01-01		5404012 开发成本——欧洲世家	期初余额			平	
2021-04-16	记 -21	54040120101 开发成本——欧洲世家——土地征用及拆迁补偿费——土地出让金	分配欧洲世家土地成本	76 800 000.00		借	76 800 000.00
2021-04-16	记 -21	54040120101 开发成本——欧洲世家——土地征用及拆迁补偿费——土地出让金	分配欧洲世家土地成本	19 200 000.00		借	96 000 000.00
2021-04-30		5404012 开发成本——欧洲世家	本期合计	96 000 000.00		借	96 000 000.00
2021-04-30		5404012 开发成本——欧洲世家	本年累计	96 000 000.00		借	96 000 000.00

编制单位：×× 房地产有限公司

开发成本 明细账

科目：540401201 开发成本——欧洲世家——土地征用及拆迁补偿费　　2021 年 1 月至 2021 年 4 月　　单位：元

日期	凭证字号	科目	摘要	借方	贷方	方向	余额
2021-01-01		540401201 开发成本——欧洲世家——土地征用及拆迁补偿费	期初余额			平	
2021-04-16	记 -21	54040120101 开发成本——欧洲世家——土地征用及拆迁补偿费——土地出让金	分配欧洲世家土地成本	76 800 000.00		借	76 800 000.00

（续）

日期	凭证字号	科目	摘要	借方	贷方	方向	余额
2021-04-16	记 -21	54040120101 开发成本——欧洲世家——土地征用及拆迁补偿费——土地出让金	分配欧洲世家土地成本	19 200 000.00		借	96 000 000.00
2021-04-30		540401201 开发成本——欧洲世家——土地征用及拆迁补偿费	本期合计	96 000 000.00		借	96 000 000.00
2021-04-30		540401201 开发成本——欧洲世家——土地征用及拆迁补偿费	本年累计	96 000 000.00		借	96 000 000.00

编制单位：×× 房地产有限公司

开发成本 明细账

科目：5404013 开发成本——凯源新城二期　　2021 年 1 月至 2021 年 4 月　　单位：元

日期	凭证字号	科目	摘要	借方	贷方	方向	余额
2021-01-01		5404013 开发成本——凯源新城二期	期初余额			借	130 800 000.00

编制单位：×× 房地产有限公司

开发成本 明细账

科目：540401301 开发成本——凯源新城二期——土地征用及前拆补偿费　　2021 年 1 月至 2021 年 4 月　　单位：元

日期	凭证字号	科目	摘要	借方	贷方	方向	余额
2021-01-01		540401301 开发成本——凯源新城二期——土地征用及前拆补偿费	期初余额			借	130 800 000.00

编制单位：×× 房地产有限公司

开发成本 明细账

科目：54040130101 开发成本——凯源新城二期——土地征用及前拆补偿费——土地出让金　　2021 年 1 月至 2021 年 4 月　　单位：元

日期	凭证字号	科目	摘要	借方	贷方	方向	余额
2021-01-01		54040130101 开发成本——凯源新城二期——土地征用及前拆补偿费——土地出让金	期初余额			借	130 800 000.00

编制单位：×× 房地产有限公司

第五节　登记总账

库存现金 总账

科目：1001 库存现金　　2021 年 1 月至 2021 年 4 月　　单位：元

科目编码	科目名称	期间	摘要	借方金额	贷方金额	方向	余额
1001	库存现金	2021 年 1 月	期初余额			借	8 736.00
1001	库存现金	2021 年 1 月	本期合计	30 000.00	6 196.00	借	32 540.00
1001	库存现金	2021 年 1 月	本年累计	30 000.00	6 196.00	借	32 540.00
1001	库存现金	2021 年 2 月	本期合计		10 000.00	借	22 540.00
1001	库存现金	2021 年 2 月	本年累计	30 000.00	16 196.00	借	22 540.00
1001	库存现金	2021 年 3 月	本期合计	520.00	7 026.00	借	16 034.00
1001	库存现金	2021 年 3 月	本年累计	30 520.00	23 222.00	借	16 034.00

编制单位：××房地产有限公司

银行存款 总账

科目：1002 银行存款　　2021 年 1 月至 2021 年 4 月　　单位：元

科目编码	科目名称	期间	摘要	借方金额	贷方金额	方向	余额
1002	银行存款	2021 年 1 月	期初余额			借	349 383 470.00
1002	银行存款	2021 年 1 月	本期合计	17 600 000.00	136 661 405.00	借	230 322 065.00
1002	银行存款	2021 年 1 月	本年累计	17 600 000.00	136 661 405.00	借	230 322 065.00
1002	银行存款	2021 年 2 月	本期合计	165 400 000.00	189 615 902.40	借	206 106 162.60
1002	银行存款	2021 年 2 月	本年累计	183 000 000.00	326 277 307.40	借	206 106 162.60
1002	银行存款	2021 年 3 月	本期合计	403 785 638.00	51 195 120.40	借	558 696 680.20
1002	银行存款	2021 年 3 月	本年累计	586 785 638.00	377 472 427.80	借	558 696 680.20
1002	银行存款	2021 年 4 月	本期合计		210 572 207.94	借	348 124 472.26
1002	银行存款	2021 年 4 月	本年累计	586 785 638.00	588 044 635.74	借	348 124 472.26

编制单位：××房地产有限公司

应收票据 总账

科目：1121 应收票据　　2021 年 1 月至 2021 年 4 月　　单位：元

科目编码	科目名称	期间	摘要	借方金额	贷方金额	方向	余额
1121	应收票据	2021 年 1 月	期初余额			借	478 000.00
1121	应收票据	2021 年 2 月	本期合计	536 000.00		借	1 014 000.00
1121	应收票据	2021 年 2 月	本年累计	536 000.00		借	1 014 000.00
1121	应收票据	2021 年 3 月	本期合计		478 000.00	借	536 000.00
1121	应收票据	2021 年 3 月	本年累计	536 000.00	478 000.00	借	536 000.00

编制单位：××房地产有限公司

其他应收款 总账

科目：1221 其他应收款　　2021 年 1 月至 2021 年 4 月　　单位：元

科目编码	科目名称	期间	摘要	借方金额	贷方金额	方向	余额
1221	其他应收款	2021 年 1 月	期初余额			借	6 000.00
1221	其他应收款	2021 年 1 月	本期合计	30 047 940.00	30 053 940.00	平	
1221	其他应收款	2021 年 1 月	本年累计	30 047 940.00	30 053 940.00	平	
1221	其他应收款	2021 年 2 月	本期合计	195 090.40	187 090.40	借	8 000.00
1221	其他应收款	2021 年 2 月	本年累计	30 243 030.40	30 241 030.40	借	8 000.00
1221	其他应收款	2021 年 3 月	本期合计	237 602.40	245 602.40	平	
1221	其他应收款	2021 年 3 月	本年累计	30 480 632.80	30 486 632.80	平	
1221	其他应收款	2021 年 4 月	本期合计	241 302.40	237 602.40	借	3 700.00
1221	其他应收款	2021 年 4 月	本年累计	30 721 935.20	30 724 235.20	借	3 700.00

编制单位：×× 房地产有限公司

周转材料 总账

科目：1411 周转材料　　2021 年 1 月至 2021 年 4 月　　单位：元

科目编码	科目名称	期间	摘要	借方金额	贷方金额	方向	余额
1411	周转材料	2021 年 1 月	期初余额			借	350 000.00
1411	周转材料	2021 年 4 月	本期合计		31 560.00	借	318 440.00
1411	周转材料	2021 年 4 月	本年累计		31 560.00	借	318 440.00

编制单位：×× 房地产有限公司

固定资产 总账

科目：1601 固定资产　　2021 年 1 月至 2021 年 4 月　　单位：元

科目编码	科目名称	期间	摘要	借方金额	贷方金额	方向	余额
1601	固定资产	2021 年 1 月	期初余额			借	13 888 000.00
1601	固定资产	2021 年 3 月	本期合计	350 000.00		借	14 238 000.00
1601	固定资产	2021 年 3 月	本年累计	350 000.00		借	14 238 000.00

编制单位：×× 房地产有限公司

累计折旧 总账

科目：1602 累计折旧　　2021 年 1 月至 2021 年 4 月　　单位：元

科目编码	科目名称	期间	摘要	借方金额	贷方金额	方向	余额
1602	累计折旧	2021 年 1 月	期初余额			贷	589 600.00
1602	累计折旧	2021 年 1 月	本期合计		118 650.00	贷	708 250.00
1602	累计折旧	2021 年 1 月	本年累计		118 650.00	贷	708 250.00
1602	累计折旧	2021 年 2 月	本期合计		118 500.00	贷	826 750.00
1602	累计折旧	2021 年 2 月	本年累计		237 150.00	贷	826 750.00
1602	累计折旧	2021 年 3 月	本期合计		123 500.00	贷	950 250.00
1602	累计折旧	2021 年 3 月	本年累计		360 650.00	贷	950 250.00
1602	累计折旧	2021 年 4 月	本期合计		123 500.00	贷	1 073 750.00
1602	累计折旧	2021 年 4 月	本年累计		484 150.00	贷	1 073 750.00

编制单位：×× 房地产有限公司

无形资产 总账

科目：1701 无形资产　　2021 年 1 月至 2021 年 4 月　　单位：元

科目编码	科目名称	期间	摘要	借方金额	贷方金额	方向	余额
1701	无形资产	2021 年 1 月	期初余额			平	
1701	无形资产	2021 年 2 月	本期合计	100 000 000.00		借	100 000 000.00
1701	无形资产	2021 年 2 月	本年累计	100 000 000.00		借	100 000 000.00
1701	无形资产	2021 年 3 月	本期合计	3 000 000.00		借	103 000 000.00
1701	无形资产	2021 年 3 月	本年累计	103 000 000.00		借	103 000 000.00

编制单位：× × 房地产有限公司

累计摊销 总账

科目：1702 累计摊销　　2021 年 1 月至 2021 年 4 月　　单位：元

科目编码	科目名称	期间	摘要	借方金额	贷方金额	方向	余额
1702	累计摊销	2021 年 1 月	期初余额			平	
1702	累计摊销	2021 年 3 月	本期合计		171 666.66	贷	171 666.66
1702	累计摊销	2021 年 3 月	本年累计		171 666.66	贷	171 666.66
1702	累计摊销	2021 年 4 月	本期合计		171 666.66	贷	343 333.32
1702	累计摊销	2021 年 4 月	本年累计		343 333.32	贷	343 333.32

编制单位：× × 房地产有限公司

递延所得税资产 总账

科目：1811 递延所得税资产　　2021 年 1 月至 2021 年 4 月　　单位：元

科目编码	科目名称	期间	摘要	借方金额	贷方金额	方向	余额
1811	递延所得税资产	2021 年 1 月	期初余额			平	
1811	递延所得税资产	2021 年 3 月	本期合计	6 148 993.54		借	6 148 993.54
1811	递延所得税资产	2021 年 3 月	本年累计	6 148 993.54		借	6 148 993.54

编制单位：× × 房地产有限公司

开发产品 总账

科目：1902 开发产品　　2021 年 1 月至 2021 年 4 月　　单位：元

科目编码	科目名称	期间	摘要	借方金额	贷方金额	方向	余额
1902	开发产品	2021 年 1 月	期初余额			平	
1902	开发产品	2021 年 4 月	本期合计	304 001 588.00	273 601 429.20	借	30 400 158.80
1902	开发产品	2021 年 4 月	本年累计	304 001 588.00	273 601 429.20	借	30 400 158.80

编制单位：× × 房地产有限公司

应付账款 总账

科目：2202 应付账款　　2021 年 1 月至 2021 年 4 月　　单位：元

科目编码	科目名称	期间	摘要	借方金额	贷方金额	方向	余额
2202	应付账款	2021 年 1 月	期初余额			贷	48 767 440.00
2202	应付账款	2021 年 1 月	本期合计	741 000.00	7 676 000.00	贷	55 702 440.00
2202	应付账款	2021 年 1 月	本年累计	741 000.00	7 676 000.00	贷	55 702 440.00
2202	应付账款	2021 年 2 月	本期合计		212 000.00	贷	55 914 440.00
2202	应付账款	2021 年 2 月	本年累计	741 000.00	7 888 000.00	贷	55 914 440.00
2202	应付账款	2021 年 3 月	本期合计	11 830 000.00	15 950 000.00	贷	60 034 440.00
2202	应付账款	2021 年 3 月	本年累计	12 571 000.00	23 838 000.00	贷	60 034 440.00

（续）

科目编码	科目名称	期间	摘要	借方金额	贷方金额	方向	余额
2202	应付账款	2021 年 4 月	本期合计		13 620 000.00	贷	73 654 440.00
2202	应付账款	2021 年 4 月	本年累计	12 571 000.00	37 458 000.00	贷	73 654 440.00

编制单位：×× 房地产有限公司

应付职工薪酬 总账

科目：2211 应付职工薪酬　　2021 年 1 月至 2021 年 4 月　　单位：元

科目编码	科目名称	期间	摘要	借方金额	贷方金额	方向	余额
2211	应付职工薪酬	2021 年 1 月	期初余额			贷	461 470.00
2211	应付职工薪酬	2021 年 1 月	本期合计	461 470.00	922 088.40	贷	922 088.40
2211	应付职工薪酬	2021 年 1 月	本年累计	461 470.00	922 088.40	贷	922 088.40
2211	应付职工薪酬	2021 年 2 月	本期合计	966 688.40	1 215 640.40	贷	1 171 040.40
2211	应付职工薪酬	2021 年 2 月	本年累计	1 428 158.40	2 137 728.80	贷	1 171 040.40
2211	应付职工薪酬	2021 年 3 月	本期合计	1 174 640.40	1 174 640.40	贷	1 171 040.40
2211	应付职工薪酬	2021 年 3 月	本年累计	2 602 798.80	3 312 369.20	贷	1 171 040.40
2211	应付职工薪酬	2021 年 4 月	本期合计	1 171 040.40	1 171 040.40	贷	1 171 040.40
2211	应付职工薪酬	2021 年 4 月	本年累计	3 773 839.20	4 483 409.60	贷	1 171 040.40

编制单位：×× 房地产有限公司

应交税费 总账

科目：2221 应交税费　　2021 年 1 月至 2021 年 4 月　　单位：元

科目编码	科目名称	期间	摘要	借方金额	贷方金额	方向	余额
2221	应交税费	2021 年 1 月	期初余额			贷	−31 739 804.00
2221	应交税费	2021 年 1 月	本期合计	4 759 515.00	67 672 290.00	贷	31 172 971.00
2221	应交税费	2021 年 1 月	本年累计	4 759 515.00	67 672 290.00	贷	31 172 971.00
2221	应交税费	2021 年 2 月	本期合计	35 397 284.00	108 930.00	贷	−4 115 383.00
2221	应交税费	2021 年 2 月	本年累计	40 156 799.00	67 781 220.00	贷	−4 115 383.00
2221	应交税费	2021 年 3 月	本期合计	9 884 786.00	6 599 823.54	贷	−7 400 345.46
2221	应交税费	2021 年 3 月	本年累计	50 041 585.00	74 381 043.54	贷	−7 400 345.46
2221	应交税费	2021 年 4 月	本期合计	73 582 134.54	67 513 085.44	贷	−13 469 394.56
2221	应交税费	2021 年 4 月	本年累计	123 623 719.54	141 894 128.98	贷	−13 469 394.56

编制单位：×× 房地产有限公司

实收资本 总账

科目：4001 实收资本　　2021 年 1 月至 2021 年 4 月　　单位：元

科目编码	科目名称	期间	摘要	借方金额	贷方金额	方向	余额
4001	实收资本	2021 年 1 月	期初余额			贷	380 000 000.00
4001	实收资本	2021 年 2 月	本期合计		85 000 000.00	贷	465 000 000.00
4001	实收资本	2021 年 2 月	本年累计		85 000 000.00	贷	465 000 000.00

编制单位：×× 房地产有限公司

资本公积 总账

科目：4002 资本公积　　2021 年 1 月至 2021 年 4 月　　单位：元

科目编码	科目名称	期间	摘要	借方金额	贷方金额	方向	余额
4002	资本公积	2021 年 1 月	期初余额			贷	3 836 000.00
4002	资本公积	2021 年 2 月	本期合计		15 000 000.00	贷	18 836 000.00
4002	资本公积	2021 年 2 月	本年累计		15 000 000.00	贷	18 836 000.00

编制单位：× × 房地产有限公司

盈余公积 总账

科目：4101 盈余公积　　2021 年 1 月至 2021 年 4 月　　单位：元

科目编码	科目名称	期间	摘要	借方金额	贷方金额	方向	余额
4101	盈余公积	2021 年 1 月	期初余额			贷	1 786 000.00

编制单位：× × 房地产有限公司

本年利润 总账

科目：4103 本年利润　　2021 年 1 月至 2021 年 4 月　　单位：元

科目编码	科目名称	期间	摘要	借方金额	贷方金额	方向	余额
4103	本年利润	2021 年 1 月	期初余额			平	
4103	本年利润	2021 年 1 月	本期合计	68 596 826.40		贷	−68 596 826.40
4103	本年利润	2021 年 1 月	本年累计	68 596 826.40		贷	−68 596 826.40
4103	本年利润	2021 年 2 月	本期合计	786 770.40		贷	−69 383 596.80
4103	本年利润	2021 年 2 月	本年累计	69 383 596.80		贷	−69 383 596.80
4103	本年利润	2021 年 3 月	本期合计	1 504 429.06		贷	−70 888 025.86
4103	本年利润	2021 年 3 月	本年累计	70 888 025.86		贷	−70 888 025.86
4103	本年利润	2021 年 4 月	本期合计		168 229 155.30	贷	97 341 129.44
4103	本年利润	2021 年 4 月	本年累计	70 888 025.86	168 229 155.30	贷	97 341 129.44

编制单位：× × 房地产有限公司

利润分配 总账

科目：4104 利润分配　　2021 年 1 月至 2021 年 4 月　　单位：元

科目编码	科目名称	期间	摘要	借方金额	贷方金额	方向	余额
4104	利润分配	2021 年 1 月	期初余额			贷	100 349 500.00

编制单位：× × 房地产有限公司

开发成本 总账

科目：5404 开发成本　　2021 年 1 月至 2021 年 4 月　　单位：元

科目编码	科目名称	期间	摘要	借方金额	贷方金额	方向	余额
5404	开发成本	2021 年 1 月	期初余额			借	130 800 000.00
5404	开发成本	2021 年 1 月	本期合计	134 343 818.00		借	265 143 818.00
5404	开发成本	2021 年 1 月	本年累计	134 343 818.00		借	265 143 818.00
5404	开发成本	2021 年 2 月	本期合计	33 552 230.00		借	298 696 048.00
5404	开发成本	2021 年 2 月	本年累计	167 896 048.00		借	298 696 048.00
5404	开发成本	2021 年 3 月	本期合计	59 348 770.00		借	358 044 818.00
5404	开发成本	2021 年 3 月	本年累计	227 244 818.00		借	358 044 818.00
5404	开发成本	2021 年 4 月	本期合计	285 256 770.00	400 001 588.00	借	243 300 000.00
5404	开发成本	2021 年 4 月	本年累计	512 501 588.00	400 001 588.00	借	243 300 000.00

编制单位：× × 房地产有限公司

第六节 编制会计报表

一、1 月会计报表

资产负债表

会企 01 表

编制单位：×× 房地产有限公司　　2021-01-31　　单位：元

资产	行次	期末余额	年初余额	负债和所有者权益	行次	期末余额	年初余额
流动资产：				流动负债：			
货币资金	1	230 354 605.00	349 392 206.00	短期借款	32		
以公允价值计量且其变动计入当期损益的金融资产	2			以公允价值计量且其变动计入当期损益的金融负债	33		
应收票据	3	478 000.00	478 000.00	应付票据	34		
应收账款	4	536 000.00	9 136 000.00	应付账款	35	55 702 440.00	48 767 440.00
预付账款	5	3 500 000.00		预收款项	36	8 720 000.00	
应收利息	6			应付职工薪酬	37	922 088.40	461 470.00
应收股利	7			应交税费	38	31 172 971.00	-31 739 804.00
其他应收款	8		6 000.00	应付利息	39		
存货	9	265 493 818.00	131 150 000.00	应付股利	40		
一年内到期的非流动资产	10			其他应付款	41		
其他流动资产	11			一年内到期的非流动负债	42		
流动资产合计	12	500 362 423.00	490 162 206.00	其他流动负债	43		
				流动负债合计	44	96 517 499.40	17 489 106.00
非流动资产：				非流动负债：			
可供出售金融资产	13			长期借款	45		
持有至到期投资	14			应付债券	46		
长期应收款	15			长期应付款	47		
长期股权投资	16			专项应付款	48		
投资性房地产	17			预计负债	49		
固定资产	18	13 179 750.00	13 298 400.00	递延收益	50		
在建工程	19	350 000.00		递延所得税负债	51		
工程物资	20			其他非流动负债	52		
固定资产清理	21			非流动负债合计	53		
生产性生物资产	22			负债合计	54	96 517 499.40	17 489 106.00
油气资产	23			所有者权益（或股东权益）：			
无形资产	24			实收资本（或股本）	55	380 000 000.00	380 000 000.00
开发支出	25			资本公积	56	3 836 000.00	3 836 000.00
商誉	26			减：库存股	57		

（续）

资产	行次	期末余额	年初余额	负债和所有者权益	行次	期末余额	年初余额
长期待摊费用	27			其他综合收益	58		
递延所得税资产	28			盈余公积	59	1 786 000.00	1 786 000.00
其他非流动资产	29			未分配利润	60	31 752 673.60	100 349 500.00
非流动资产合计	30	13 529 750.00	13 298 400.00	所有者权益（或股东权益）合计	61	417 374 673.60	485 971 500.00
资产总计	31	513 892 173.00	503 460 606.00	负债和所有者权益（或股东权益）总计	62	513 892 173.00	503 460 606.00

利润表

会企 02 表

编制单位：×× 房地产有限公司　　2021 年 1 月　　单位：元

项目	行次	本年累计金额	本期金额
一、营业收入	1		
减：营业成本	2		
税金及附加	3	67 658 680.00	67 658 680.00
销售费用	4	593 984.00	593 984.00
管理费用	5	347 162.40	347 162.40
财务费用	6	－3 000.00	－3 000.00
资产减值损失	7		
加：公允价值变动收益（损失以“－”号填列）	8		
投资收益（损失以“－”号填列）	9		
其中：对联营企业和合营企业的投资收益	10		
二、营业利润（亏损以“－”号填列）	11	－68 596 826.40	－68 596 826.40
加：营业外收入	12		
其中：非流动资产处置利得	13		
减：营业外支出	14		
其中：非流动资产处置损失	15		
三、利润总额（亏损总额以“－”号填列）	16	－68 596 826.40	－68 596 826.40
减：所得税费用	17		
四、净利润（净亏损以“－”号填列）	18	－68 596 826.40	－68 596 826.40
五、其他综合收益的税后净额	19		
(一) 以后不能重分类进损益的其他综合收益	20		
1. 重新计量设定受益计划净负债或净资产的变动	21		
2. 权益法下在被投资单位不能重分类进损益的其他综合收益中享有的份额	22		
(二) 以后将重分类进损益的其他综合收益	23		
1. 权益法下在被投资单位以后将重分类进损益的其他综合收益中享有的份额	24		
2. 可供出售金融资产公允价值变动损益	25		
3. 持有至到期投资重分类可供出售金融资产损益	26		
4. 现金流量套期损益的有效部分	27		
5. 外币财务报表折算差额	28		
六、综合收益总额	29	－68 596 826.40	－68 596 826.40
七、每股收益：	30		
(一) 基本每股收益	31		
(二) 稀释每股收益	32		

现金流量表

会企 03 表

编制单位：×× 房地产有限公司　　2021 年 1 月　　单位：元

项目	行次	本年累计金额	本期金额
一、经营活动产生的现金流量：			
销售商品、提供劳务收到的现金	1	17 320 000.00	17 320 000.00
收到的税费返还	2		
收到其他与经营活动有关的现金	3	6 000.00	6 000.00
经营活动现金流入小计	4	17 326 000.00	17 326 000.00
购买商品、接受劳务支付的现金	5	－2 421 131.00	－2 421 131.00
支付给职工以及为职工支付的现金	6	461 470.00	461 470.00
支付的各项税费	7	3 744 770.00	3 744 770.00
支付其他与经营活动有关的现金	8	134 228 492.00	134 228 492.00
经营活动现金流出小计	9	136 013 601.00	136 013 601.00
经营活动产生的现金流量净额	10	－118 687 601.00	－118 687 601.00
二、投资活动产生的现金流量：			
收回投资收到的现金	11		
取得投资收益收到的现金	12		
处置固定资产、无形资产和其他长期资产收回的现金净额	13		
处置子公司及其他营业单位收到的现金净额	14		
收到其他与投资活动有关的现金	15		
投资活动现金流入小计	16		
购建固定资产、无形资产和其他长期资产支付的现金	17	350 000.00	350 000.00
投资支付的现金	18		
取得子公司及其他营业单位支付的现金净额	19		
支付其他与投资活动有关的现金	20		
投资活动现金流出小计	21	350 000.00	350 000.00
投资活动产生的现金流量净额	22	－350 000.00	－350 000.00
三、筹资活动产生的现金流量：			
吸收投资收到的现金	23		
取得借款收到的现金	24		
收到其他与筹资活动有关的现金	25		
筹资活动现金流入小计	26		
偿还债务支付的现金	27		
分配股利、利润或偿付利息支付的现金	28		
支付其他与筹资活动有关的现金	29		
筹资活动现金流出小计	30		
筹资活动产生的现金流量净额	31		
四、汇率变动对现金及现金等价物的影响	32		
五、现金及现金等价物净增加额	33	－119 037 601.00	－119 037 601.00
加：期初现金及现金等价物的余额	34	349 392 206.00	349 392 206.00
六、期末现金及现金等价物余额	35	230 354 605.00	230 354 605.00

二、2月会计报表

资产负债表

会企 01 表

编制单位：×× 房地产有限公司　　2021-02-28　　单位：元

资产	行次	期末余额	年初余额	负债和所有者权益	行次	期末余额	年初余额
流动资产：				流动负债：			
货币资金	1	206 128 702.60	349 392 206.00	短期借款	32		
以公允价值计量且其变动计入当期损益的金融资产	2			以公允价值计量且其变动计入当期损益的金融负债	33		
应收票据	3	1 014 000.00	478 000.00	应付票据	34		
应收账款	4		9 136 000.00	应付账款	35	81 844 440.00	48 767 440.00
预付账款	5	50 000 000.00		预收款项	36	74 120 000.00	
应收利息	6			应付职工薪酬	37	1 171 040.40	461 470.00
应收股利	7			应交税费	38	−4 115 383.00	−31 739 804.00
其他应收款	8	8 000.00	6 000.00	应付利息	39		
存货	9	299 046 048.00	131 150 000.00	应付股利	40		
一年内到期的非流动资产	10			其他应付款	41		
其他流动资产	11			一年内到期的非流动负债	42		
流动资产合计	12	556 196 750.60	490 162 206.00	其他流动负债	43		
				流动负债合计	44	153 020 097.40	17 489 106.00
非流动资产：				非流动负债：			
可供出售金融资产	13			长期借款	45		
持有至到期投资	14			应付债券	46		
长期应收款	15			长期应付款	47		
长期股权投资	16			专项应付款	48		
投资性房地产	17			预计负债	49		
固定资产	18	13 061 250.00	13 298 400.00	递延收益	50		
在建工程	19	350 000.00		递延所得税负债	51		
工程物资	20			其他非流动负债	52		
固定资产清理	21			非流动负债合计	53		
生产性生物资产	22			负债合计	54	153 020 097.40	17 489 106.00
油气资产	23			所有者权益（或股东权益）：			
无形资产	24	100 000 000.00		实收资本（或股本）	55	465 000 000.00	380 000 000.00
开发支出	25			资本公积	56	18 836 000.00	3 836 000.00
商誉	26			减：库存股	57		

（续）

资产	行次	期末余额	年初余额	负债和所有者权益	行次	期末余额	年初余额
长期待摊费用	27			其他综合收益	58		
递延所得税资产	28			盈余公积	59	1 786 000.00	1 786 000.00
其他非流动资产	29			未分配利润	60	30 965 903.20	100 349 500.00
非流动资产合计	30	113 411 250.00	13 298 400.00	所有者权益（或股东权益）合计	61	516 587 903.20	485 971 500.00
资产总计	31	669 608 000.60	503 460 606.00	负债和所有者权益（或股东权益）总计	62	669 608 000.60	503 460 606.00

利润表

会企 02 表

编制单位：×× 房地产有限公司　　2021 年 2 月　　单位：元

项目	行次	本年累计金额	本期金额
一、营业收入	1		
减：营业成本	2		
税金及附加	3	67 800 940.00	142 260.00
销售费用	4	839 923.00	245 939.00
管理费用	5	745 733.80	398 571.40
财务费用	6	－3 000.00	
资产减值损失	7		
加：公允价值变动收益（损失以“－”号填列）	8		
投资收益（损失以“－”号填列）	9		
其中：对联营企业和合营企业的投资收益	10		
二、营业利润（亏损以“－”号填列）	11	－69 383 596.80	－786 770.40
加：营业外收入	12		
其中：非流动资产处置利得	13		
减：营业外支出	14		
其中：非流动资产处置损失	15		
三、利润总额（亏损总额以“－”号填列）	16	－69 383 596.80	－786 770.40
减：所得税费用	17		
四、净利润（净亏损以“－”号填列）	18	－69 383 596.80	－786 770.40
五、其他综合收益的税后净额	19		
(一) 以后不能重分类进损益的其他综合收益	20		
1. 重新计量设定受益计划净负债或净资产的变动	21		
2. 权益法下在被投资单位不能重分类进损益的其他综合收益中享有的份额	22		
(二) 以后将重分类进损益的其他综合收益	23		
1. 权益法下在被投资单位以后将重分类进损益的其他综合收益中享有的份额	24		
2. 可供出售金融资产公允价值变动损益	25		
3. 持有至到期投资重分类可供出售金融资产损益	26		
4. 现金流量套期损益的有效部分	27		

（续）

项目	行次	本年累计金额	本期金额
5. 外币财务报表折算差额	28		
六、综合收益总额	29	－69 383 596.80	－786 770.40
七、每股收益：	30		
（一）基本每股收益	31		
（二）稀释每股收益	32		

现金流量表

会企 03 表

编制单位：× × 房地产有限公司　　2021 年 2 月　　单位：元

项目	行次	本年累计金额	本期金额
一、经营活动产生的现金流量：			
销售商品、提供劳务收到的现金	1	82 720 000.00	65 400 000.00
收到的税费返还	2		
收到其他与经营活动有关的现金	3	6 000.00	
经营活动现金流入小计	4	82 726 000.00	65 400 000.00
购买商品、接受劳务支付的现金	5	20 605 763.00	23 026 894.00
支付给职工以及为职工支付的现金	6	1 428 158.40	966 688.40
支付的各项税费	7	36 224 195.00	32 479 425.00
支付其他与经营活动有关的现金	8	152 381 387.00	18 152 895.00
经营活动现金流出小计	9	210 639 503.40	74 625 902.40
经营活动产生的现金流量净额	10	－127 913 503.40	(9 225 902.40)
二、投资活动产生的现金流量：			
收回投资收到的现金	11		
取得投资收益收到的现金	12		
处置固定资产、无形资产和其他长期资产收回的现金净额	13		
处置子公司及其他营业单位收到的现金净额	14		
收到其他与投资活动有关的现金	15		
投资活动现金流入小计	16		
购建固定资产、无形资产和其他长期资产支付的现金	17	100 350 000.00	100 000 000.00
投资支付的现金	18		
取得子公司及其他营业单位支付的现金净额	19		
支付其他与投资活动有关的现金	20		
投资活动现金流出小计	21	100 350 000.00	100 000 000.00
投资活动产生的现金流量净额	22	－100 350 000.00	－100 000 000.00
三、筹资活动产生的现金流量：			
吸收投资收到的现金	23	85 000 000.00	85 000 000.00
取得借款收到的现金	24		
收到其他与筹资活动有关的现金	25		
筹资活动现金流入小计	26	85 000 000.00	85 000 000.00
偿还债务支付的现金	27		
分配股利、利润或偿付利息支付的现金	28		
支付其他与筹资活动有关的现金	29		
筹资活动现金流出小计	30		

（续）

项目	行次	本年累计金额	本期金额
筹资活动产生的现金流量净额	31	85 000 000.00	85 000 000.00
四、汇率变动对现金及现金等价物的影响	32		
五、现金及现金等价物净增加额	33	－143 263 503.40	－24 225 902.40
加：期初现金及现金等价物的余额	34	349 392 206.00	230 354 605.00
六、期末现金及现金等价物余额	35	206 128 702.60	206 128 702.60

三、3 月会计报表

资产负债表

会企 01 表

编制单位：×× 房地产有限公司　　2021-03-31　　单位：元

资产	行次	期末余额	年初余额	负债和所有者权益	行次	期末余额	年初余额
流动资产：				流动负债：			
货币资金	1	558 712 714.20	349 392 206.00	短期借款	32		
以公允价值计量且其变动计入当期损益的金融资产	2			以公允价值计量且其变动计入当期损益的金融负债	33		
应收票据	3	536 000.00	478 000.00	应付票据	34		
应收账款	4		9 136 000.00	应付账款	35	60 034 440.00	48 767 440.00
预付账款	5	6 400 000.00		预收款项	36	477 420 000.00	
应收利息	6			应付职工薪酬	37	1 171 040.40	461 470.00
应收股利	7			应交税费	38	－7 400 345.46	-31 739 804.00
其他应收款	8		6 000.00	应付利息	39		
存货	9	358 394 818.00	131 150 000.00	应付股利	40		
一年内到期的非流动资产	10			其他应付款	41		
其他流动资产	11			一年内到期的非流动负债	42		
流动资产合计	12	924 043 532.20	490 162 206.00	其他流动负债	43		
				流动负债合计	44	531 225 134.94	17 489 106.00
非流动资产：				非流动负债：			
可供出售金融资产	13			长期借款	45		
持有至到期投资	14			应付债券	46		
长期应收款	15			长期应付款	47		
长期股权投资	16			专项应付款	48		
投资性房地产	17			预计负债	49		
固定资产	18	13 287 750.00	13 298 400.00	递延收益	50		
在建工程	19			递延所得税负债	51		
工程物资	20			其他非流动负债	52		

（续）

资产	行次	期末余额	年初余额	负债和所有者权益	行次	期末余额	年初余额
固定资产清理	21			非流动负债合计	53		
生产性生物资产	22			负债合计	54	531 225 134.94	17 489 106.00
油气资产	23			所有者权益（或股东权益）：			
无形资产	24	102 828 333.34		实收资本（或股本）	55	465 000 000.00	380 000 000.00
开发支出	25			资本公积	56	18 836 000.00	3 836 000.00
商誉	26			减：库存股	57		
长期待摊费用	27			其他综合收益	58		
递延所得税资产	28	6 148 993.54		盈余公积	59	1 786 000.00	1 786 000.00
其他非流动资产	29			未分配利润	60	29 461 474.14	100 349 500.00
非流动资产合计	30	122 265 076.88	13 298 400.00	所有者权益（或股东权益）合计	61	515 083 474.14	485 971 500.00
资产总计	31	1 046 308 609.08	503 460 606.00	负债和所有者权益（或股东权益）总计	62	1 046 308 609.08	503 460 606.00

利润表

会企 02 表

编制单位：×× 房地产有限公司　　2021 年 3 月　　单位：元

项目	行次	本年累计金额	本期金额
一、营业收入	1		
减：营业成本	2		
税金及附加	3	68 280 440.00	479 500.00
销售费用	4	1 344 257.00	504 334.00
管理费用	5	1 273 966.86	528 233.06
财务费用	6	－10 638.00	－7 638.00
资产减值损失	7		
加：公允价值变动收益（损失以“—”号填列）	8		
投资收益（损失以“—”号填列）	9		
其中：对联营企业和合营企业的投资收益	10		
二、营业利润（亏损以“—”号填列）	11	－70 888 025.86	－1 504 429.06
加：营业外收入	12		
其中：非流动资产处置利得	13		
减：营业外支出	14		
其中：非流动资产处置损失	15		
三、利润总额（亏损总额以“—”号填列）	16	－70 888 025.86	－1 504 429.06
减：所得税费用	17		
四、净利润（净亏损以“—”号填列）	18	－70 888 025.86	－1 504 429.06
五、其他综合收益的税后净额	19		
(一) 以后不能重分类进损益的其他综合收益	20		

（续）

项目	行次	本年累计金额	本期金额
1. 重新计量设定受益计划净负债或净资产的变动	21		
2. 权益法下在被投资单位不能重分类进损益的其他综合收 益中享有的份额	22		
(二)以后将重分类进损益的其他综合收益	23		
1. 权益法下在被投资单位以后将重分类进损益的其他综合收益中享有的份额	24		
2. 可供出售金融资产公允价值变动损益	25		
3. 持有至到期投资重分类可供出售金融资产损益	26		
4. 现金流量套期损益的有效部分	27		
5. 外币财务报表折算差额	28		
六、综合收益总额	29	－70 888 025.86	－1 504 429.06
七、每股收益：	30		
(一)基本每股收益	31		
(二)稀释每股收益	32		

现金流量表

会企 03 表

编制单位：× × 房地产有限公司　　2021 年 3 月　　单位：元

项目	行次	本年累计金额	本期金额
一、经营活动产生的现金流量：			
销售商品、提供劳务收到的现金	1	486 498 000.00	403 778 000.00
收到的税费返还	2		
收到其他与经营活动有关的现金	3	14 000.00	8 000.00
经营活动现金流入小计	4	486 512 000.00	403 786 000.00
购买商品、接受劳务支付的现金	5	4 696 259.00	－15 909 504.00
支付给职工以及为职工支付的现金	6	2 602 798.80	1 174 640.40
支付的各项税费	7	38 369 525.00	2 145 330.00
支付其他与经营活动有关的现金	8	213 172 909.00	60 791 522.00
经营活动现金流出小计	9	258 841 491.80	48 201 988.40
经营活动产生的现金流量净额	10	227 670 508.20	355 584 011.60
二、投资活动产生的现金流量：			
收回投资收到的现金	11		
取得投资收益收到的现金	12		
处置固定资产、无形资产和其他长期资产收回的现金净额	13		
处置子公司及其他营业单位收到的现金净额	14		
收到其他与投资活动有关的现金	15		
投资活动现金流入小计	16		
购建固定资产、无形资产和其他长期资产支付的现金	17	103 350 000.00	3 000 000.00
投资支付的现金	18		
取得子公司及其他营业单位支付的现金净额	19		
支付其他与投资活动有关的现金	20		
投资活动现金流出小计	21	103 350 000.00	3 000 000.00
投资活动产生的现金流量净额	22	－103 350 000.00	－3 000 000.00
三、筹资活动产生的现金流量：			
吸收投资收到的现金	23	85 000 000.00	
取得借款收到的现金	24		

（续）

项目	行次	本年累计金额	本期金额
收到其他与筹资活动有关的现金	25		
筹资活动现金流入小计	26	85 000 000.00	
偿还债务支付的现金	27		
分配股利、利润或偿付利息支付的现金	28		
支付其他与筹资活动有关的现金	29		
筹资活动现金流出小计	30		
筹资活动产生的现金流量净额	31	85 000 000.00	
四、汇率变动对现金及现金等价物的影响	32		
五、现金及现金等价物净增加额	33	209 320 508.20	352 584 011.60
加：期初现金及现金等价物的余额	34	349 392 206.00	206 128 702.60
六、期末现金及现金等价物余额	35	558 712 714.20	558 712 714.20

四、会计报表季报

利润表季报

会企 02 表

编制单位：×× 房地产有限公司　　2021 年第 1 季度　　单位：元

项目	行次	本年累计金额	本期金额
一、营业收入	1		
减：营业成本	2		
税金及附加	3	68 280 440.00	68 280 440.00
销售费用	4	1 344 257.00	1 344 257.00
管理费用	5	1 273 966.86	1 273 966.86
财务费用	6	－10 638.00	－10 638.00
资产减值损失	7		
加：公允价值变动收益（损失以“－”号填列）	8		
投资收益（损失以“－”号填列）	9		
其中：对联营企业和合营企业的投资收益	10		
二、营业利润（亏损以“－”号填列）	11	－70 888 025.86	－70 888 025.86
加：营业外收入	12		
其中：非流动资产处置利得	13		
减：营业外支出	14		
其中：非流动资产处置损失	15		
三、利润总额（亏损总额以“－”号填列）	16	－70 888 025.86	－70 888 025.86
减：所得税费用	17		
四、净利润（净亏损以“－”号填列）	18	－70 888 025.86	－70 888 025.86
五、其他综合收益的税后净额	19		
(一) 以后不能重分类进损益的其他综合收益	20		
1. 重新计量设定受益计划净负债或净资产的变动	21		
2. 权益法下在被投资单位不能重分类进损益的其他综合收益中享有的份额	22		
(二) 以后将重分类进损益的其他综合收益	23		
1. 权益法下在被投资单位以后将重分类进损益的其他综合收益中享有的份额	24		
2. 可供出售金融资产公允价值变动损益	25		
3. 持有至到期投资重分类可供出售金融资产损益	26		
4. 现金流量套期损益的有效部分	27		
5. 外币财务报表折算差额	28		
六、综合收益总额	29	－70 888 025.86	－70 888 025.86

（续）

项目	行次	本年累计金额	本期金额
七、每股收益：	30		
（一）基本每股收益	31		
（二）稀释每股收益	32		

现金流量表季报

会企 03 表

编制单位：×× 房地产有限公司　　2021 年第 1 季度　　单位：元

项目	行次	本年累计金额	本季金额
一、经营活动产生的现金流量：			
销售商品、提供劳务收到的现金	1	486 498 000.00	486 498 000.00
收到的税费返还	2		
收到其他与经营活动有关的现金	3	14 000.00	14 000.00
经营活动现金流入小计	4	486 512 000.00	486 512 000.00
购买商品、接受劳务支付的现金	5	4 696 259.00	4 696 259.00
支付给职工以及为职工支付的现金	6	2 602 798.80	2 602 798.80
支付的各项税费	7	38 369 525.00	38 369 525.00
支付其他与经营活动有关的现金	8	213 172 909.00	213 172 909.00
经营活动现金流出小计	9	258 841 491.80	258 841 491.80
经营活动产生的现金流量净额	10	227 670 508.20	227 670 508.20
二、投资活动产生的现金流量：			
收回投资收到的现金	11		
取得投资收益收到的现金	12		
处置固定资产、无形资产和其他长期资产收回的现金净额	13		
处置子公司及其他营业单位收到的现金净额	14		
收到其他与投资活动有关的现金	15		
投资活动现金流入小计	16		
购建固定资产、无形资产和其他长期资产支付的现金	17	103 350 000.00	103 350 000.00
投资支付的现金	18		
取得子公司及其他营业单位支付的现金净额	19		
支付其他与投资活动有关的现金	20		
投资活动现金流出小计	21	103 350 000.00	103 350 000.00
投资活动产生的现金流量净额	22	－103 350 000.00	－103 350 000.00
三、筹资活动产生的现金流量：			
吸收投资收到的现金	23	85 000 000.00	85 000 000.00
取得借款收到的现金	24		
收到其他与筹资活动有关的现金	25		
筹资活动现金流入小计	26	85 000 000.00	85 000 000.00
偿还债务支付的现金	27		
分配股利、利润或偿付利息支付的现金	28		
支付其他与筹资活动有关的现金	29		
筹资活动现金流出小计	30		
筹资活动产生的现金流量净额	31	85 000 000.00	85 000 000.00
四、汇率变动对现金及现金等价物的影响	32		
五、现金及现金等价物净增加额	33	209 320 508.20	209 320 508.20
加：期初现金及现金等价物的余额	34	349 392 206.00	349 392 206.00
六、期末现金及现金等价物余额	35	558 712 714.20	558 712 714.20

五、4 月会计报表

资产负债表

会企 01 表

编制单位：× × 房地产有限公司　　2021-04-30　　单位：元

资产	行次	期末余额	年初余额	负债和所有者权益	行次	期末余额	年初余额
流动资产：				流动负债：			
货币资金	1	348 140 506.26	349 392 206.00	短期借款	32		
以公允价值计量且其变动计入当期损益的金融资产	2			以公允价值计量且其变动计入当期损益的金融负债	33		
应收票据	3	536 000.00	478 000.00	应付票据	34		
应收账款	4		9 136 000.00	应付账款	35	73 654 440.00	48 767 440.00
预付账款	5			预收款项	36		
应收利息	6			应付职工薪酬	37	1 171 040.40	461 470.00
应收股利	7			应交税费	38	－13 469 394.56	－31 739 804.00
其他应收款	8	3 700.00	6 000.00	应付利息	39		
存货	9	274 018 598.80	131 150 000.00	应付股利	40		
一年内到期的非流动资产	10			其他应付款	41		
其他流动资产	11			一年内到期的非流动负债	42		
流动资产合计	12	622 698 805.06	490 162 206.00	其他流动负债	43		
				流动负债合计	44	61 356 085.84	17 489 106.00
非流动资产：				非流动负债：			
可供出售金融资产	13			长期借款	45		
持有至到期投资	14			应付债券	46		
长期应收款	15			长期应付款	47		
长期股权投资	16			专项应付款	48		
投资性房地产	17			预计负债	49		
固定资产	18	13 164 250.00	13 298 400.00	递延收益	50		
在建工程	19			递延所得税负债	51		
工程物资	20			其他非流动负债	52		
固定资产清理	21			非流动负债合计	53		
生产性生物资产	22			负债合计	54	61 356 085.84	17 489 106.00
油气资产	23			所有者权益（或股东权益）：			
无形资产	24	102 656 666.68		实收资本（或股本）	55	465 000 000.00	380 000 000.00
开发支出	25			资本公积	56	18 836 000.00	3 836 000.00
商誉	26			减：库存股	57		
长期待摊费用	27			其他综合收益	58		
递延所得税资产	28	6 148 993.54		盈余公积	59	1 786 000.00	1 786 000.00

（续）

资产	行次	期末余额	年初余额	负债和所有者权益	行次	期末余额	年初余额
其他非流动资产	29			未分配利润	60	197 690 629.44	100 349 500.00
非流动资产合计	30	121 969 910.22	13 298 400.00	所有者权益（或股东权益）合计	61	683 312 629.44	485 971 500.00
资产总计	31	744 668 715.28	503 460 606.00	负债和所有者权益（或股东权益）总计	62	744 668 715.28	503 460 606.00

利润表

会企 02 表

编制单位：×× 房地产有限公司　　2021 年 4 月　　单位：元

项目	行次	本年累计金额	本期金额
一、营业收入	1	438 000 000.00	438 000 000.00
减：营业成本	2	265 501 429.20	265 501 429.20
税金及附加	3	69 764 958.44	1 484 518.44
销售费用	4	1 588 241.00	243 984.00
管理费用	5	1 787 019.92	513 053.06
财务费用	6	-10 638.00	
资产减值损失	7		
加：公允价值变动收益（损失以“—”号填列）	8		
投资收益（损失以“—”号填列）	9		
其中：对联营企业和合营企业的投资收益	10		
二、营业利润（亏损以“—”号填列）	11	99 368 989.44	170 257 015.30
加：营业外收入	12		
其中：非流动资产处置利得	13		
减：营业外支出	14	2 027 860.00	2 027 860.00
其中：非流动资产处置损失	15		
三、利润总额（亏损总额以“—”号填列）	16	97 341 129.44	168 229 155.30
减：所得税费用	17		
四、净利润（净亏损以“—”号填列）	18	97 341 129.44	168 229 155.30
五、其他综合收益的税后净额	19		
(一) 以后不能重分类进损益的其他综合收益	20		
1. 重新计量设定受益计划净负债或净资产的变动	21		
2. 权益法下在被投资单位不能重分类进损益的其他综合收益中享有的份额	22		
(二) 以后将重分类进损益的其他综合收益	23		
1. 权益法下在被投资单位以后将重分类进损益的其他综合收益中享有的份额	24		
2. 可供出售金融资产公允价值变动损益	25		
3. 持有至到期投资重分类可供出售金融资产损益	26		
4. 现金流量套期损益的有效部分	27		
5. 外币财务报表折算差额	28		
六、综合收益总额	29	97 341 129.44	168 229 155.30
七、每股收益：	30		
(一) 基本每股收益	31		
(二) 稀释每股收益	32		

现金流量表

会企 03 表

编制单位：×× 房地产有限公司　　2021 年 3 月　　单位：元

项目	行次	本年累计金额	本期金额
一、经营活动产生的现金流量：			
销售商品、提供劳务收到的现金	1	486 498 000.00	
收到的税费返还	2		
收到其他与经营活动有关的现金	3	76 784 099.20	76 770 099.20
经营活动现金流入小计	4	563 282 099.20	76 770 099.20
购买商品、接受劳务支付的现金	5	258 458 452.20	253 762 193.20
支付给职工以及为职工支付的现金	6	3 773 839.20	1 171 040.40
支付的各项税费	7	70 778 598.54	32 409 073.54
支付其他与经营活动有关的现金	8	213 172 909.00	
经营活动现金流出小计	9	546 183 798.94	287 342 307.14
经营活动产生的现金流量净额	10	17 098 300.26	－210 572 207.94
二、投资活动产生的现金流量：			
收回投资收到的现金	11		
取得投资收益收到的现金	12		
处置固定资产、无形资产和其他长期资产收回的现金净额	13		
处置子公司及其他营业单位收到的现金净额	14		
收到其他与投资活动有关的现金	15		
投资活动现金流入小计	16		
购建固定资产、无形资产和其他长期资产支付的现金	17	103 350 000.00	
投资支付的现金	18		
取得子公司及其他营业单位支付的现金净额	19		
支付其他与投资活动有关的现金	20		
投资活动现金流出小计	21	103 350 000.00	
投资活动产生的现金流量净额	22	－103 350 000.00	
三、筹资活动产生的现金流量：			
吸收投资收到的现金	23	85 000 000.00	
取得借款收到的现金	24		
收到其他与筹资活动有关的现金	25		
筹资活动现金流入小计	26	85 000 000.00	
偿还债务支付的现金	27		
分配股利、利润或偿付利息支付的现金	28		
支付其他与筹资活动有关的现金	29		
筹资活动现金流出小计	30		
筹资活动产生的现金流量净额	31	85 000 000.00	
四、汇率变动对现金及现金等价物的影响	32		
五、现金及现金等价物净增加额	33	－1 251 699.74	－210 572 207.94
加：期初现金及现金等价物的余额	34	349 392 206.00	558 712 714.20
六、期末现金及现金等价物余额	35	348 140 506.26	348 140 506.26

注：房地产开发企业在预售环节是预缴税费（需要预缴的税费包括增值税、土地增值税、企业所得税），在销售收入实现之前，这些预缴税费正常是不能结转税金及附加的，所以资产负债表中应交税费会出现负数。此外，应交税费的负数还可能是年初或期末存在多交税费的情况，如增值税，房地产开发企业在确认销售收入实现之前不确认销项税额，从而导致在开发建设阶段进项税额大于销项税额，因此也会出现负数。